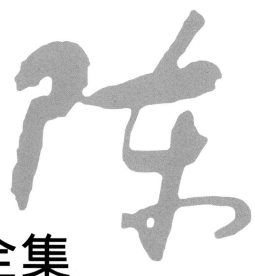

陳澄波全集
CHEN CHENG-PO CORPUS
第十三卷·論評(Ⅱ)
Volume 13 · Comments(Ⅱ)

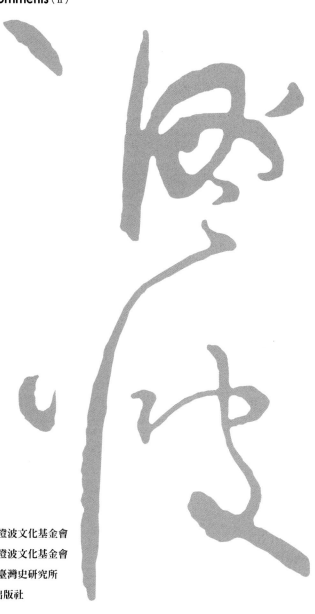

策劃／財團法人陳澄波文化基金會
發行／財團法人陳澄波文化基金會
　　　中央研究院臺灣史研究所
出版／藝術家出版社

感 謝
APPRECIATE

文化部 Ministry of Culture

嘉義市政府 Chiayi City Government

臺北市立美術館 Taipei Fine Arts Museum

高雄市立美術館 Kaohsiung Museum of Fine Arts

台灣創價學會 Taiwan Soka Association

尊彩藝術中心 Liang Gallery

吳慧姬女士 Ms. WU HUI-CHI

陳澄波全集
CHEN CHENG-PO CORPUS

第十三卷・論評（Ⅱ）

Volume 13・Comments（Ⅱ）

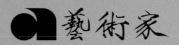

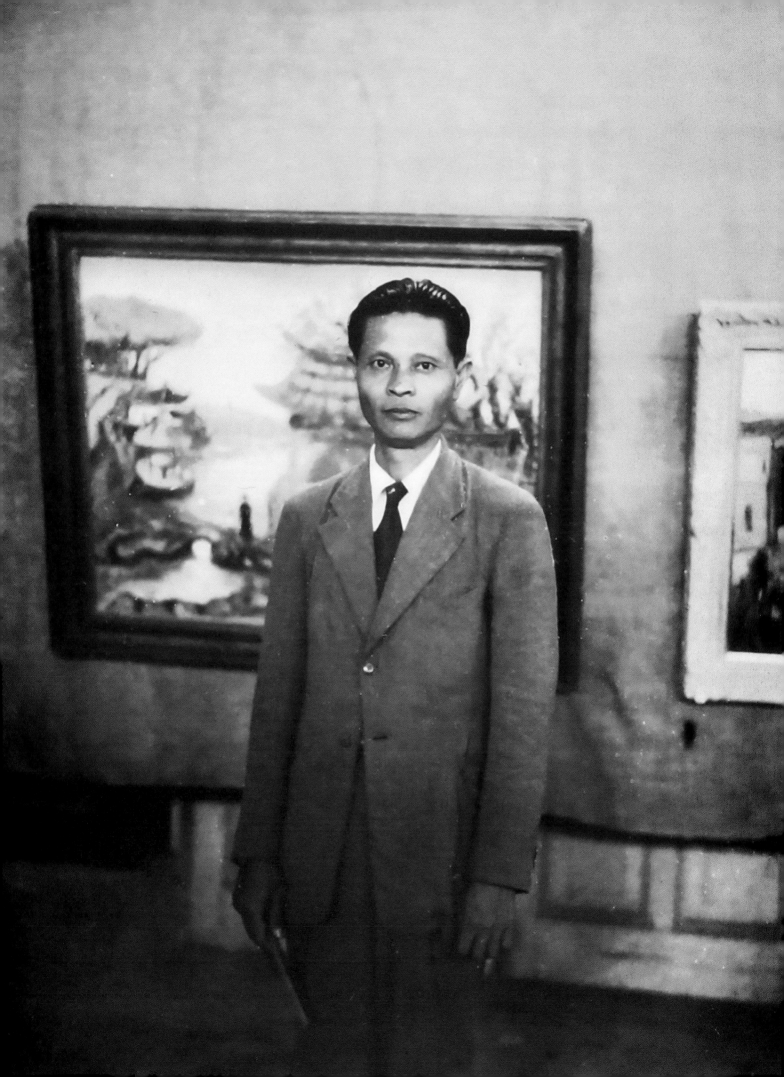

目　錄

Contents

榮譽董事長 序

　　家父陳澄波先生生於臺灣割讓給日本的乙未（1895）之年，罹難於戰後動亂的二二八事件（1947）之際。可以說：家父的生和死，都和歷史的事件有關；他本人也成了歷史的人物。

　　家父的不幸罹難，或許是一樁歷史的悲劇；但家父的一生，熱烈而精采，應該是一齣藝術的大戲。他是臺灣日治時期第一個油畫作品入選「帝展」的重要藝術家；他的一生，足跡跨越臺灣、日本、中國等地，居留上海期間，也榮膺多項要職與榮譽，可說是一位生活得極其精彩的成功藝術家。

　　個人幼年時期，曾和家母、家姊共赴上海，與父親團聚，度過一段相當愉快、難忘的時光。父親的榮光，對當時尚屬童稚的我，雖不能完全理解，但隨著年歲的增長，即使家父辭世多年，每每思及，仍覺益發同感驕傲。

　　父親的不幸罹難，伴隨而來的是政治的戒嚴與社會疑慮的眼光，但母親以她超凡的意志與勇氣，完好地保存了父親所有的文件、史料與畫作。即使隻紙片字，今日看來，都是如此地珍貴、難得。

　　感謝中央研究院翁啟惠院長和臺灣史研究所謝國興所長的應允共同出版，讓這些珍貴的史料、畫作，能夠從家族的手中，交付給社會，成為全民共有共享的資產；也感謝基金會所有董事的支持，尤其是總主編蕭瓊瑞教授和所有參與編輯撰文的學者們辛勞的付出。

　　期待家父的努力和家母的守成，都能夠透過這套《全集》的出版，讓社會大眾看到，給予他們應有的定位，也讓家父的成果成為下一代持續努力精進的基石。

　　我が父陳澄波は、台湾が日本に割讓された乙未（1895）の年に生まれ、戦後の騒乱の228事件（1947）の際に、乱に遭われて不審判で処刑されました。父の生と死は謂わば、歴史事件と関ったことだけではなく、その本人も歴史的な人物に成りました。

　　父の不幸な遭難は、一つの歴史の悲劇であるに違いません。だが、彼の生涯は、激しくて素晴らしいもので、一つの芸術の偉大なドラマであることとも言えよう。彼は、台湾の殖民時代に、初めで日本の「帝国美術展覧会」に入選した重要な芸術家です。彼の生涯のうちに、台湾は勿論、日本、中国各地を踏みました。上海に滞在していたうちに、要職と名誉が与えられました。それらの面から見れば、彼は、極めて成功した芸術家であるに違いません。

　　幼い時期、私は、家父との団欒のために、母と姉と一緒に上海に行き、すごく楽しくて忘れられない歳月を過ごしました。その時、尚幼い私にとって、父の輝き仕事が、完全に理解できなっかものです。だが、歳月の経つに連れて、父が亡くなった長い歳月を経たさえも、それらのことを思い出すと、彼の仕事が益々感心するようになりました。

　　父の政治上の不幸な非命の死のせいで、その後の戒厳令による厳しい状況と社会からの疑わしい眼差しの下で、母は非凡な意志と勇気をもって、父に関するあらゆる文献、資料と作品を完璧に保存しました。その中での僅かな資料であるさえも、今から見れば、貴重且大切なものになれるでしょう。

　　この度は、中央研究院長翁啟惠と台湾史研究所所長謝国興のお合意の上で、これらの貴重な文献、作品を共同に出版させました。終に、それらが家族の手から社会に渡され、我が文化の共同的な資源になりました。基金会の理事全員の支持を得ることを感謝するとともに、特に総編集者である蕭瓊瑞教授とあらゆる編輯作者たちのご苦労に心より謝意を申し上げます。

　　この《全集》の出版を通して、父の努力と母による父の遺物の守りということを皆さんに見せ、評価が下させられることを期待します。また、父の成果がその後の世代の精力的に努力し続ける基盤になれるものを深く望んでおります。

財團法人陳澄波文化基金會
榮譽董事長　陳重光
2012.3

Foreword from the Honorary Chairman

My father was born in the year Taiwan was ceded to Japan (1895) and died in the turbulent post-war period when the 228 Incident took place (1947). His life and death were closely related to historical events, and today, he himself has become a historical figure.

The death of my father may have been a part of a tragic event in history, but his life was a great repertoire in the world of art. One of his many oil paintings was the first by a Taiwanese artist featured in the Imperial Fine Arts Academy Exhibition. His life spanned Taiwan, Japan and China and during his residency in Shanghai, he held important positions in the art scene and obtained numerous honors. It can be said that he was a truly successful artist who lived an extremely colorful life.

When I was a child, I joined my father in Shanghai with my mother and elder sister where we spent some of the most pleasant and unforgettable days of our lives. Although I could not fully appreciate how venerated my father was at the time, as years passed and even after he left this world a long time ago, whenever I think of him, I am proud of him.

The unfortunate death of my father was followed by a period of martial law in Taiwan which led to suspicion and distrust by others towards our family. But with unrelenting will and courage, my mother managed to preserve my father's paintings, personal documents, and related historical references. Today, even a small piece of information has become a precious resource.

I would like to express gratitude to Wong Chi-huey, president of Academia Sinica, and Hsieh Kuo-hsing, director of the Institute of Taiwan History, for agreeing to publish the *Chen Cheng-po Corpus* together. It is through their effort that all the precious historical references and paintings are delivered from our hands to society and shared by all. I am also grateful for the generous support given by the Board of Directors of our foundation. Finally, I would like to give special thanks to Professor Hsiao Chong-ray, our editor-in-chief, and all the scholars who participated in the editing and writing of the *Chen Cheng-po Corpus*.

Through the publication of the *Chen Cheng-po Corpus*, I hope the public will see how my father dedicated himself to painting, and how my mother protected his achievements. They deserve recognition from the society of Taiwan, and I believe my father's works can lay a solid foundation for the next generation of Taiwan artists.

Honorary Chairman, Chen Cheng-po Cultural Foundation
Chen Tsung-kuang
2012.3

Chen, Tsung-kuang

院長 序

　　嘉義鄉賢陳澄波先生，是日治時期臺灣最具代表性的本土畫家之一，1926年他以西洋畫作〔嘉義街外〕入選日本畫壇最高榮譽的「日本帝國美術展覽會」，是當時臺灣籍畫家中的第一人；翌年再度以〔夏日街景〕入選「帝展」，奠定他在臺灣畫壇的先驅地位。1929年陳澄波完成在日本的專業繪畫教育，隨即應聘前往上海擔任新華藝術專校西畫教席，當時也是臺灣畫家第一人。然而陳澄波先生不僅僅是一位傑出的畫家而已，更重要的是他作為一個臺灣知識分子與文化人，在當時臺灣人面對中國、臺灣、日本之間複雜的民族、國家意識與文化認同問題上，反映在他的工作、經歷、思想等各方面的代表性，包括對傳統中華文化的繼承、臺灣地方文化與生活價值的重視（以及對臺灣土地與人民的熱愛）、日本近代性文化（以及透過日本而來的西方近代化）之吸收，加上戰後特殊時局下的不幸遭遇等，已使陳澄波先生成為近代臺灣史上的重要人物，我們今天要研究陳澄波，應該從臺灣歷史的整體宏觀角度切入，才能深入理解。

　　中央研究院臺灣史研究所此次受邀參與《陳澄波全集》的資料整輯與出版事宜，十分榮幸。臺史所近幾年在收集整理臺灣民間資料方面累積了不少成果，臺史所檔案館所收藏的臺灣各種官方與民間文書資料，包括實物與數位檔案，也相當具有特色，與各界合作將資料數位化整理保存的專業經驗十分豐富，在這個領域可說居於領導地位。我們相信臺灣歷史研究的深化需要多元的觀點與重層的探討，這一次臺史所有機會與財團法人陳澄波文化基金會合作共同出版《陳澄波全集》，以及後續協助建立數位資料庫，一方面有助於將陳澄波先生的相關資料以多元方式整體呈現，另一方面也代表在研究與建構臺灣歷史發展的主體性目標上，多了一項有力的材料與工具，值得大家珍惜善用。

臺北南港／中央研究院
院長
2012.3　翁啟惠

Foreword from the President of the Academia Sinica

Mr. Chen Cheng-po, a notable citizen of Chiayi, was among the most representative painters of Taiwan during Japanese rule. In 1926, his oil painting *Outside Chiayi Street* was featured in Imperial Fine Arts Academy Exhibition. This made him the first Taiwanese painter to ever attend the top-honor painting event. In the next year, his work *Summer Street Scene* was selected again to the Imperial Exhibition, which secured a pioneering status for him in the local painting scene. In 1929, as soon as Chen completed his painting education in Japan, he headed for Shanghai under invitation to be an instructor of Western painting at Xinhua Art College. Such cordial treatment was unprecedented for Taiwanese painters. Chen was not just an excellent painter. As an intellectual his work, experience and thoughts in the face of the political turmoil in China, Taiwan and Japan, reflected the pivotal issues of national consciousness and cultural identification of all Taiwanese people. The issues included the passing on of Chinese cultural traditions, the respect for the local culture and values (and the love for the island and its people), and the acceptance of modern Japanese culture. Together with these elements and his unfortunate death in the post-war era, Chen became an important figure in the modern history of Taiwan. If we are to study the artist, we would definitely have to take a macroscopic view to fully understand him.

It is an honor for the Institute of Taiwan History of the Academia Sinica to participate in the editing and publishing of the *Chen Cheng-po Corpus*. The institute has achieved substantial results in collecting and archiving folk materials of Taiwan in recent years, the result an impressive archive of various official and folk documents, including objects and digital files. The institute has taken a pivotal role in digital archiving while working with professionals in different fields. We believe that varied views and multi-faceted discussion are needed to further the study of Taiwan history. By publishing the *corpus* with the Chen Cheng-po Cultural Foundation and providing assistance in building a digital database, the institute is given a wonderful chance to present the artist's literature in a diversified yet comprehensive way. In terms of developing and studying the subjectivity of Taiwan history, such a strong reference should always be cherished and utilized by all.

President of the Academia Sinica
Nangang, Taipei
Wong Chi-huey
2012.3

總主編 序

作為臺灣第一代西畫家，陳澄波幾乎可以和「臺灣美術」劃上等號。這原因，不僅僅因為他是臺灣畫家中入選「帝國美術展覽會」（簡稱「帝展」）的第一人，更由於他對藝術創作的投入與堅持，以及對臺灣美術運動的推進與貢獻。

出生於乙未割臺之年（1895）的陳澄波，父親陳守愚先生是一位精通漢學的清末秀才；儘管童年的生活，主要是由祖母照顧，但陳澄波仍從父親身上傳承了深厚的漢學基礎與強烈的祖國意識。這些養分，日後都成為他藝術生命重要的動力。

1917年臺灣總督府國語學校畢業，1918年陳澄波便與同鄉的張捷女士結縭，並分發母校嘉義公學校服務，後調往郊區的水崛頭公學校。未久，便因對藝術創作的強烈慾望，在夫人的全力支持下，於1924年，服完六年義務教學後，毅然辭去人人稱羨的安定教職，前往日本留學，考入東京美術學校圖畫師範科。

1926年，東京美校三年級，便以〔嘉義街外〕一作，入選第七回「帝展」，為臺灣油畫家入選之第一人，震動全島。1927年，又以〔夏日街景〕再度入選。同年，本科結業，再入研究科深造。

1928年，作品〔龍山寺〕也獲第二屆「臺灣美術展覽會」（簡稱「臺展」）「特選」。隔年，東美畢業，即前往上海任教，先後擔任「新華藝專」西畫科主任教授，及「昌明藝專」、「藝苑研究所」等校西畫教授及主任等職。此外，亦代表中華民國參加芝加哥世界博覽會，同時入選全國十二代表畫家。其間，作品持續多次入選「帝展」及「臺展」，並於1929年獲「臺展」無鑑查展出資格。

居滬期間，陳澄波教學相長、奮力創作，留下許多大幅力作，均呈現特殊的現代主義思維。同時，他也積極參與新派畫家活動，如「決瀾社」的多次籌備會議。他生性活潑、熱力四射，與傳統國畫家和新派畫家均有深厚交誼。

唯1932年，爆發「一二八」上海事件，中日衝突，這位熱愛祖國的臺灣畫家，竟被以「日僑」身分，遭受排擠，險遭不測，並被迫於1933年離滬返臺。

返臺後的陳澄波，將全生命奉獻給故鄉，邀集同好，組成「臺陽美術協會」，每年舉辦年展及全島巡迴展，全力推動美術提升及普及的工作，影響深遠。個人創作亦於此時邁入高峰，色彩濃郁活潑，充分展現臺灣林木蓊鬱、地貌豐美、人群和善的特色。

1945年，二次大戰終了，臺灣重回中國統治，他以興奮的心情，號召眾人學說「國語」，並加入「三民主義青年團」，同時膺任第一屆嘉義市參議會議員。1947年年初，爆發「二二八事件」，他代表市民前往水上機場協商、慰問，卻遭扣留羈押；並於3月25日上午，被押往嘉義火車站前廣場，槍決示眾，熱血流入他日夜描繪的故鄉黃泥土地，留給後人無限懷思。

陳澄波的遇難，成為戰後臺灣歷史中的一項禁忌，有關他的生平、作品，也在許多後輩的心中逐漸模糊淡忘。儘管隨著政治的逐漸解嚴，部分作品開始重新出土，並在國際拍賣場上屢創新高；但學界對他的生平、創作之理解，仍停留在有限的資料及作品上，對其獨特的思維與風格，也難以一窺全貌，更遑論一般社會大眾。

以「政治受難者」的角色來認識陳澄波，對這位一生奉獻給藝術的畫家而言，顯然是不公平的。歷經三代人的含冤、忍辱、保存，陳澄波大量的資料、畫作，首次披露在社會大眾的面前，這當中還不包括那些因白蟻蛀蝕

而毀壞的許多作品。

　　個人有幸在1994年，陳澄波百年誕辰的「陳澄波・嘉義人學術研討會」中，首次以「視覺恆常性」的角度，試圖詮釋陳氏那種極具個人獨特風格的作品；也得識陳澄波的長公子陳重光老師，得悉陳澄波的作品、資料，如何一路從夫人張捷女士的手中，交到重光老師的手上，那是一段滄桑而艱辛的歷史。大約兩年前（2010），重光老師的長子立栢先生，從職場退休，在東南亞成功的企業經營經驗，讓他面對祖父的這批文件、史料及作品時，迅速地知覺這是一批不僅屬於家族，也是臺灣社會，乃至近代歷史的珍貴文化資產，必須要有一些積極的作為，進行永久性的保存與安置。於是大規模作品修復的工作迅速展開；2011年至2012年之際，兩個大型的紀念展：「切切故鄉情」與「行過江南」，也在高雄市立美術館、臺北市立美術館先後且重疊地推出。眾人才驚訝這位生命不幸中斷的藝術家，竟然留下如此大批精采的畫作，顯然真正的「陳澄波研究」才剛要展開。

　　基於為藝術家留下儘可能完整的生命記錄，也基於為臺灣歷史文化保留一份長久被壓縮、忽略的珍貴資產，《陳澄波全集》在眾人的努力下，正式啟動。這套全集，合計十八卷，前十卷為大八開的巨型精裝圖版畫冊，分別為：第一卷的油畫，搜羅包括僅存黑白圖版的作品，約近300餘幅；第二卷為炭筆素描、水彩畫、膠彩畫、水墨畫及書法等，合計約241件；第三卷為淡彩速寫，約400餘件，其中淡彩裸女占最大部分，也是最具特色的精采力作；第四卷為速寫（I），包括單張速寫約1103件；第五卷為速寫（II），分別出自38本素描簿中約1200餘幅作品；第六、七卷為個人史料（I）、（II），分別包括陳氏家族照片、個人照片、書信、文書、史料等；第八、九卷為陳氏收藏，包括相當完整的「帝展」明信片，以及各式畫冊、圖書；第十卷為相關文獻資料，即他人對陳氏的研究、介紹、展覽及相關周邊產品。

　　至於第十一至十八卷，為十六開本的軟精裝，以文字為主，分別包括：第十一卷的陳氏文稿及筆記；第十二、十三卷的評論集，即歷來對陳氏作品研究的文章彙集；第十四卷的二二八相關史料，以和陳氏相關者為主；第十五至十七卷，為陳氏作品歷年來的修復報告及材料分析；第十八卷則為陳氏年譜，試圖立體化地呈現藝術家生命史。

　　對臺灣歷史而言，陳澄波不只是個傑出且重要的畫家，同時他也是一個影響臺灣深遠（不論他的生或他的死）的歷史人物。《陳澄波全集》由財團法人陳澄波文化基金會和中央研究院臺灣史研究所共同發行出版，正是名實合一地呈現了這樣的意義。

　　感謝為《全集》各冊盡心分勞的學界朋友們，也感謝執行編輯賴鈴如、何冠儀兩位小姐的辛勞；同時要謝謝藝術家出版社何政廣社長，尤其他的得力助手美編柯美麗小姐不厭其煩的付出。當然《全集》的出版，背後最重要的推手，還是陳重光老師和他的長公子立栢夫婦，以及整個家族的支持。這件歷史性的工程，將為臺灣歷史增添無限光采與榮耀。

《陳澄波全集》總主編
國立成功大學歷史系所教授　蕭瓊瑞

Foreword from the Editor-in-Chief

As an important first-generation painter, the name Chen Cheng-po is virtually synonymous with Taiwan fine arts. Not only was Chen the first Taiwanese artist featured in the Imperial Fine Arts Academy Exhibition (called "Imperial Exhibition" hereafter), but he also dedicated his life toward artistic creation and the advocacy of art in Taiwan.

Chen Cheng-po was born in 1895, the year Qing Dynasty China ceded Taiwan to Imperial Japan. His father, Chen Shou-yu, was a Chinese imperial scholar proficient in Sinology. Although Chen's childhood years were spent mostly with his grandmother, a solid foundation of Sinology and a strong sense of patriotism were fostered by his father. Both became Chen's impetus for pursuing an artistic career later on.

In 1917, Chen Cheng-po graduated from the Taiwan Governor-General's Office National Language School. In 1918, he married his hometown sweetheart Chang Jie. He was assigned a teaching post at his alma mater, the Chiayi Public School and later transferred to the suburban Shuikutou Public School. Chen resigned from the much envied post in 1924 after six years of compulsory teaching service. With the full support of his wife, he began to explore his strong desire for artistic creation. He then travelled to Japan and was admitted into the Teacher Training Department of the Tokyo School of Fine Arts.

In 1926, during his junior year, Chen's oil painting *Outside Chiayi Street* was featured in the 7th Imperial Exhibition. His selection caused a sensation in Taiwan as it was the first time a local oil painter was included in the exhibition. Chen was featured at the exhibition again in 1927 with *Summer Street Scene*. That same year, he completed his undergraduate studies and entered the graduate program at Tokyo School of Fine Arts.

In 1928, Chen's painting *Longshan Temple* was awarded the Special Selection prize at the second Taiwan Fine Arts Exhibition (called "Taiwan Exhibition" hereafter). After he graduated the next year, Chen went straight to Shanghai to take up a teaching post. There, Chen taught as a Professor and Dean of the Western Painting Departments of the Xinhua Art College, Changming Art School, and Yiyuan Painting Research Institute. During this period, his painting represented the Republic of China at the Chicago World Fair, and he was selected to the list of Top Twelve National Painters. Chen's works also featured in the Imperial Exhibition and the Taiwan Exhibition many more times, and in 1929 he gained audit exemption from the Taiwan Exhibition.

During his residency in Shanghai, Chen Cheng-po spared no effort toward the creation of art, completing several large-sized paintings that manifested distinct modernist thinking of the time. He also actively participated in modernist painting events, such as the many preparatory meetings of the Dike-breaking Club. Chen's outgoing and enthusiastic personality helped him form deep bonds with both traditional and modernist Chinese painters.

Yet in 1932, with the outbreak of the 128 Incident in Shanghai, the local Chinese and Japanese communities clashed. Chen was outcast by locals because of his Japanese expatriate status and nearly lost his life amidst the chaos. Ultimately, he was forced to return to Taiwan in 1933.

On his return, Chen devoted himself to his homeland. He invited like-minded enthusiasts to found the Tai Yang Art Society, which held annual exhibitions and tours to promote art to the general public. The association was immensely successful and had a profound influence on the development and advocacy for fine arts in Taiwan. It was during this period that Chen's creative expression climaxed — his use of strong and lively colors fully expressed the verdant forests, breathtaking landscape and friendly people of Taiwan.

When the Second World War ended in 1945, Taiwan returned to Chinese control. Chen eagerly called on everyone around him to adopt the new national language, Mandarin. He also joined the Three Principles of the People Youth Corps, and served as a councilor of the Chiayi City Council in its first term. Not long after, the 228 Incident broke out in early 1947. On behalf of the Chiayi citizens, he went to the Shueishang Airport to negotiate with and appease Kuomintang troops, but instead was detained and imprisoned without trial. On the morning of March 25, he was publicly executed at the Chiayi Train Station Plaza. His warm blood flowed down onto the land which he had painted day and night, leaving only his works and memories for future generations.

The unjust execution of Chen Cheng-po became a taboo topic in postwar Taiwan's history. His life and works were gradually lost to the minds of the younger generation. It was not until martial law was lifted that some of Chen's works re-emerged and were sold at record-breaking prices at international auctions. Even so, the academia had little to go on about his life and works due to scarce resources. It was a difficult task for most scholars to research and develop a comprehensive view of Chen's unique philosophy and style given the limited resources available, let alone for the general public.

Clearly, it is unjust to perceive Chen, a painter who dedicated his whole life to art, as a mere political victim. After three generations of suffering from injustice and humiliation, along with difficulties in the preservation of his works, the time has come for his descendants to finally reveal a large quantity of Chen's paintings and related materials to the public. Many other works have been damaged by termites.

I was honored to have participated in the "A Soul of Chiayi: A Centennial Exhibition of Chen Cheng-po" symposium in celebration of the artist's hundredth birthday in 1994. At that time, I analyzed Chen's unique style using the concept of visual constancy. It was also at the seminar that I met Chen Tsung-kuang, Chen Cheng-po's eldest son. I learned how the artist's works and documents had been painstakingly preserved by his wife Chang Jie before they were passed down to their son. About two years ago, in 2010, Chen Tsung-kuang's eldest son, Chen Li-po, retired. As a successful entrepreneur in Southeast Asia, he quickly realized that the paintings and documents were precious cultural assets not only to his own family, but also to Taiwan society and its modern history. Actions were soon taken for the permanent preservation of Chen Cheng-po's works, beginning with a massive restoration project. At the turn of 2011 and 2012, two large-scale commemorative exhibitions that featured Chen Cheng-po's works launched with overlapping exhibition periods — "Nostalgia in the Vast Universe" at the Kaohsiung Museum of Fine Arts and "Journey through Jiangnan" at the Taipei Fine Arts Museum. Both exhibits surprised the general public with the sheer number of his works that had never seen the light of day. From the warm reception of viewers, it is fair to say that the Chen Cheng-po research effort has truly begun.

In order to keep a complete record of the artist's life, and to preserve these long-repressed cultural assets of Taiwan, we publish the *Chen Cheng-po Corpus* in joint effort with coworkers and friends. The works are presented in 18 volumes, the first 10 of which come in hardcover octavo deluxe form. The first volume features nearly 300 oil paintings, including those for which only black-and-white images exist. The second volume consists of 241 calligraphy, ink wash painting, glue color painting, charcoal sketch, watercolor, and other works. The third volume contains more than 400 watercolor sketches most powerfully delivered works that feature female nudes. The fourth volume includes 1,103 sketches. The fifth volume comprises 1,200 sketches selected from Chen's 38 sketchbooks. The artist's personal historic materials are included in the sixth and seventh volumes. The materials include his family photos, individual photo shots, letters, and paper documents. The eighth and ninth volumes contain a complete collection of Empire Art Exhibition postcards, relevant collections, literature, and resources. The tenth volume consists of research done on Chen Cheng-po, exhibition material, and other related information.

Volumes eleven to eighteen are paperback decimo-sexto copies mainly consisting of Chen's writings and notes. The eleventh volume comprises articles and notes written by Chen. The twelfth and thirteenth volumes contain studies on Chen. The historical materials on the 228 Incident included in the fourteenth volumes are mostly focused on Chen. The fifteen to seventeen volumes focus on restoration reports and materials analysis of Chen's artworks. The eighteenth volume features Chen's chronology, so as to more vividly present the artist's life.

Chen Cheng-po was more than a painting master to Taiwan — his life and death cast lasting influence on the Island's history. The *Chen Cheng-po Corpus*, jointly published by the Chen Cheng-po Cultural Foundation and the Institute of Taiwan History of Academia Sinica, manifests Chen's importance both in form and in content.

I am grateful to the scholar friends who went out of their way to share the burden of compiling the *corpus*; to executive editors Lai Ling-ju and Ho Kuan-yi for their great support; and Ho Cheng-kuang, president of Artist Publishing co. and his capable art editor Ke Mei-li for their patience and support. For sure, I owe the most gratitude to Chen Tsung-kuang; his eldest son Li-po and his wife Hui-ling; and the entire Chen family for their support and encouragement in the course of publication. This historic project will bring unlimited glamour and glory to the history of Taiwan.

Editor-in-Chief, *Chen Cheng-po Corpus*
Professor, Department of History, National Cheng Kung University
Hsiao Chong-ray

Chong-ray Hsiao

陳澄波相關文獻與研究的歷史檢視

　　陳澄波與臺灣美術史的研究息息相關，其重要性不僅在於畫家本人的作品內涵，其養成背景、求學經歷、畫展獲獎、畫會活動、身後紀念、研究推廣等，所涉足的範疇幾乎便是一部美術史，既廣且深，極具代表性。本文以此為核心，探討歷來相關文獻論述陳氏的發展過程，這些論著包括了對於畫家生平的口述歷史與訪談，在畫作出土之後逐漸增加的新聞報導（其中又包括相當數量的藝術市場報導），以及隨著臺灣美術史學術發展而愈趨深化的研究論文、圖錄論述等，都豐富了今日吾人對於陳澄波畫作內涵的肯定與理解。隨著學界出版《陳澄波全集》以及百二東亞巡迴大展的舉辦，也意味著出土史料將帶動下一波研究的進展與突破。以下藉由《陳澄波全集》第12、13卷收錄的史料，作一概略回顧。

一、日本殖民時期的報導評述

　　歷來有關陳澄波的論述，以1917年的報導為最早。報導中記載他在臺北國語學校畢業後，回到嘉義公學校擔任訓導。這些初期的相關新聞，多以陳澄波的人事活動紀錄為主。[1]

　　首次出現評論陳澄波作品的文獻，則是他的啟蒙老師石川欽一郎於1926年10月15日寫的〈談陳澄波的入選畫〉，認為畫面相當細碎，畫法較為繁瑣，呈現稚拙的畫風，但因陳氏的努力認真，使畫作表現得強而有力。[2]後來井汲清治在《讀賣新聞》發表的〈帝展西洋畫的印象（二）〉一文中，評論陳氏入選帝展的〔嘉義街外〕之筆力，呈現出畫家的人格及素樸的畫面。[3]同年，陳澄波在東京參與的畫會槐樹社同仁，也注意到他的畫風是有趣、純真無邪的傾向。[4]而在1927年的首次個展後，《臺灣日日新報》的記者也在展覽報導中，注意到陳澄波的畫作帶有南畫渲染的作法。[5]1928年，《臺灣日日新報》為強化臺展的宣傳，開始以〈畫室巡禮〉專欄，訪問臺灣多位知名畫家，從而記錄了陳氏對於自述想表現的是「龍山寺的莊嚴之圖並配以亞熱帶氣氛的盛夏」，作為揚名臺展的創作目標。[6]

　　陳澄波赴上海後，開始出現在中國的知名報刊上。1929年，第一屆全國美展的參展作品，使得論者張澤厚注意到他的〔早春〕與〔綢坊之午後〕等兩件作品，實為難得的構圖、筆觸及題材。[7]同年，本島藝術家組成的美術團體赤島社誕生，為了與官辦的臺展較量，定於每年春天舉辦展覽。石川欽一郎在參觀赤島社展後，評論陳澄波參展的〔西湖風景〕表現手法與色彩協調上不夠融洽。[8]1930年第四屆臺展中，N生注意到陳氏作品〔蘇州虎丘山〕，難得呈現出中國水墨畫的意境。[9]到了1931年的赤島展，陳澄波自畫像作品〔男之像〕也被評論其黏稠筆法較為獨特。[10]1932年陳澄波回臺灣後，《臺灣新民報》記者採訪時，提出了他早期較完整的創作自述：

> 　　我所不斷嘗試以及極力想表現的是，自然和物體形象的存在，這是第一點。將投射於腦裡的影像，反覆推敲與重新精煉後，捕捉值得描寫的瞬間，這是第二點。第三點就是作品必須具有Something。以上是我的作畫態度。還有，就作畫風格而言，雖然我們所使用的新式顏料是舶來品，但題材本身，不，應該說畫本身非東洋式不可。另外，世界文化的中心雖然是在莫斯科，我想我們也應盡一己微薄之力，將文化落實於東洋。[11]

　　1933年，回臺後的陳澄波常在中部寫生，曾論及他在創作的態度及心境是要表達一切線條的動態，並以筆觸

的手法，使得畫面更生動。[12]1935年陳澄波的個展、團體展接連不斷。其中，野村幸一在臺陽展中，注意到了陳澄波極為擅長點景人物，但也發現他的作品有太過強調和諧感的傾向。[13]1935年也是臺灣畫壇追求藝術純粹性的關鍵轉折，陳清汾形容此時畫壇已知超現實主義的觀念，從而分出新表現派和新寫實派等兩個繪畫流派，而陳澄波的作品即是新寫實主義的代表之一。[14]不過，陳澄波本人論及自己的作品取材與表現手法時，並不刻意執著寫實，反而強調自己的畫風立足於「作為東洋人中的東洋人」，因此畫作應發揮出東洋氣氛。[15]1936年，臺展十周年時，評論者錦鴻生（林錦鴻）在展覽中，觀察到陳澄波的作品〔岡〕之筆觸及線條有趣，使整體畫面呈現動態感，但太過熱鬧，不過也表現出陳澄波的個性。[16]

1940年，吳天賞在《臺灣藝術》雜誌中的，發表〈臺陽展洋畫評〉一文，他認為在臺陽展值得注目的畫家中，陳澄波的〔日出〕之作，難得呈現了畫家的霸氣性格。[17]1943年，王白淵在第六回府展評論中論及陳澄波是一位不失童心的可愛畫家，雖期盼他能表現更具深度與「侘寂」的作品，但其〔新樓〕「仍然顯示其獨自的境地」。[18]戰爭期間，陳澄波仍創作不綴，仍有相關活動報導。

二、從埋沒到出土：戰後至解嚴

戰後的文獻中，我們可看到陳澄波曾短暫擔任過部分諮詢性的服務工作，隨後不幸在二二八事件遇難，為臺灣美術界一大損失。1947年陳澄波遇難後，首度出現在期刊媒體上的記載，是1955年王白淵發表的〈臺灣美術運動史〉。[19]王白淵此文，著重於臺籍畫家在日本殖民時期的參展、畫會經歷之記錄，強調畫家活動作為「美術運動」，實為民族抗日活動下的一環。文中，王白淵對於陳澄波個人與畫作並未個別分析，而是採取了與其他畫家相同的處理方式，將畫家併入臺、府展與臺陽美術協會等活動來記錄。但值得注意的是，刊載此文的《臺北文物》三卷四期中，除了王白淵此文，以及林玉山、郭雪湖、楊三郎等人對各自畫業的回憶自述外，另有多張畫壇活動、與作品照片刊出，陳澄波及其作品的照片亦在其中。

根據陳重光先生的口述，在陳澄波罹難之後，許多過去的畫壇至交，也不敢再來陳家走動，可見風聲鶴唳之緊張情勢。《臺北文物》在白色恐怖最嚴重的1950年代中期，雖未詳述陳澄波個人的經歷，卻甘冒風險，刊出其照片，殊為勇氣可貴。[20]

此後的二十年間，陳澄波逐漸為畫壇淡忘。直到1975年，謝里法憑藉在美國各大學圖書館中所見的戰前臺灣史料，以及與臺籍前輩畫家如郭雪湖、林玉山、李梅樹等人的通信，開始撰寫發表「日據時期臺灣美術運動史」，他引用民族運動者楊肇嘉的觀點：「堅信一個畫家能夠把他的作品掛在全日本最高等的藝術展覽——帝展裡的一面牆上，就是臺灣人的精神表現，它的力量比起在任何一個街頭上的演講都來得有效」。[21]這種觀點，延續了王白淵的美術運動史觀。[22]在謝氏的《日據時代臺灣美術運動史》書中第一部「新美術的黎明時代」中，以「虛架的一座橋，為的是徘徊——油彩的化身陳澄波」為標題，來描述陳澄波的畫業。[23]

隨著1970年代文藝界在鄉土運動下本土意識的萌生，以及《雄獅美術》、《藝術家》的努力發掘，日本殖民時期「前輩美術家」在1970年代後半期開始受到美術媒體的重視。1979年11月29日，春之藝廊舉辦了「陳澄波

遺作展」[24]，展出八十餘件由遺孀張捷女士多年來悉心保存的畫作，佈展時，楊三郎、李梅樹曾前來指導佈展。此展是在陳氏受難三十餘年後作品的首度公開展出，開幕隔日副總統謝東閔便前往觀展，展期間也有多位故舊如陳進前來觀展。同年（1979）6月及12月，《雄獅美術》也在「美術家專輯」中製作了陳澄波專輯，收錄了張義雄口述／陳重光執筆〈陳澄波老師與我〉、謝里法〈學院中的素人畫家——陳澄波〉、林玉山〈與陳澄波先生交遊之回憶〉等文章。[25]同時，雄獅美術雜誌社也發行了專書《臺灣美術家2　陳澄波》，由編輯部撰稿〈陳澄波的藝術觀〉，以「學院中的素人畫家」、「臺灣美術運動的先驅」來定位陳澄波，並收錄陳重光撰〈我的父親陳澄波〉。[26]

「陳澄波遺作展」可以說是戰後首次結合了策展、報導、評論，將陳澄波的作品予以公開呈現的一次初步嘗試，亦可說是在王白淵、謝里法的史觀下，奠定了陳澄波作為現代畫家的歷史定位，雖然這個定位，不無矛盾與弔詭之處。當時人在海外的謝里法雖有撰史立論的用心，在未能訪查陳澄波家屬的情況下，僅用他畫家的直觀與敏感，凸顯、強化了陳澄波作為畫家的「天真而樸質」，並提出「學院中的素人畫家」的詮釋。[27]但究竟陳澄波與學院、展覽（或謝氏常用的詞彙「沙龍」）的關係為何？文中始終沒有完整說明。「學院中的素人畫家」的詮釋，日後又有多人繼續引用，成為早期論者對陳澄波習用的觀點。[28]

1970年代在戒嚴的政治禁忌下，「遺作展」由雄獅美術發行的畫冊：《臺灣美術家2　陳澄波》也將〔我的家庭〕一作中，畫家放置在桌上的《普羅繪畫論》一書書名塗銷，以免受到牽連。這個塗銷的空缺，亦顯示左翼運動在歷史前衛與現代性的位置，從陳澄波畫作出土以來，便遭恐共的氛圍掩蓋，乏人聞問。

儘管有上述盲點，1970年代主導陳澄波論述的謝里法，能在畫壇長期的噤聲氛圍下為陳澄波重建生平，大膽指出其創作特質，並搭配其生動的文筆，建立起陳澄波的鮮明形象。同時期畫家家屬陳重光、畫友林玉山、張義雄的口述，也還原了陳澄波的創作態度與部分特質，誠屬不易。

由謝里法建立起的陳澄波觀，透過遺作展、《雄獅美術》的推動，繼續影響到1980年代，隨著解嚴前後的言論風氣日開，論者開始關注過去的禁忌：二二八事件及陳澄波的遇難過程，也開始有明生畫廊「陳澄波人體速寫遺作展」（1981年12月）、維茵藝廊「臺灣前輩美術家聯展」（1982年7月）、東之畫廊「陳澄波油畫紀念展」（1988年3月）、臺北阿波羅畫廊「懷思名家遺作展」（1988年9月）等，小規模舉辦了個人遺作或聯展。此時的論述，多是民間學者揭開歷史禁忌的重探，也帶有訴諸輿論、要求平反的意味，陳澄波於二二八事件的受難事件，開始被點出。包括李欽賢〈臺灣新美術草創期的尖兵——陳澄波〉、莊世和發表於《臺灣時報》與莊永明發表於《自立晚報》的陳澄波傳可謂代表。[29]

與此同時，林惺嶽《臺灣美術風雲四十年》則是繼謝里法之後，另一位處理陳澄波美術史定位的評論者。[30]此書係自立晚報「臺灣經驗四十年」系列叢書之一，旨在整理戰後臺灣經濟、政治、文化等各方面的歷史。雖然林惺嶽以此書書名「美術風雲」取代了「美術運動」的用語，但在連載於《雄獅美術》時，仍以「臺灣美術運動史」為欄位名稱，內文仍批判性地沿用了美術運動的框架，在此，陳澄波被定位為參與具有抗日意識的臺灣文藝聯盟、是最具威望與資歷的美術創作家與「運動家」。[31]

三、解嚴後的紀念與論述建構

1980年代後期，臺灣史研究由民間逐漸轉入學院。1992年，顏娟英於藝術家出版社發行的《臺灣美術全集1陳澄波》發表了〈勇者的畫像——陳澄波〉。[32]顏文撰寫過程中，陳重光接受訪談並提供其蒐藏珍貴的一手史料，重建生平畫歷，在考察美術運動時，注意到石川欽一郎來臺的時機，與臺灣文化協會風潮帶動的師範學校學潮有關，並指出陳澄波「曾參加文化協會」，全島性文化政治啟蒙運動「應對他有相當影響」。[33]顏娟英指出畫家作品中始終存在著「自我的探索」與「學院式理性空間」的掙扎，並指出陳澄波上海時期的部分畫風，呈現出返臺後論述所提曾師法的「八大山人」、「倪瓚」等中國繪畫筆法，例如：〔清流〕、〔蘇州〕[34]、〔西湖〕等作品的近景有違反透視傾向，顏文亦將陳澄波研究，提昇到重視方法、史料的學術層次，具有重要意義。

隔年，李松泰〈陳澄波畫風轉變之探討〉（1993）一文試圖釐清「學院派」在此前論者主張之間的差異。[35]李文認為，不能僅以線性（透視）技法或描述性素描來指涉學院派，須避開諸如「素人」的詞義之爭。他分析陳澄波作品包括人物表情的冷漠疏離、風景畫水面與天空的概化、構圖透視的平面化處理、筆觸肌理的抒情強化，點出了現代藝術從後期印象派、野獸派與表現主義之間的前衛特質，提出了一條吸收自日本的歷史前衛脈絡、又融合中國繪畫特點於個人創作的實踐路徑。

這段期間，也是本土拍賣市場興起，推升前輩畫家作品屢創新高，自1980年代起即有商業畫廊投入陳澄波作品的交易，1990年代初，國際藝術拍賣公司進入市場，前輩畫家市場蓬勃發展以來，包括陳小凌、陳長華、胡永芬、黃茜芳、黃寶萍、李維菁、秦雅君等多位藝文記者均發表了大量市場行情等相關報導。

1994年2月，行政院文化建設委員會舉辦全國文藝季時，嘉義市政府主辦、文化中心承辦了「陳澄波百年祭」，同時舉行展覽會、音樂會，其間首次曝光陳澄波罹難後夫人張捷女士長期珍藏的遇難遺照，影像震撼各界。百年祭也舉辦學術研討會邀請顏娟英、李松泰與蕭瓊瑞三位學者發表論文。蕭瓊瑞繼而以〈陳澄波作品中的空間表現及其相關問題〉[36]，解析歷來陳澄波畫風的「素人」、「變形」、「不安定性」、「稚拙異常」種種評語。[37]蕭文以伊東壽太郎的「視覺恆常性」概念指出，為何陳澄波畫作經常出現違反正常空間透視、遠近關係、人體比例的「超恆常性」，並以現代藝術的核心概念，一一回應了此前對於陳澄波畫風的眾多揣測與質疑，可以說是陳澄波研究史上，首次出現以藝術造型理論，統合性地詮釋陳澄波繪畫現代性的研究。

嘉義的陳澄波百年祭之後，1994年8月，臺北市立美術館也舉辦了「陳澄波百年紀念展」，館內研究員亦藉此整理了陳澄波典藏品，及其於臺、府展入選作品的脈絡。隔年，陳澄波雕像成立，並成為臺灣第一座藝術家雕像。[38]鄭惠美透過訪談與臺府展圖錄，於「典藏品研究特展」確認了〔新樓〕一作的名稱。林育淳則在《現代美術》介紹了臺、府展的陳澄波作品。[39]林育淳隨後於「中國巨匠美術週刊」發表了陳澄波評介，後於1998年另撰成《油彩・熱情・陳澄波》一書。[40]該書圖文並茂，收錄許多家屬提供的一手史料，包括部分初次出現的作品圖版、履歷表、剪報、個人收藏畫冊、明信片等，展現了陳澄波畫業的豐富性，作者也用心地指認出史料與畫作圖像的關聯，搭配寫生地的地圖標示。

1990年代中後期，隨著民進黨於臺北市的勝選執政、1996年總統直選，臺灣畫壇對於美術「主體性」的追

求也愈發強烈。除了藝術市場的蓬勃與畫價的屢創新高，「陳澄波與陳碧女紀念畫展」（1997）[41]、「二二八美展」、「東亞油畫的誕生與開展」[42]等展覽活動中，不僅陳澄波的受難，得到了政府遲來的致歉，其作品更受到更高的推崇與肯定。然而在研究上，卻要到2000年以後，陳澄波家屬與研究者開始系統性整理畫家遺物檔案，才使學術界的探討，得以跨入另一個階段。

四、檔案與修復的深化：2000年以後學術性研究

2000年，研究者李淑珠以陳澄波研究取得京都大學碩士學位，她採用了家屬首度提供外界的資料，包括所保存的陳澄波檔案（特別是藏書與圖片收藏），繼而又在2005年完成了博士論文《「サアムシニーグSomething」を描く：陳澄波（1895-1947）とその時代》[43]。李淑珠在2003年先發表了〈陳澄波（1895-1947）年表的重編——以三份履歷表為主要依據〉[44]，重新釐定了歷來學者根據家屬提供不同資料所擬出的生平年表，開啟了此後一系列以陳澄波檔案為基礎的研究。[45]李淑珠多是先由細膩的考證入手，在畫家龐雜的個人檔案史料中，迂迴地關出理解陳澄波創作內面意涵的途徑。例如以「撐傘人物」為母題、以家書明信片查考畫家心境、以圖片收藏佐證畫家思索參照的海內外作品等。其博士論文中，由重新探討陳澄波後期畫作與戰爭期的關係，重新考證了〔日本二重橋〕的年代、「祖國愛」論述的形構等課題。藏書與圖片收藏是陳澄波個人畫風形成的重要參考來源，也成為日後研究者據以分析的主要根據之一。[46]

近年來隨著陳澄波文化基金會積極整理檔案、修復作品，而產生了更大的進展。2010年12月，尊彩藝術中心舉辦陳澄波與廖繼春聯展，並出版《璀璨世紀——陳澄波、廖繼春作品集》；2011年10月，高雄市立美術館舉辦「切切故鄉情——陳澄波紀念展」，是首度較具規模的研究性展覽[47]；2012年2月，臺北市立美術館舉辦了「行過江南——陳澄波藝術探索歷程」[48]展，繼而將展覽主題，聚焦在陳氏上海時期與中國藝術界的互動；同年3月，在臺灣創價學會至善藝文中心舉辦「艷陽下的陳澄波」[49]，5月，尊彩藝術中心舉辦「陳澄波・彩筆江河」特展[50]；接著2013年5月，嘉義市文化局舉行「陳澄波日：再創嘉義畫都生命力」[51]展；2014年，這一年適逢陳澄波一百廿歲誕辰，陳澄波文化基金會、中研院臺灣史研究所、臺南市政府合作主辦「陳澄波百二誕辰東亞巡迴大展」，分別在臺南市立文化中心等地、北京中國美術館、上海中華藝術宮[52]、東京藝術大學美術館[53]，以及臺北國立故宮博物院巡迴展出。這些展覽包含了許多未曾對外公開的書信、速寫、筆記、素描本、手稿、剪報、個人蒐藏與作品，隨著近二十年來臺灣與東亞美術史研究的深化，研究者得以更多史料，交互參照陳澄波在近代東亞美術史的位置。早期研究所關注的學院素人畫風、民族運動與美術運動、學院式理性空間、身分認同、殖民與現代化之矛盾等現代性課題，如今在相對充足的史料下，已逐漸可落實在作品分析上建構、並擴延至幾個核心議題。[54]

首先，是大量裸體速寫與素描本的出現，翻轉了最早論者對於陳澄波裸體畫較為薄弱的印象，更為深入地探討了「身體」所涉及的自我認同、文化啟蒙。[55]

其次，是陳澄波主要畫類：風景圖像所涉及的現代性課題，包括城鄉發展、城市遊逛、故鄉，這部分有邱函妮、江婉綾、傅瑋思的論文，其中，邱函妮結合素描簿上陳澄波所抄錄的臺灣議會請願運動歌詞，進一步探討反

抗與殖民現代性的關連，傅瑋思則是以後殖民的角度，從陳澄波的跨國經驗探討其混雜認同，亦不同於早期掙扎於本質性國族認同的固著。[56]

再者，是中國經驗的畫風，包括上海時期、祖國傳統、陳澄波早期學習經歷的研究，黃冬富〈陳澄波畫風中的華夏美學意識——上海任教時期的發展契機〉、白適銘〈「寫生」與現代風景之形構——陳澄波早年（1913-1924）水彩創作及其現代繪畫意識探析〉、呂采芷（羽田ジェシカ）〈終始於臺灣——試探陳澄波上海期之意義〉、邱函妮〈陳澄波「上海時期」之再檢討〉等論文。[57]

最後，是有關於現代性所包含的歷史前衛，除了學院畫風的探討，在李淑珠〈陳澄波與普羅美術〉之後，文貞姬〈陳澄波1930年代的現代主義：上海時期（1928-1933）為主〉（2013）也探討了日本新興藝術與上海的國際現代主義之間可能的遇合。[58]蔣伯欣〈群眾在何方？陳澄波與普羅美術運動初探〉（2013）指出過去研究者較少關注的槐樹社等在野畫會中，所涉及陳澄波可能從實際參展中參考的普羅美術畫風。隔年，又有吳孟晉〈陳澄波與1920年代的日本西畫壇〉（2014）也從東京的五種美術雜誌關注了陳澄波參與的畫會活動，並考察出其東京留學時期所參與的畫會展覽作品。[59]

繼1994年的全國文藝季活動之後，推廣陳澄波的藝文活動逐漸興起，在家屬陳重光先生成立財團法人陳澄波文化基金會之後，如研討會、音樂會、校園巡迴展等紀念活動，發展穩健。近年來，在陳澄波之孫陳立栢先生接任基金會董事長之後，學術性活動更為深入扎實，推廣活動更趨多元化。2011年，嘉義市政府文化局舉辦「檔案・顯像・新「視」界——陳澄波文物資料特展暨學術論壇」、2012年在臺北舉行「繫絆鄉情——陳澄波與臺灣近代美術國際學術研討會」、2014年於臺南舉辦「陳澄波專題研究學術研討會」、2015年臺北故宮博物院舉辦「波瀾中的典範——陳澄波暨東亞近代美術史國際研討會」，上述研討會皆使陳澄波研究進入新的境界。

五、小結

此外，隨著陳澄波文化基金會近年大規模地整理作品文獻，也開始委託正修科技大學進行修復作業，繼而在2011年舉行「再現澄波萬里：陳澄波作品保存修復特展」，此展覽的推動，也讓更多人認識藝術品修復的概念，此後又擴大至國立臺灣師範大學文物保存維護研究發展中心等相關修復機構，帶動了另一波對於臺灣早期前輩畫家作品修復研究的重視，對於藝術史的研究，更有相當助益。

綜合以上所述，陳澄波畫業所涉及的藝術史研究，已開展出更多深刻的論題與面向，近年來陳澄波文化基金會對於史料檔案的整理編輯，已推動相關研究形成飛躍性的進展，待《陳澄波全集》完成出版後，相信亦將使其研究，提昇至更豐富的層次。從個人畫業的建立，遇難後的埋沒、出土到再生，百年來陳澄波畫業所代表的意義，已非在於個人聲名，而是整個臺灣藝術史公共論域的重建，期待未來更進一步的發展。

蕭瓊瑞

【註釋】

* 蔣伯欣：臺灣藝術史研究者。

1. 〈地方近事 嘉義〉，《臺灣日日新報》日刊3版，1917年9月9日。

2. 欽一廬（石川欽一郎），〈陳澄波君の入選畫に就いて（談陳澄波君の入選畫）〉，《臺灣日日新報》夕刊3版，1926年10月15日。

3. 井汲清治，〈帝展洋畫の印象（二）（帝展西洋畫的印象（二））〉，《讀賣新聞》第4版，1926年10月29日。

4. 槐樹社會員，〈帝展談話會〉，《美術新論》第1卷第1號（1926年11月），頁124。

5. 〈觀陳澄波君 洋畫個人展〉，《臺灣日日新報》日刊4版，1927年6月30日。

6. 〈アトリエ廻り（畫室巡禮）〉，《臺灣日日新報》夕刊2版，1928年10月5日。

7. 張澤厚，〈美展之繪畫概評〉，《美展》第9期，1929年5月4日，頁5、7-8。

8. 石川欽一郎，〈手法も色彩——赤島社展を觀て（手法與色彩——赤島社展觀後感）〉，《臺灣日日新報》日刊6版，1929年9月5日。

9. N生記，〈臺展を觀る（五）（臺展觀後記（五））〉，《臺灣日日新報》日刊6版，1930年10月31日。

10. 〈愈よけふから 赤島展開く ◇……各室一巡記（本日起 赤島展開放參觀 各室一巡記）〉，《臺灣日日新報》日刊7版，1931年4月3日。

11. 李淑珠譯，〈アトリエ巡り（十） 裸婦を描く 陳澄坡（畫室巡禮（十） 描繪裸婦 陳澄坡（波）））〉，《臺灣新民報》，約1932年。

12. 〈アトリエ巡り タッチの中に線を秘めて描く 帝展を目指す 陳澄波氏（畫室巡禮 將線條 隱藏於筆觸中 以帝展為目標 陳澄波氏）〉，《臺灣新民報》，1934年秋。

13. 野村幸一，〈臺陽展を觀る 臺灣の特色を發揮せよ（觀臺陽展 希望發揮臺灣的特色）〉，《臺灣日日新報》日刊6版，1935年5月7日。

14. 陳清汾，〈新しい繪の觀賞とその批評（新式繪畫的觀賞與批評）〉，《臺灣日日新報》夕刊3版，1935年5月21日。

15. 〈美術の秋 アトリエ巡り（十三） 阿里山の神秘を 藝術的に表現する 陳澄波氏（嘉義）（美術之秋 畫室巡禮（十三） 以藝術手法表現 阿里山的神秘 陳澄波氏（嘉義））〉，《臺灣新民報》，1935年秋。

16. 錦鴻生，〈臺展十週年展を見て（三）（臺展十週年展觀後感（三））〉，《臺灣新民報》，約1936年10月。

17. 吳天賞，〈臺陽展洋畫評〉，《臺灣藝術》第4號（臺陽展號），1940年6月1日，頁12-14。

18. 王白淵，〈府展雜感——藝術を生むもの（府展雜感 孕育藝術之物）〉，《臺灣文學》4卷1期（1943年12月），頁10-18。

19. 王白淵，〈臺灣美術運動史〉，《臺北文物》3卷4期（1955年3月），頁16-64。該文長五萬餘字，最早刊於1947年臺灣新生報出版的《臺灣年鑑》第17章文化欄。後收入《臺灣省通志稿卷六 學藝志藝術篇》（臺北：臺灣省文獻委員會，1958）。

20. 《臺北文物》同一期中，也邀請了曾在日本殖民時期重要藝術贊助者的楊肇嘉，參加「美術運動座談會」。楊肇嘉曾參與東京的留學生團體新民會、返臺後組織臺灣地方自治聯盟，戰後曾任臺灣省政府民政廳長，係臺灣民族運動的代表人物。楊肇嘉的出席，頗有呼應參與座談會的王白淵「美術運動」論的意味。

21. 謝里法，《日據時代臺灣美術運動史》，臺北：藝術家出版社，1979，頁158。

22. 謝里法，〈臺灣美術運動史〉，《藝術家》第3期（1975年8月），頁98-103。謝里法對「美術運動」的定義是：「所謂新美術運動，它所推展的是經由日本間接輸入的西洋畫和直接接受日本美術影響的東洋畫，與之站在相對地位的舊美術，所指的是因襲中國文人畫傳統的水墨畫。誠然新美術的形成與日本殖民統治下的臺灣的政治和社會是分不開的，從外貌看，它是日本近代美術與殖民政策並行擴張之後的產物，然而它的內質隱藏著無比深厚抗拒外力侵蝕的文化力量」。

23. 謝里法，《日據時代臺灣美術運動史》，頁46-51。

24. 〈春之藝廊展陳澄波遺作〉，《民生報》，1979年11月28日。

25. 張義雄口述、陳重光執筆，〈陳澄波老師與我〉，《雄獅美術》第100期（1979年6月），頁125-129。謝里法，〈學院中的素人畫家——陳澄波〉，《雄獅美術》第106期（1979年12月），頁16-59。林玉山，〈與陳澄波先生交遊之回憶〉，《雄獅美術》第106期（1979年12月），頁60-67。例如林玉山的回憶，注意到陳澄波人體畫甚覺異常，風景畫違反透視及變形的畫法極為特殊。

26. 《臺灣美術家2：陳澄波》，臺北：雄獅圖書公司，1979。

27. 謝里法，《臺灣出土人物誌》，臺北：臺灣文藝雜誌社，1988，頁213。

28. 如王秋香，〈學院中的素人畫家〉，《中國時報》第8版，1979年11月29日。

29. 包括李欽賢，〈臺灣新美術草創期的尖兵——陳澄波〉，《臺灣近代名人誌（第二冊）》，臺北：自立晚報社，1987。莊世和，〈陳澄波（上）（下）〉，《臺灣時報》第12版，1983年6月22日。莊永明，〈我，就是油彩〉，《自立晚報》，1985年2月2日。

30. 林惺嶽，《臺灣美術風雲四十年》，臺北：自立晚報，1987。

31. 林惺嶽，《臺灣美術風雲四十年》，頁51。

32. 顏娟英，〈勇者的畫像——陳澄波〉，《臺灣美術全集1 陳澄波》（臺北：藝術家出版社，1992），頁27-48。另刊《藝術家》，第201期（1992年2月），頁194-213。

33. 顏娟英，〈勇者的畫像——陳澄波〉，頁33。

34. 〔蘇州〕後證實所畫地點為杭州，並曾參加1929年上海舉辦的全國美展。2015年北美館依據當時展覽畫冊正名為〔綢坊之午後〕。

35. 李松泰，〈陳澄波畫風轉變之探討〉，《炎黃藝術》第45期（1993年5月），頁42-47。

36. 蕭瓊瑞，〈陳澄波作品中的空間表現及其相關問題〉，後收入《島嶼色彩》，臺北：東大圖書公司，1997，頁328-356。

37. 伊東壽太郎著，王秀雄譯，《設計用的素描》，臺北：大陸書店，1973。

38. 洪長榮，〈陳澄波用「畫」道盡二二八 申學庸主持雕像奠基 活動正式開鑼〉，《臺灣時報》，1994年2月27日。

39. 鄭惠美，〈由教育愛到民族愛——陳澄波的生命終極關懷〉，《現代美術》第55期（1994年8月），頁35-41。林育淳，〈陳澄波「臺展、府展」入選作品賞析〉，《現代美術》第55期（1994年8月），頁42-48。

40. 林育淳，《中國巨匠美術週刊：陳澄波（1895-1947）》，臺北：錦繡出版，1994。林育淳，《油彩‧熱情‧陳澄波》，臺北：雄獅圖書，1998。

41. 余彥良、陳菁瑩，《陳澄波與陳碧女紀念畫展》，臺北：尊彩國際藝術有限公司，1997。

42. 相關理念說明可參見：林曼麗，〈臺灣「新美術」的萌芽及其發展──22位臺灣前輩畫家、37件作品赴日本靜岡美術館展出〉，《CANS藝術新聞》第21期（1999年5月），頁73-77。

43. 中譯參見：李淑珠，《表現出時代的「Something」──陳澄波繪畫考》，臺北：典藏藝術家庭股份有限公司，2012。

44. 李淑珠，〈陳澄波（1895-1947）年表的重編──以三份履歷表為主要依據〉，《典藏今藝術》第126期（2003年3月），頁108-120。

45. 這些文章包括：〈日本戰時体制下的臺灣畫壇──陳澄波《雨後淡水》（1944）を例に〉，《鹿島美術研究年報》第22號別冊（2005年11月），頁44-56。〈寫意與寫生──論陳澄波和莫內的「撐傘人物」〉，《臺灣美術》第78期（2009年10月），頁4-27。〈陳澄波圖片收藏與陳澄波繪畫〉，《藝術學研究》第7期（2010年11月），頁98-182。〈陳澄波與普羅美術〉，《臺灣美術》第85期（2011年7月），頁20-43。〈陳澄波的「言」與「思」──以寄自東京的「家書明信片」為例〉，《臺灣美術》第88期（2012年4月），頁30-50。

46. 於2005年同時期發表的書籍：余彥良，《藏寶圖肆：陳澄波作品集》，臺北：尊彩國際藝術有限公司。

47. 吳慧芳、曾媚珍編輯，《切切故鄉情──陳澄波紀念展》，高雄：高雄市立美術館，2011。

48. 林育淳、李瑋芬編輯，《行過江南──陳澄波藝術探索歷程》，臺北：臺北市立美術館，2012。

49. 創價藝文中心委員會編輯部編，《艷陽下的陳澄波》，臺北：財團法人勤宣文教基金會，2012。

50. 余彥良，《尊彩貳拾週年暨陳澄波彩筆江河紀念專刊》，臺北：尊彩國際藝術有限公司，2012。

51. 房倩如總編輯，《陳澄波日：再創嘉義畫都生命力》，嘉義：嘉義市政府文化局，2013。

52. 上海中華藝術宮、臺南市文化局和陳澄波文化基金會合辦「海上煙波──陳澄波藝術大展」。參見財團法人陳澄波文化基金會編，《海上煙波──陳澄波藝術作品集》，上海：人民美術出版社，2014。

53. 東京藝術大學與國立臺北教育大學合作主辦、陳澄波文化基金會協辦的「臺灣近代美術──留學生的青春群像（1895-1945）」，是陳澄波百二誕辰東亞巡迴大展的特別企劃，展出內容除陳澄波部分作品，並涵蓋1945年前畢業於東京美術學校13位臺灣前輩藝術家的作品。

54. 相關展覽書籍包括：葉澤山總編輯，《澄海波瀾──陳澄波百二誕辰東亞巡迴大展 臺南首展》，臺南：臺南市政府，2014。蕭瓊瑞總編輯，《藏鋒──陳澄波百二誕辰東亞巡迴大展 臺北》，嘉義：財團法人陳澄波文化基金會，2014。范迪安主編，《南方豔陽 二十世紀中國油畫名家 陳澄波》北京：人民美術出版社，2014。

55. 李淑珠，〈陳澄波與學院繪畫──從陳澄波淡彩速寫裸女的經典擺姿談起〉，收入吳慧芳、曾媚珍編輯，《切切故鄉情──陳澄波紀念展》，高雄：高雄市立美術館，2011，頁26-33。陳水財，〈筆墨輕抹詩意濃──陳澄波「淡彩裸女」的風格探討〉，《藝術家》第443期（2012年4月），頁202-207。山梨繪美子著、李淑珠譯，〈陳澄波裸體畫的一大特色──從與日本學院繪畫的比較來看〉，收入創價藝文中心委員會編輯部編，《阿里山之春──陳澄波與臺灣美術史研究新論》，臺北：財團法人勤宣文教基金會，2013，頁20-51。李淑珠，〈寫意嫵媚之軀──陳澄波淡彩速寫裸女初探〉，收入創價藝文中心委員會編輯部編，《阿里山之春──陳澄波與臺灣美術史研究新論》，頁136-187。

56. 江婉綾，〈家‧國‧童話──論陳澄波《嘉義公園》（1937）象徵意涵〉，《臺灣美術》第82期（2010年10月），頁40-61。邱函妮，〈陳澄波繪畫中的故鄉意識與認同──以《嘉義街外》（1926）、《夏日街景》（1927）、《嘉義公園》（1937）為中心〉，《國立臺灣大學美術史研究集刊》第33期（2012年9月），頁271-342、347。傅瑋思，〈認同、混雜、現代性：陳澄波日據時期的繪畫〉，收入林育淳、李瑋芬編輯，《行過江南──陳澄波藝術探索歷程》，臺北：臺北市立美術館，2012，頁50-63。

57. 黃冬富，〈陳澄波畫風中的華夏美學意識──上海任教時期的發展契機〉，《臺灣美術》第87期（2012年1月），頁4-31。白適銘，〈「寫生」與現代風景之形構──陳澄波早年（1913-1924）水彩創作及其現代繪畫意識探析〉，收入創價藝文中心委員會編輯部編，《阿里山之春──陳澄波與臺灣美術史研究新論》，頁92-135。呂采芷（羽田ジェシカ），〈終始於臺灣──試探陳澄波上海期之意義〉，收入林育淳、李瑋芬編輯，《行過江南──陳澄波藝術探索歷程》，臺北：臺北市立美術館，2012，頁16-31。邱函妮，〈陳澄波「上海時期」之再檢討〉，《行過江南──陳澄波藝術探索歷程》，頁32-49。

58. 文貞姬，〈陳澄波1930年代的現代主義：上海時期（1928-1933）為主〉，收入創價藝文中心委員會編輯部編，《阿里山之春──陳澄波與臺灣美術史研究新論》，頁74-91。

59. 蔣伯欣，〈群眾在何方？陳澄波與普羅美術運動初探〉，《藝術觀點》第56期（2013年10月），頁56-64。吳孟晉，〈陳澄波與1920年代日本西畫壇〉，《陳澄波專題研究》工作坊手冊，2014，頁1-18。

A Historical Review of Chen Cheng-po Related Literature and Research

Chen Cheng-po is inseparably related to studies in Taiwan art history. But the artist's significance lies not merely in the inner meanings of his works. It also lies in his upbringing, his education experience, and his art exhibition achievements as well as his art exhibition activities, the commemorations held in his honor, and the research and promotion about him. These aspects, which almost constitute a history of fine arts, are broad and deep in scope and are very representative. This paper will revolve around these aspects in examining how the body of literature about Chen Cheng-po evolves over the years. This body of literature includes oral history and interviews; the increasing amount of news stories upon the resurfacing of the artist's works (among them are a considerable number of art market reports); and the increasingly profound dissertations, catalogs, and discourses brought about by academic developments in Taiwan's art history. In all, these literary data enrich our appreciation and understanding of the inner meanings of Chen Cheng-po's paintings. With the publishing of *Chen Cheng-po Corpus* and the staging of Chen Cheng-po's 120th Birthday Anniversary Touring Exhibition, it can be surmised that the historical materials unearthed will drive the next wave of progress and breakthroughs in research. The following is a brief review based on the historical materials compiled in Volumes 12 and 13 of *Chen Cheng-po Corpus*.

1. Reports and Commentaries During the Japanese Colonial Rule Period

Of all writings on Chen Cheng-po, an account in 1917 was the earliest. It was reported that Chen Cheng-po, upon his graduation from the National Language School in Taipei, returned to Chiayi Public School as an instructor. Such early period reports were mostly about his career movements.[1]

The first writing on Chen Cheng-po's works was an article by Ishikawa Kinichiro titled "On Chen Cheng-po's Painting Selected for the Imperial Exhibition" in 15 October 1926. Ishikawa Kinichiro was the teacher who initiated Chen Cheng-po into painting. He commented the picture was inundated with details and the painting technique was on the cumbersome side, making the style quite unsophisticated; nevertheless, because of the artist's serious efforts, the work as a whole appeared strong and powerful.[2] Then Ikumi Kiyoharu titled "Impressions of Western Paintings in the Imperial Exhibition (2)" published in *The Yomiuri Shimbun*. In the article, Mr. Ikumi commented that the power of the painting strokes evident in the painting *Outside Chiayi Street* selected for the Imperial Exhibition presented the painter's personality and an unadorned picture.[3] In the same year, in Kaijusha, the painting society Chen Cheng-po had joined in Tokyo, his colleagues also took note that his painting style tended towards amusing and innocent.[4] After the artist's first solo exhibition in 1927, a journalist from *Taiwan Daily News* also mentioned in a report that Chen Cheng-po's paintings demonstrated the coloring technique of the Nanga (Southern School) paintings.[5] In 1928, in a bid to boost publicity on the Taiwan Fine Art Exhibition (Taiwan Exhibition), *Taiwan Daily News* started a column called "Studio Tours" in which interviews with various famous Taiwan painters were posted. That was how [with reference to his painting *Longshan Temple*] Chen Cheng-po's objective of making a name for himself in the Taiwan Exhibition by "depicting the augustness of Longshan Temple in a subtropical midsummer day" was reported.[6]

Upon Chen Cheng-po's arrival in Shanghai, his name started to appear in well-known Chinese newspapers. In 1929, with his works featured in the First China National Art Exhibition, his paintings *Early Spring* and *Afternoon at a Silk Mill* caught the attention of Chang Ze-hou, an art critic, who believed that these two pieces of work demonstrated exceptionally good compositions, brushstrokes, and themes.[7] In the same year, Red Island Painting Society, an art group formed by Taiwan artists, was founded. As a way to pit against the government-run Taiwan Exhibition, it decided to hold its own exhibition in spring every year. On visiting Red Island Painting Society's exhibition, Mr. Ishikawa said that there was not enough harmony between presentation technique and color coordination in Chen Cheng-po's *West Lake Landscape*.[8] In the fourth Taiwan Exhibition, N San, another art critic, noted that there was a rare display of ink-wash painting aura in Chen Cheng-po's work *Tiger Hill, Suzhou*.[9] In the Red Island Exhibition in 1931, it had been remarked that the viscous brushstrokes in Chen's self-portrait titled *Portrait of a Man* was quite unique.[10] On his return to Taiwan in 1932, on being interviewed by *Taiwan Xin Min Bao*, Chen Cheng-po offered a relatively all-round explanation—one of his earlier ones—of his works:

What I've constantly trying and working hard to express is, first of all, Nature and the images of objects in it. Second, the perceptions of our conscious mind should undergo repeated deliberation and refinement to capture the instantaneous moments that are worth painting. Third, a painting must have 'something' in it. The above captures my attitude in painting. Moreover, when it comes to painting style, though the new type of pigments we are using come from overseas, the themes of our paintings, or, we should say, the paintings themselves cannot be other than that of the Orient. Also, though Moscow is the world culture center, we should give our best, trivial though it might be, to spread culture to the Orient.[11]

After returning to Taiwan in 1933, Chen Cheng-po often went to Central Taiwan to make paintings from life. At that time, he had once mentioned that his attitude and state of mind in painting was to express the dynamics of all drawing lines and to use brushstroke techniques to make the pictures livelier.[12] In 1935, his works were featured in a continuous succession of solo exhibitions and group exhibitions. One of these was the Taiyang Fine Art Exhibition (Taiyang Exhibition), in which Nomura Kouichi took notice of his superb skills in painting staffage figures, while at the same time discovering the artist's works tended towards being over-coordinated.[13] 1935 was also the key turning point year in which the Taiwan painting circle pursued purity in art. Chen Ching-fen said that, by that time, the art circle was already aware of the concept of surrealism. From this, two schools of paintings—new expressionism and new realism—were derived, and Chen Cheng-po's works were representative of new realism.[14] Nevertheless, when Chen Cheng-po talked about the subject matters and techniques of expression in his own works, he did not deliberately insist on realism. Instead, he emphasized that, "being an oriental among orientals," his painting style should emanate an oriental ambiance.[15] In 1936, at the 10th anniversary of the Taiwan Fine Arts Exhibition (Taiwan Exhibition), critic Jin-hong San (Lin Jin-hong) noticed in the exhibition that there were interesting brushstrokes and lines in Chen's work *Hill*, so much so that the picture as a whole looked dynamic, and, though on the excessive, revealed the artist's personality nevertheless.[16]

In 1940, Wu Tian-shang, another art critic, published an article titled "Comments on the Western Paintings in the Taiyang Exhibition" in the *Taiwan Arts* magazine. He opined that, among paintings worthy of note in the Taiyang Exhibition, Chen Cheng-po's *Sunrise* revealed a rare display of the artist's dauntlessness.[17] In 1943, Wang Bai-yuan, in commenting the sixth Taiwan Governor-General Office Fine Art Exhibition (Governor-General Office Exhibition), said that Chen Cheng-po was a lovely artist with a heart of innocence. Though he hoped that Chen could produce works that demonstrate more depth and Wabi-sabi, he noted that the painting *Sin-Lau* "still displayed the artist's unique world."[18] During the war years, Chen Cheng-po did not stop painting, and there were still reports about him.

2. From Buried to Excavated: Post-war to End of Martial Law

From post-war documents, we learn that Chen Cheng-po had, for a short period, undertook some consultation work before he was killed in the 228 Incident, which was a great loss to the Taiwan art world. After he was killed in 1947, the first mention of him in a publication was in an article titled "History of Art Movement in Taiwan" written by Wang Bai-yuan.[19] In this article, Wang focused on emphasizing that the participation of Taiwan artists in exhibitions and painting societies in the name of "art movement" during the Japanese colonial period was, in fact, a part of nationalist resistance against Japanese aggression. He did not give a separate treatment for Chen Cheng-po or his paintings. Instead, the treatment Chen was given was the same as other painters—they were all recorded in activities related to the Taiwan Exhibition, the Governor-General Office Exhibition, or the Taiyang Exhibition. However, it is worth noticing that, in Volume 3, No. 4 of *Taipei Wenwu* in which this article was included, there were also reminiscences by other artists such as Lin Yu-shan, Kuo Hsueh-hu, and Yang San-lang, as well as a number of photos about activities in the Taiwan art circle and related paintings, among which were photos of Chen Cheng-po and one of his paintings.

According to the verbal recollection of Chen Tsung-kuang, after Chen Cheng-po was killed, many of his best painter friends did not dare to visit the family, testifying to the tense state of fear and anxiety in that period. The mid-50s was a time when the white terror was at its worst, though *Taipei Wenwu* only published Chen's photo without mentioning what befell him personally, the courage was commendable.[20]

In the 20 years after that, Chen Cheng-po gradually faded out from the painting arena. It was not until 1975, when Hsieh Li-fa, a scholar, started writing and publishing articles on the history of Taiwanese art movement during the Japanese occupation period. His writing was based on the historical materials about Taiwan from the pre-war years he got hold of in American university libraries, as well as on the correspondence with elder-generation painters such as Kuo Hsueh-hu, Lin Yu-shan, and Li

Mei-shu. He quoted the view-point of Yang Chao-chia, a nationalist activist: "The conviction that a painter who succeeded in having his or her work hung inside Japan's top-rated arts exhibition—the Imperial Exhibition—is a display of Taiwanese spirit, which is more effective than any speech made on the street."[21] Such a viewpoint is an extension of Wang Bai-yuan's historical viewpoint on art movement.[22] In Hsieh' book, *History of Taiwanese Art Movement during Japanese Occupation*, Chen Cheng-po's painting career was summarized in the following heading for Part 1, "Dawn of New Art": "Setting up a Virtual Bridge for Lingering Around—Chen Cheng-po, Oil Paint Incarnate."[23]

With a heightened awareness of localism resulting from a nativist movement in Taiwan's literary and artistic circle in the 1970s, and also with the uncovering efforts of publications such as *The Lion Art Monthly* and *Artist Magazine*, "elder-generation artists" in the Japanese colonial period started to gain the attention of the art media in the latter half of the 1970s. On November 29, 1979, some 80 paintings which had been laboriously preserved over the years by Chang Jie, the artist's surviving wife, were showcased in the "Exhibition of Paintings by the Late Chen Cheng-po"[24] organized by Spring Fine Arts Gallery. When the exhibition was under preparation, Yang San-lang and Li Mei-shu had come to help. That was the first time after more than 30 years of Chen's demise that his works were publicly exhibited. On the second day of the opening, Hsieh Tung-min, the then Vice President, came to the exhibition, as were a number of the artist's former friends such as Chen Jin, the first female painter in Taiwan. Respectively in June and December of the same year (1979), *The Lion Art Monthly* also compiled a Chen Cheng-po special issue under its "Artist Special Issue" series. In that special issue, there were essays such as "My Teacher Chen Cheng-po and I" orally narrated by Chang Yi-hsiung and penned by Chen Tsung-kuang, "A Naive Painter from Academia—Chen Cheng-po" by Hsieh Li-fa, and "Reminiscences of Making Friends with Chen Cheng-po" by Lin Yu-shan.[25] Meanwhile, Lion Art Publishing also published a separate album titled *Taiwan Artist (2)—Chen Cheng-po*. In this book, there was a chapter on "The Art Philosophy of Chen Cheng-po" written by the editorial board. There were also chapters under the titles of "A Naive Painter from Academia" and "Pioneer of Taiwan Art Movement" to characterize Chen Cheng-po. Also included was the essay "My Father Chen Cheng-po" written by Chen Tsung-kuang.[26]

The "Exhibition of Paintings by the Late Chen Cheng-po" can be described as a first attempt after the war to publicly present the artist's works through a combination of displaying, reporting, and commentaries. One can also say that, under the historical perspectives of Wang Bai-yuan and Hsieh Li-fa, the exhibition served to establish Chen Cheng-po's historical characterization as a modern painter, though such a characterization was not without contradiction and paradox. Hsieh was residing overseas at that time and was unable to visit Chen Cheng-po's family members to ascertain facts, so he was reduced to using his painter's intuition and sensitivity to highlight and accentuate Chen's "innocent and unadorned" nature as a painter, and proffered the notion of "a naive painter from academia", though he had all the intention of writing history and taking a standpoint.[27] But what exactly were the interconnections between Chen Cheng-po, academia, and exhibitions (or "salon," a term Hsieh frequently used)? Hsieh had never fully explained that in his book. Anyway, the notion of "a naive painter from academia" had thereafter been quoted by many people, and had become a viewpoint habitually adopted by early period critics.[28]

Due to political taboo considerations in the martial law years of the 1970s, in the painting album *Taiwan Artist (2)—Chen Cheng-po* published by Lion Art Publishing subsequent to the Exhibition of Paintings by the Late Chen Cheng-po, the title of the book *On Proletarian Painting* depicted in the artist's painting *My Family* was redacted out for fear of being involved in wrongdoing. This redacted space also indicated that, since Chen Cheng-po's paintings had resurfaced, the status of left-wing movements as a historical avant-garde and in modernism was shrouded in an ambiance of communism phobia and left ignored.

Despite the above blind spots, Hsieh Li-fa, who led the discourse on Chen Cheng-po in the 1970s, was able to rebuild the artist's biography at a time when the art circle had long been silenced. Moreover, he had courageously pointed out Chen Cheng-po's creative features and, with his lively writing style, established a clear-cut image for the painter. What was particularly hard to come by was that, at the same time, Chen's family member Chen Tsung-kuang, as well as the narrations by his painting colleagues Lin Yu-shan and Chang Yi-hsiung, also contributed toward restoring Chen Cheng-po's painting attitude and part of his features.

The appraisement of Chen Cheng-po as established by Hsieh Li-fa had, through the exhibition of Chen's works and the promotion by *The Lion Art Monthly* magazine, continued to cast its influence in the 1980s. With the gradual relaxation of restrictions on the freedom of speech after martial laws were lifted, commentators began to concern themselves with past taboos: the 228 Incident and the circumstances under which Chen Cheng-po was killed. There were also successive staging of small-scale solo exhibitions or joint exhibitions showcasing the artist's works, including Mingsheng Gallery's "Human Sketches by the Late Chen Cheng-po" exhibition (December 1981), Galerie Wien's "Joint Exhibition of Elder Generation Taiwan Artists" (July 1982), East Gallery's "Commemorative Exhibition of Oil Paintings by Chen Cheng-po" (March 1988), and Apollo Art Gallery's "Exhibition of Masterpieces by Late Masters" (September 1988). Discussions at that time were mostly re-examination efforts by scholars in the private sector after clearing away historical taboos, but there were also suggestions of appealing to public opinions to seek rehabilitation. It was also at that time that the case of Chen Cheng-po being killed in the 228 Incident was being raised. Prime examples of such discussions included Lee Chin-hsien's "Chen Cheng-po—Vanguard at the Pioneering Stage of Taiwan New Art," and biographies of Chen Cheng-po published by Chuang Shih-ho and Chuang Yung-ming respectively in *Taiwan Times and Independent Evening Post*.[29]

On the other hand, Lin Hsin-yueh, author of *The Vicissitudes of Taiwanese Art over 40 Years*, was another critic after Hsieh Li-fa to deal with Chen Cheng-po's positioning in art history.[30] Lin's book was part of *Independent Evening Post's* series on "The Taiwan Experience: 1949-1989", which aimed at sorting out the economic, political, and cultural aspects of Taiwan's history after the war. Though Lin used "vicissitudes of Taiwan art" instead of "Taiwan art movement" in the title, when the book was published in installments in *The Lion Art Monthly*, "Taiwan Art Movement" was still used as the heading of the column, and the framework of art movement was still used critically in the discussions therein. In the book, Chen Cheng-po was characterized as an artist with the most prestige and qualification and an "activist" who had joined the Taiwan Literature and Arts League, an organization known for its anti-Japanese sentiments.[31]

3. Commemoration and Discourse Construction after the Lifting of Martial Laws

Toward the end of the 1980s, the studying of Taiwan's history was increasingly undertaken in academies instead of in the private sector previously. In 1992, Yen Chuan-ying published a paper titled "Portrait of a Brave Man—Chen Cheng-po" in *Taiwan Fine Arts Series 1: Chen Cheng-po* compiled by Artist Publishing.[32] In the course of her writing this paper, Chen Tsung-kuang accepted her interview and offered valuable first-hand historical materials he had collected to help reconstruct Chen Cheng-po's biography and painting career. When she looked into art movements in Taiwan, she noticed that the timing of the arrival of Ishikawa Kiichiro was related to the student unrest at [Taipei] Normal School brought about by the campaigns organized by Taiwanese Cultural Association. She further pointed out that Chen Cheng-po "had joined the Cultural Association" and that the "island-wide enlightening cultural/political movements should have influenced him to a considerable extent."[33] Yen called attention to the fact that, in Chen's paintings, there had always been struggles between "self-exploration" and "academia-style rational space." She also noted that some of Chen Cheng-po's painting styles in his Shanghai period demonstrated Chinese painting techniques of Badashanren and Ni Zan which, on returning to Taiwan, he admitted in discussions that he had imitated. For example, in his paintings such as *Lucid Water, Suzhou*[34], and *West Lake*, the close-up scenes tended toward violating the laws of perspective. Yen's paper was particularly significant because it also elevated the study of Chen Cheng-po to the academic level where methodology and historical materials are of concern.

In the next year, in his paper "An Examination into Changes in Chen Cheng-po's Painting Style" (1993), Li Sung-tai attempted to clarify the differences in opinions of various previous "academia" advocates.[35] Li was of the opinion that we should not conclude that Chen Cheng-po's style was that of the academia solely on the basis of his line (perspective) techniques or descriptive drawings, and that we should avoid arguing about the meaning of terms such as "naive painter." In analyzing the artist's works, he had identified the indifference and aloofness in the expressions of the figures, the generalization of water surfaces and the sky in the landscape paintings, as well as the two-dimensional treatment of compositional perspectives and enhancement in expression in brushstrokes and textures. From this, his pointed out evidence in avant-garde characteristics of modern art derived from later-stage impressionism, fauvism, and expressionism, and suggested a practical path in instilling in one's paintings the historical avant-garde thread from Japan as well as Chinese painting features.

It was also in this period that the emergence of the domestic auction market had propelled the valuations of paintings by elder-generation artists to new heights repeatedly. Since the 1980s, commercial galleries had started engaging in transactions of Chen Cheng-po's works. Since the early 1990s, as international art auction firms entered the market and the market for works of elder-generation artists prospered, a host of art and literary journalists had filed a large number of reports related to the market situation. Chen Siao-ling, Chen Chang-hua, Hu Yung-fen, Huang Qian-fang, Huang Bao-ping, Li Wei-jing, and Chin Ya-chun were among these journalists.

In February 1994, when the National Literary Festival was held by the Council for Cultural Affairs, Executive Yuan, "Chen

Cheng-po Centennial Memorial Ceremony" was organized by the Chiayi City Government at the Chiayi Culture Center while an exhibition and a concert were run concurrently. During this event, the death photo of Chen Cheng-po after he was executed that had been carefully kept by his wife Chang Jie over the years was on exhibit for the first time, sending a shock to all quarters of society. During the memorial occasion, a seminar was held and three academics including Yen Chuan-ying, Li Sung-tai, and Hsiao Chong-ray were invited to present papers. Subsequently, Hsiao Chong-ray published the paper "Spatial Appearance and Related Issues in Chen Cheng-po's Works"[36] to clarify comments such as "naive painter," "deformation," "instability," and "unsophisticated."[37] In the paper, he used the "visual constancy" concept of Ito Jutaro to point out why there were often "super constancy" in Chen's works that were in contradiction to normal spatial perspectives, distance relationships, and human body proportions. He also applied core concepts of modern arts to respond, one by one, to the various speculations and skepticisms on Chen Cheng-po's painting style. Thus, in the history of studying Chen Cheng-po, he can be considered the first person to apply art modeling theories to interpret the modernity of the artist's works comprehensively.

After Chen Cheng-po Centennial Memorial Ceremony was held in Chiayi, "Chen Cheng-po Centennial Memorial Exhibition" was staged by Taipei Fine Arts Museum in August 1994. Researchers in the museum also used that opportunity to put in order its Chen Cheng-po collection, and to trace the interrelationships among his works selected for the Taiwan Exhibition and the Governor-General Office Exhibition. In the next year, a statue of Chen Cheng-po was erected, making it the first statue of an artist in Taiwan.[38] Through interviews and studying catalogs of the Taiwan Exhibition and Governor-General Office Exhibition, Zheng Hui-mei was able to ascertain the title of the painting *Sin-Lau*, which was featured in the Research Exhibition of Chen Cheng-po Collection. Meanwhile, in the *Modern Art* quarterly magazine, Lin Yu-chun introduced Chen Cheng-po's works that had been showcased in the Taiwan Exhibition and Governor-General Office Exhibition.[39] Lin subsequently published a review of Chen's work in *Master of Chinese Painting Weekly*. Afterward, in 1998, she authored the book *Oil Paint, Passion, and Chen Cheng-po.*[40] This book was well illustrated with pictures and first-hand historical materials provided by the artist's family members, including pictures, resumes, newspaper cuttings, private collection of painting albums, and postcards, some of which were first-ever displays. In addition to showing the richness of Chen Cheng-po's painting career, the author also took the effort to identify the connections between the historical materials and the paintings with the help of maps indicating where the artist's paintings from life were made.

In the middle and late 1990s, with the Democratic Progressive Party winning the election and accessing to power in Taipei, with the first direct election of the president taking place in 1996, Taiwan art circle's pursuit of art "subjectivity" had become increasingly intense. In addition to the flourishing of the art market and the repeated setting of new records in painting prices, the staging of "Chen Cheng-po and Chen Pi-nu Commemorative Exhibition" (1997)[41], "228 Incident Art Exhibition", "Oil Painting in the East Asia—Its Awakening and Development" exhibition[42] resulted not only in the government's long-delayed apology for the killing of Chen Cheng-po, but also in the artist's works getting even more appreciation and recognition. But, when it comes to research, it was not until 2000, when Chen's family members and researchers began to systematically sort out the artist's personal effects and archives, that the studying by the academia was able to enter a new phase.

4. Archives and Deepening of Restoration: Academic Research after the Year 2000

In 2000, researcher Li Su-chu was awarded a master's degree from Kyoto University for her Chen Cheng-po studies in which she used materials provided by Chen's family members to the outside for the first time, including the artist's archives (particularly his book and picture collections). In 2005, Li also finished her doctoral dissertation titled *Expressing 'Something' of the Era—An Analysis of Chen Cheng-po's paintings.*[43] Prior to that, in 2003, in publishing her paper "Revision of the Chronicle of Chen Cheng-po (1895-1947) Based Mainly on Three Résumés"[44], she revised the biographical chronicle previously drafted by scholars based on different materials furnished by Chen's family members, thereby starting a series of studies based on Chen's archives.[45] She usually started with carrying out detailed research—circuitously opening up new avenues of interpreting the nuances of Chen Cheng-po's works by sieving through the artist's disorderly personal archives of historical materials. For example, taking "Umbrella Holding Figures" as a mother theme, she would examine Chen's state of mind through his home postcards, or verify through Chen's picture collections the domestic and foreign works he had mulled over and emulated. In her doctoral dissertation, Li had re-examined issues such as the period in which the painting *Tokyo Nijubashi Bridge* was made, and the shaping of the "motherland love" discourse by studying the relationship between Chen's late-period works and the war period. Chen's own book and picture collections were important sources of reference for the formation of his personal painting style, and are one of the main basis from which future researchers carry out their analyses.[46]

In recent years, much progress has been made following the efforts Chen Cheng-po Cultural Foundation has invested in sorting out the artist's archives and restoring his works. In December 2010, a joint exhibition of the works of Chen Cheng-po and Liao Chi-chun were held at Liang Gallery and the album *Dazzling through A History – Chen Cheng-po & Liao Chi-chun* was also published. In October 2011, the staging of Nostalgia in the Vast Universe: Commemorative Exhibition of Chen Cheng-po by Kaohsiung Museum of Fine Arts was a first-ever research exhibition of considerable scale.[47] In February 2012, subsequent to hosting an exhibition under the title "Journey through Jiangnan – A Pivotal Moment in Chen Cheng-po's Artistic Quest",[48] Taipei Fine Arts Museum succeeded in focusing the theme of the exhibition on the artist's interaction with Chinese art circles during his Shanghai period. In March in the same year, at Taiwan Soka Association's Zhishan Art Center, "Under the Searing Sun – A Solo Exhibition by Chen Cheng-po" was held.[49] In May, "The Origin of Taiwan Art – Chen Cheng-po" exhibition was held at Liang Gallery.[50] Then, in May 2013, the "Chen Cheng-po Day: Rebuild the Vitality of Chiayi"[51] exhibition was hosted by the Cultural Affairs Bureau of Chiayi City. In 2014, as it was Chen Cheng-po's 120th birthday anniversary, a "Chen Cheng-po's 120th Birthday Anniversary Touring Exhibition" was jointly organized by Chen Cheng-po Cultural Foundation, Institute of Taiwan History-Academia Sinica, and Tainan City Government. The exhibition was variously held at the Cultural Center and several other venues in Tainan City, at the National Art Museum of China in Beijing, at China Art Museum in Shanghai[52], at the Tokyo University of the Arts Museum in Japan[53], and at the National Palace Museum in Taipei. On exhibit were many as-yet undisclosed letters, sketches, notes, sketchbooks, manuals, paper clippings, as well as personal collections and works. As studies in Taiwan and East Asian art history deepened in the last 20 years, researchers have access to more historical materials for use to cross-reference Chen Cheng-po's position in modern East Asia art history. Previously, the focus of early studies had been on modernity topics such as academia naive painting style, an association of nationalist movement and art movement, academia style rational space, ethnic identity, and conflicts between colonization and modernization. Now, with relatively more adequate historical materials, researchers are able to carry out structuring in the analysis of the artist's works, and that has been extending to several core issues.[54]

First, the appearance of a large number of nude drawings and sketches has overturned the earliest critics' impression that Chen Cheng-po's nude paintings were on the weak side, so much so that there are now more in-depth discussions on the self-identity and culture enlightening aspects of modernity as related to the nude figures in his paintings.[55]

Second, about the main categories of Chen Cheng-po's paintings: the modernity issues related to landscape images include urban and rural development, city strolling, and homeland. Essays about these issues include those by Chiu Han-ni, Chiang Wan-ling, and Christina S.W. Burke Mathison. Specifically, by referring to the lyrics of the campaign song to petition the establishment of a Taiwan parliament she copied from Chen Cheng-po's sketchbooks, Chiu further studied the connection between resistance and colonial modernity. On the other hand, Burke Mathison adopted a post-colonial viewpoint in analyzing Chen's mixed identity from his transnational experience—a departure from the struggling to stick with innate national identity in the early studies.[56]

Another issue is the study of Chen's China experience painting style, including his Shanghai period, the motherland traditions, and his early learning experience. Essays on this included "Huaxia Consciousness in Chen Cheng-po's Works: Opportunities for the Artist during his Teaching Years in Shanghai" by Huang Tung-fu; "'Sketching from Life' and the Formation of the Modern Landscape: An Analysis of Chen Cheng-po's Early Watercolors (1913-1924) and their Significance in Modern Paintings" by Pai Shih-min; "A Pivotal Moment in Taiwanese Modern Art: Chen Cheng-po's Shanghai Period in Historical Perspective" by Jessica Tsaiji Lyu-hada; and "Reappraising Chen Cheng-po's 'Shanghai Period'" by Chiu Han-ni.[57]

The last issue is on historical avant-garde in modernity. Subsequent to Li Su-chu's essay "Chen Cheng-po and Proletarian Art", Moon Jun-ghee, besides her studies in academia painting style, also examined the possible encounter between Japanese emerging arts and the international modernism in Shanghai at that time in her 2013 paper "The Modernism of the 1930s in Chen Cheng-po's Artworks: During his Shanghai Period (1928-1933)".[58] In his paper "Where were the Masses? A First Study of Chen Cheng-po and the Proletarian Art Movement" (2013), Chiang Po-shin pointed out a possibility that had received relatively little attention from previous researchers: that, through actual participation in the exhibitions of non-governmental art societies such as the Kaiijū Club, Chen Cheng-po might have made reference to proletarian painting styles. In the following year, in the paper by Wu Meng-jin titled "Chen Cheng-po and Japan's Western Painting Circle in the 1920s" (2014), attention was drawn to the artist's participation in art society activities as described by five art magazines in Tokyo. Furthermore, Wu had identified the works that Chen entered for different art society exhibitions when he was studying in Tokyo.[59]

After the National Literary Festival in 1994, art and cultural activities promoting Chen Cheng-po were gradually on the rise. Upon the founding of Chen Cheng-po Cultural Foundation by family member Chen Tsung-kuang, commemorative activities such as seminars, concerts, and campus touring exhibitions have been flourishing steadily. In recent years, after Chen Cheng-po's grandson Chen Li-po has taken over the helm, the Foundation's academic activities have become more in-depth and robust, and its promotion activities more diversified. Chen Cheng-po studies have now entered a new realm, thanks to the following seminars and symposia that have been held in recent years: "Archives, Images, New Vision – Exhibition of Chen Cheng-po's Historical Materials cum Academic Forum" organized by Chiayi City Cultural Affairs Bureau in 2011; "Burdening Nostalgia: International Symposium on Chen Cheng-po and Taiwan Modern Art" staged in Taipei in 2012; "Symposium on Chen Cheng-po Monographic Studies" held in Tainan in 2014; and "Paradigm in the Billow—The International Conference on Chen Cheng-po and Modern East Asian Art History" in the National Palace Museum in Taipei.

5. Summary

Also, after spending major efforts in putting Chen Cheng-po's works and documents in order, the Foundation has started commissioning Cheng Shiu University to carry out related restorations. Subsequently, "Exhibition of Conservation & Restoration of Chen Cheng-po's Works" was staged in 2011. Through this exhibition, more people are now familiar with the concept of restoring art items. Later, the initiative has been extended to related restoration institutions such as the Research Center for Conservation of Cultural Relics, National Normal University. This has been instrumental in driving a new round of paying due attention to the restoration and study of early elder-generation artists in Taiwan, and in turn, it benefited the study of art history in general considerably.

In summary, the study of art history related to Chen Cheng-po's painting career has now expanded into more profound topics and directions, while the cataloging and editing of historical material archives have succeeded in driving the development of related studies in leaps and bounds. The completion and publication of *Chen Cheng-po Corpus* will certainly launch such studies to a new, rewarding level. Over the century, from the establishment of his personal career to the disregard after he was killed, and the subsequent re-emergence and rebirth, the significance of what Chen Cheng-po's painting career represents is well beyond the artist's personal fame. Rather, it is related to the rebuild of the whole public domain of Taiwan art history, which we look forward to seeing further development.

Ching Pai-lin *

* **Chiang Po-shin: Researcher of Taiwanese Art History.**

1. "Local Affairs - Chiayi", *Taiwan Daily News*, morning edition, p. 3, 9 September 1917.

2. Qin Yi-lu (Ishikawa Kinichiro), "On Chen Cheng-po's Painting Selected for the Imperial Exhibition", *Taiwan Daily News*, evening edition, p. 3, 15 October 1926.

3. Ikumi Kiyoharu, "Impressions of Western Paintings in the Imperial Exhibition (2)", *The Yomiuri Shimbun*, p. 4, 29 October 1926.

4. Kaiijū Club members, "Symposium on the Imperial Exhibition", *New Art Theory*, Vol. 1, No. 1, p. 124, 1 November 1926.

5. "A Visit to Chen Cheng-po's Solo Western Painting Exhibition", *Taiwan Daily News*, morning edition, p. 4, 30 June 1927.

6. "Studio Tours", *Taiwan Daily News*, evening edition, p. 2, 5 October 1928.

7. Chang Ze-hou, "General Commentary on Paintings in the Art Exhibition", *Art Exhibition Compendium*, No. 9, pp. 5, 7-8, 4 May 1929.

8. Ishikawa Kinichiro, "Technique and Color—On Visiting the Red Island Painting Society Exhibition", *Taiwan Daily News*, morning edition, p. 6, 5 September 1929.

9. N San, "Comments on Viewing the Taiwan Exhibition (5)", *Taiwan Daily News*, morning edition, p. 6, 31 October 1930.

10. "Red Island Exhibition Opened Today—Tour of the Halls", *Taiwan Daily News*, morning edition, p. 7, 3 April 1931.

11. "Studio Tours (10): Depicting Nude Women/Chen Cheng-po", *Taiwan Xin Min Bao*, Ca. 1932.

12. "Studio Tours/Hiding Lines Behind Brushstrokes/Targeting the Imperial Exhibition/Chen Cheng-po", *Taiwan Xin Min Bao*, Autumn 1934.

13. Nomura Kouichi, "Impressions of the Taiyang Exhibition/Let's Give Play to Taiwan Characteristics!" *Taiwan Daily News*, morning edition, p. 6, 7 May 1935.

14. Chen Ching-fen, "Appreciation and Criticism of New Paintings", *Taiwan Daily News*, evening edition, p. 3, 21 May 1935.

15. "Expressing the Mysteries of Ali Mountain/Through Artistic Methods/Chen Cheng-po", *Taiwan Xin Min Bao*, Autumn 1935.

16. Jin-hong San, "On the 10th Edition of Taiwan Exhibition (3)", *Taiwan Xin Min Bao*, Ca. October 1936.

17. Wu Tian-shang, "Comments on the Western Paintings in the Taiyang Exhibition" *Taiwan Arts*, No. 4 (Taiyang Exhibition Special), 1 June 1940, pp. 12-14.

18. Wang Bai-yuan, "Miscellaneous Thoughts on the Governor-General Office Exhibition", *Taiwan Literature*, Vol. 4, No. 1 (December 1943), pp.10-18.

19. Wang Bai-yuan, "History of Art Movement in Taiwan", *Taipei Wenwu*, Vol. 3, No. 4, pp. 16-64. This article of more than 50,000 characters in length first appeared in Chapter 17 (culture section) of *Taiwan Yearbook* published by *Taiwan Shin Sheng Daily News*. It was later collated into the arts section in the chapter on "Records of Skill Learning" in Volume 6 of the *Draft General History of Taiwan Provincial Government* (Taipei: Provincial Documents Committee of Taiwan, 1958.)

20. The same issue of *Taipei Wenwu* also reported on the "Art Movement Symposium", which was attended by Yang Chao-chia, an important arts sponsor during the Japanese colonial period. Yang was an icon in Taiwan's nationalist movement. He had joined the New People Association, a foreign student organization in Japan. On his return to Taiwan, he helped organize the Taiwanese Federation of Local Autonomy. After the war, he had been appointed Director, Department of Civil Affair, Taiwan Provincial Government. Yang's attendance seemed to echo the "art movement" described by Wang Bai-yuan, also a participant of the symposium.

21. Hsieh Li-fa, *History of Taiwanese Art Movement during Japanese Occupation*, Taipei: Artist Publishing, 1979, p. 158.

22. Hsieh Li-fa, "History of Taiwan Art Movement", in *Artist* magazine, No. 3 (August 1975), pp. 98-103. Hsieh's definition of "art movement" is: "What the so-called 'new art movement' promoted was the western painting indirectly introduced through Japan and the oriental painting directly influenced by Japanese art, as opposed to old art, which refers to ink-wash painting that follows the traditions of Chinese literati painting. Admittedly, the emergence of new art was inseparable from the politics and social situation of Taiwan under Japanese colonial rule. Externally, new art was a result of the concerted expansion of Japanese contemporary art and colonial policy. But hidden under the surface was an unparalleled cultural force that resisted invasive external forces."

23. Hsieh Li-fa, *History of Taiwanese Art Movement during Japanese Occupation*, pp. 46-51.

24. "Spring Fine Arts Gallery Exhibition on Works Left Behind by Chen Cheng-po", in *Min-Sen Daily News*, November 28, 1979.

25. Chang Yi-hsiung (oral narration) and Chen Tsung-kuang (writer), "My Teacher Chen Cheng-po and I", in *The Lion Art Monthly*, No. 100 (June 1979), pp. 125-129. Hsieh Li-fa, "A Naive Painter from Academia—Chen Cheng-po", in *The Lion Art Monthly*, No. 106 (December 1979), pp. 16-59. Lin Yu-shan, "Reminiscences of Making Friends with Chen Cheng-po", in *The Lion Art Monthly*, No. 106 (December 1979), pp. 60-67. In his reminiscences, Lin pointed out that Chen Cheng-po's human figures looked quite weird, and that his way of painting landscapes by violating perspective rules and deforming objects was very extraordinary.

26. *Taiwan Artist (2)—Chen Cheng-po*, Taipei: Lion Art Book Co., Ltd, 1979.

27. Hsieh Li-fa, *Excavated Artists of Formosa*, Taipei: Taiwan Wenyi Zazhishe, 1988, p. 213.

28. For example, Wang Qiu-xiang, "A Naive Painter from Academia", in *China Times*, p. 8, 29 November 1979.

29. Including Lee Chin-Hsien, "Chen Cheng-po—Vanguard at the Pioneering Stage of Taiwan New Art", in Volume 2, *Renowned People in Modern Taiwan*, Taiwan: *Independent Evening Post Publishing*, 1987. Chuang Shih-ho, "Chen Cheng-po, Vol 1 & 2", *Taiwan Times*, p. 12, 22 June 1983. Chuang Yung-ming, "I am Oil Paint" , in *Independent Evening Post*, 2 February 1985.

30. Lin Hsin-yueh, *The Vicissitudes of Taiwanese Art over 40 Years*, Taipei: Independent Evening Post, 1987.

31. Lin Hsin-yueh, *The Vicissitudes of Taiwanese Art over 40 Years*, p. 51.

32. Yen Chuan-ying, "Portrait of a Brave Man—Chen Cheng-po", in *Taiwan Fine Arts Series 1: Chen Cheng-po*, (Taipei: Artist Publishing, 1992), pp. 27-48; also in *Artist* Magazine, No. 201 (February 1992), pp. 194-213.

33. Yen Chuan-ying, "Portrait of a Brave Man—Chen Cheng-po", p. 33.

34. The scene *Suzhou* depicted was later found out to be actually in Hangzhou, and it was found that the painting had entered the National Art Exhibition held in Shanghai in 1929. In 2015, Taipei Fine Arts Museum corrected the title of the painting to *Afternoon at a Silk Mill* in accordance with the album published at the time of the exhibition.

35. Li Sung-tai, "An Examination into Changes in Chen Cheng-po's Painting Style", in *Dragon: An Art Monthly*, No. 45 (1993), pp. 42-47.

36. Hsiao Chong-ray, "Spatial Appearance and Related Issues in Chen Cheng-po's Works", later compiled into *Islands in Color*, Taipei: The Grand East Book Co., Ltd, 1997, pp. 328-356.

37. Ito Jutaro and Wang Xiu-xiong (trans.), *Drawing for Design*, Taipei: Talu Book Store, 1973.

38. Hong Chang-rong, "Chen Cheng-po Uses 'Paintings' to Bring 228 Incident to Light/Shen Xue-yong Officiates Unveiling of Statue/Activity Formally Starts", *Taiwan Times*, 27 February 1994.

39. Zheng Hui-mei, "From Devotion to Education to Devotion to Nation—Chen Cheng-po's Ultimate Concern", *Modern Art*, No. 55 (August 1994), pp. 35-41. Lin Yu-chun, "Appreciation of Chen Cheng-po's Works Selected for the Taiwan Exhibition and Governor-General Office Exhibition", *Modern Art*, No. 55 (August 1994), pp. 42-48.

40. Lin Yu-chun, *Masters of Chinese Painting Weekly: Chen Cheng-po (1895-1947)*, Taipei: Chin Show Publishing, 1994. Lin Yu-chun, *Oil Paint, Passion, and Chen Cheng-po*, Taipei: Lion Art Books, 1998.

41. Yu Yen-liang and Claudia Chen, *Chen Cheng-po and Chen Pi-nu Commemorative Exhibition*, Taipei: Liang Gallery, 1997.

42. Related concepts can be found in Lin Man-li's, "The Emergence and Development of Taiwan's 'New Art': Exhibition of 37 Paintings from 22 Elder-generation Taiwan Artists in Shizuoka City Museum of Art, Japan", *CANS Art News*, No. 21 (May 1999), pp. 73-77.

43. For a Chinese translation, see Li Su-chu, *Expressing 'Something' of the Era—An Analysis of Chen cheng-po's paintings*, Taipei: Art & Collection Group Publishing Ltd, 2012.

44. Li Su-chu, "Revision of the Chronicle of Chen Cheng-po (1895-1947) Based Mainly on Three Resumes", *ARTCO Monthly*, No. 126 (March 2003), pp. 108-120.

45. These papers included: "The Taiwan Art Circle under the Japanese Wartime Regime as Revealed by Chen Cheng-po's *Tamsui after Rain* (1944)", *Annual Research Report—Kashima Arts*, No. 22 Supplement (November 2005), pp. 44-56. "Drawing Freehand Style and Drawing from Life: 'Umbrella Holding Figures' by Chen Cheng-po and Monet", *Journal of National Taiwan Museum of Fine Arts*, No. 78 (October 2009), pp. 4-27. "Chen Cheng-po's Picture Collection and His Paintings", *Journal of Art Studies*, No. 7 (November 2010), pp. 98-182. "Chen Cheng-po and Proletarian Art", *Journal of National Taiwan Museum of Fine Arts*, No. 85 (July 2011), pp. 20-43. "A Look into Chen Cheng-po's 'Words' and 'Thoughts': Taking His 'Home Postcards' Sent from Tokyo as an Example", *Journal of National Taiwan Museum of Fine Arts*, No. 88 (April 2012), pp. 30-50.

46. Books also published in the same period in 2005 included: Yu Yen-liang, *CHEN CHENG-PO Art Treasures Collection*, Taipei: Liang Gallery.

47. Wu Hui-fang and Tseng Mei-chen (ed.), *Nostalgia in the Vast Universe: Commemorative Exhibition of Chen Cheng-po*, Kaohsiung: Kaohsiung Museum of Fine Arts, 2011.

48. Lin Yu-chun and Lee Wei-fen (ed.), *Journey through Jiangnan—A Pivotal Moment in Chen Cheng-po's Artistic Quest*, Taipei: Taipei Fine Arts Museum, 2012.

49. Edited by Soka Art Center Commission, *Under the Searing Sun—A Solo Exhibition by Chen Cheng-po*, Taipei: Chin-Shuan Cultural & Educational Foundation, 2012.

50. Yu Yen-liang, *20th Anniversary Liang Gallery: The Origin of Taiwan Art*, Taipei: Liang Gallery, 2012.

51. Fang Chien-ju (Chief Editor), *Chen Cheng-po Day: Rebuild the Vitality of Chiayi*, Chiayi: Cultural Affairs Bureau, Chiayi City, 2013.

52. "Misty Vapor on the High Seas—Chen Cheng-po's Art Exhibition" was co-organized by China Art Museum (Shanghai), Cultural Affairs Bureau (Tainan City Government), and Chen Cheng-po Cultural Foundation. See Chen Cheng-po Cultural Foundation (ed.), *Misty Vapor on the High Seas - Collected Artwork of Chen Cheng-po*, Shanghai: People's Fine Arts Publishing House, 2014.

53. "Modern Art in Taiwan—Works by Foreign Students in their Youth (1895-1945)" was co-organized by Tokyo University of the Arts and National Taipei University of Education, and supported by Chen Cheng-po Cultural Foundation. As a special event of the Chen Cheng-po's 120th birthday Anniversary Touring Exhibition, the exhibits were not limited to works by Chen Cheng-po, but also covered those of 13 elder-generation artists who had graduated from the Tokyo School of Fine Arts before 1945.

54. Related books on such exhibitions included: Yeh Tse-shan (Chief Editor), *Surging Waves—Chen Cheng-po's 120th Birthday Anniversary Touring Exhibition, Tainan*, Tainan: Tainan City Government, 2014. Hsiao Chong-ray (Chief Editor), *Hidden Talent—Chen Cheng-po's 120th Birthday Anniversary Touring Exhibition, Taipei*, Chiayi: Chen Cheng-po Cultural Foundation, 2014. Fan Di-an (Chief Editor), *The Bright Sunshine of the South—20th-century Chinese Oil Painting Master Chen Cheng-po*, Beijing: People's Fine Arts Publishing House, 2014.

55. Li Su-chu, "Chen Cheng-po and Academic Painting: Starting from the Classic Postures of Female Nudes as Depicted in Chen's Wash Sketches", in Wu Hui-fang and Tseng Mei-chen (ed.), *Nostalgia in the Vast Universe: Commemorative Exhibition of Chen Cheng-po*, Kaohsiung: Kaohsiung Museum of Fine Arts, 2011, pp. 26-33. Chen Shui-tsai, "Light Brushstrokes, Strong Poetic Sense: The Style of Chen Cheng-po's Watercolor Nude Sketches", in

Artist Magazine, No. 443 (April 2012), pp. 202-207. Yamanashi Emiko and Li Su-chu (trans.), "The Major Characteristic of Chen Cheng-po's Nudes: on Comparison with Japanese Academic Paintings", in Soka Art Center Commission (ed.), *The Spring of Alishan: New Perceptions on Chen Cheng-po and Taiwanese Art History*, Taipei: Chin-Shuan Cultural & Educational Foundation, 2013, pp. 20-51. Li Su-chu, "Sketching the Idea of Curvaceous Body: A Preliminary Investigation into Chen Cheng-po's Watercolor Nude Sketches", in Soka Art Center Commission (ed.), *The Spring of Alishan: New Perceptions on Chen Cheng-po and Taiwanese Art History*, pp. 136-187.

56. Chiang Wan-ling, "Family, Country, and Fairy Tale—On the Symbolic Meaning of Chen Cheng-po's *Chiayi Park* (1937)", *Journal of National Taiwan Museum of Fine Arts*, No. 82 (October 2010), pp. 40-61. Chiu Han-ni, "Hometown Consciousness and Identification in Chen Cheng-po's Paintings—Focusing on *Outside Chiayi Street* (1926), *Summer Street Scene* (1927), and *Chiayi Park* (1937)", *Taida Journal of Art History*, No. 33 (September 2012), pp. 271-342, 347. Christina S. W. Burke Mathison, "Identity, Hybridity, and Modernity: The Colonial Paintings of Chen Cheng-po" in Lin Yu-chun and Lee Wei-fen (ed.), *Journey through Jiangnan: A Pivotal Moment in Chen Cheng-po's Artistic Quest*, Taipei: Taipei Fine Arts Museum, 2012, pp. 50-63.

57. Huang Tung-fu, "Huaxia Consciousness in Chen Cheng-po's Works: Opportunities for the Artist during his Teaching Years in Shanghai", *Journal of National Taiwan Museum of Fine Arts*, No. 87 (January 2012), pp. 4-31. Pai Shih-min, "'Sketching from Life' and the Formation of the Modern Landscape: An Analysis of Chen Cheng-po's Early Watercolors (1913-1924) and their Significance in Modern Paintings", in Soka Art Center Commission (ed.), *The Spring of Alishan: New Perceptions on Chen Cheng-po and Taiwanese Art History*, pp. 92-135. Jessica Tsaiji Lyu-hada, "A Pivotal Moment in Taiwanese Modern Art: Chen Cheng-po's Shanghai Period in Historical Perspective" in Lin Yu-chun and Lee Wei-fen (ed.), *Journey through Jiangnan: A Pivotal Moment in Chen Cheng-po's Artistic Quest*, Taipei: Taipei Fine Arts Museum, 2012, pp. 16-31. Chiu Han-ni, "Reappraising Chen Cheng-po's 'Shanghai Period'", *Journey through Jiangnan: A Pivotal Moment in Chen Cheng-po's Artistic Quest*, pp. 32-49.

58. Moon Jun-ghee, "The Modernism of the 1930s in Chen Cheng-po's Artworks: During his Shanghai Period (1928-1933)", in Soka Art Center Commission (ed.), *The Spring of Alishan: New Perceptions on Chen Cheng-po and Taiwanese Art History*, pp. 74-91.

59. Chiang Po-shin, "Where were the Masses? A First Study of Chen Cheng-po and the Proletarian Art Movement", *Art Critique of Taiwan*, No. 56 (October 2013), pp. 56-64. Kure Motoyuki, "Chen Cheng-po and Japan's Western Painting Circle in the 1920s", workshop manual for *Monographic Studies on Chen Cheng-po*, 2014, pp. 1-18.

凡例 Editorial Principles

· 本卷資料來源主要為陳澄波家屬收集之報導、雜誌、期刊與書籍。

· 本卷選錄陳澄波逝世後至2014年間相關的論評文章。2015-2017年僅收集
與陳澄波百二誕辰東亞巡迴展相關之文章，以目錄呈現。

· 論評文章分成十個年代，每個年代除了選錄文章外，並檢附目前收集到的
當年代所有文章目錄。

· 部分文章僅節錄與陳澄波相關之文字，於標題末標示「節錄」。

· 文章中出現之異體字，逐予改為正體字。

· 「編註」為編者所加，非原文之註釋。

· 文章中之插圖均為編者所加，非原文插圖。

· 作品名稱統一以〔 〕表示。

· 文中若有錯字，則於錯字後將正確字標示於（＿）中。

· 贅字以 ｛ ｝示之。

· 漏字以【＿】補之。

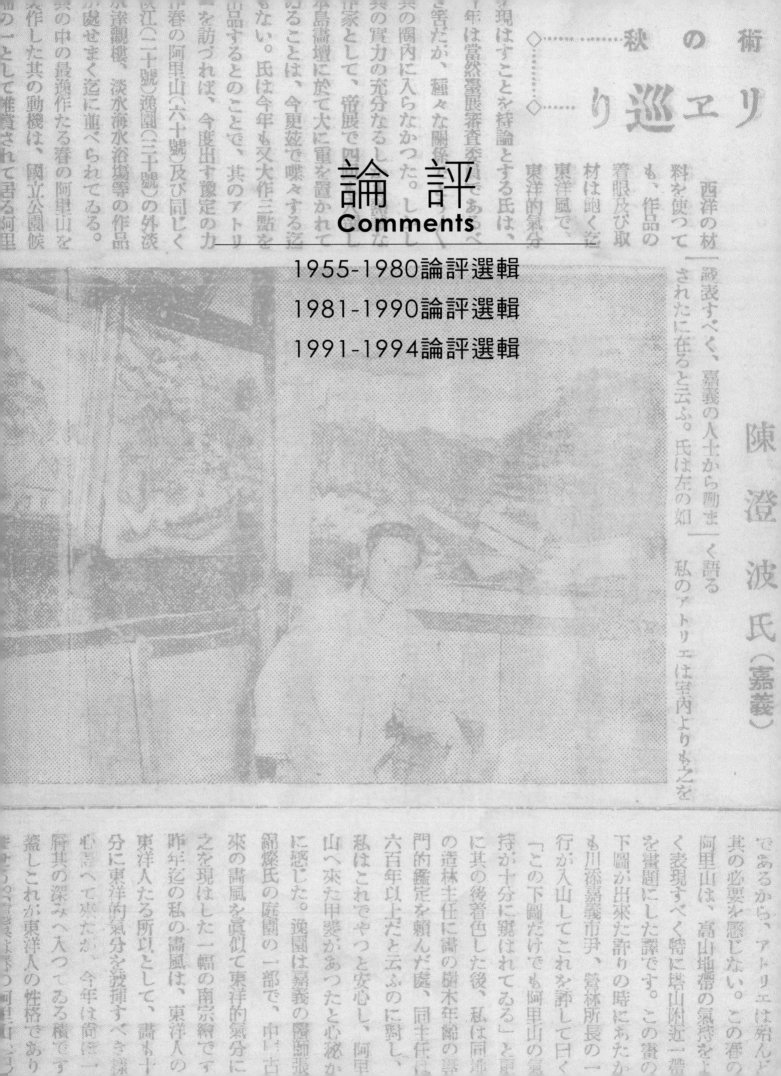

論評
Comments

1955-1980論評選輯

1981-1990論評選輯

1991-1994論評選輯

臺灣美術運動史（節錄）

文／王白淵

二、初期美術運動及其團體

1.七星畫壇

民十三年本省的美術家倪蔣懷、陳澄波[1]、陳英聲、陳承潘、藍蔭鼎、陳植棋、陳銀用等七人組織一個小小的藝術集團，定名為七星畫壇。七星之由來，係取自臺北市郊外名勝七星山，此一個組織為臺灣最初的藝術集團，以油繪水彩畫為中心，每年在臺北博物館，舉行一次同人的作品展覽會。其中倪蔣懷、陳澄波、陳植棋三人業已逝世，只有藍蔭鼎一人還在美術界活躍著，其他的人在無聲無色地離開了美術界。七星畫壇繼續三年後，由於赤島社之成立自行解散。（中略）

3.赤島社

民國十六（八）年由陳澄波、倪蔣懷、張秋海、顏水龍、楊三郎、廖繼春、陳承潘、郭柏川、李梅樹、陳植棋、陳慧坤、范洪甲、張舜卿等組織，這個組織和七星畫壇有一個分別，後者是最初的藝術團體，所以其構成份（分）子，除了一部分職業美術家外，均係美術愛好者，沒有受過藝術的專門教育。但是赤島社的構社份（分）子就不同了，他們不是東京美術學校的畢業生，就是其在校生，楊三郎則是從法國留學回來的新進美術家。[2]他們都是一樣受過後期印象派的藝術教育，均抱著一生為藝術努力的熱情與覺悟。因此，亦可以說是職業美術家的團體，後來臺陽美術協會的洋畫部，都是由他們負責的。他們年青（輕）熱情，感情豐富，受過藝術的專門教育，所以其所創作的藝術品，頗受一般人士的歡迎，而給人們深刻的印象。

這時已有臺灣教育會主辦的「臺展」，「臺展」係日人把持的官展，抱有民族的偏見，赤島社同人，大部分是臺展的出品者，但是往往受其委屈者不只一次兩次。

赤島社在臺北市每年舉行一次展覽會，後半期亦向一般開始公募，繼續到臺陽美術協會創立的前一年，即民國廿二年才告解散。（中略）

三、臺陽美術協會之成立

前述赤島社、栴檀社、春萌畫院之三個團體，均有其特色與立場，並且各有其人事關係，但臺灣美術界須要有一個強有力的團體組織，一方面可以在藝術上發揮中華民族的特質，另一方面可以用團結的力量，抵抗日人的歧視與壓迫，這是臺陽美術協會誕生的二大因素。

赤島社解散後，由陳澄波、廖繼春、陳清汾、顏水龍、李梅樹、楊三郎、李石樵及日人立石鐵臣

等八人，得社會人士蔡培火、楊肇嘉等人之聲援，於民國廿三年組織臺陽美術協會，同年十一月十日在臺北鐵路飯店舉行成立大會，是日日人當局亦派井手營繕課長、王野社會課長、臺展審查委員鹽月桃甫、素木帝大教授等參加典禮。

以上的八人均是「臺展」的中堅作家，細分之，陳澄波、李梅樹、李石樵、廖繼春、顏水龍等五人係帝展派，陳清汾（法國留學）係二科展派，楊三郎春陽會派，立石鐵臣係國展派之作家。他們在日本畫壇上均有相當的地位，所以臺陽美術協會的成立對「臺展」是有重大的打擊，因此，一般日人及「臺展」的幹部，對這班熱情的青年作家時常發出無端的攻擊，反之，一般本省的智識階級及由本省人主辦之「臺灣新民報」、「昭和新報」等民族主義的輿論機關，則大大的贊同他們的志向，不斷地鼓勵他們，為他們辯護，不客氣地和日人的官僚主義者鬥爭，由此可見，以臺陽美術協會為中心的藝術運動，亦就是臺灣民族主義運動在藝術上之表現。

臺陽美術協會成立大會時，同時發表聲明書，其措詞極其溫和，並無透露上述的事情，但是在光復後第一屆展覽會的時候，他們就把這中間的實情吐露出來。成立時的聲明書如左[3]：

「這次我們以同人之鼎力，擬組織洋畫團體臺陽美術協會。在臺灣已有臺灣美術展覽會，繼續舉行八屆展覽會，為臺灣美術界貢獻甚大，我們為欲更進一步來普及美術思想，以期美術家之進步發展起見，同志聚集相謀，決組織此協會，此乃不但是本省一般人士之要求，亦是我們同志必然之要求。

本協會，除為我們同人互相切磋琢磨之機關外，呼籲全省，以公募展覽會，為新進美術家能有自由發表之機會，並且欲使其成為一般人士精神生活之資，故相信我們真摯之努力與本協會之發展，定對本省之文化，有莫大之貢獻。

但，只靠我們區區之力量，絕對不能達成如此重大之使命，於是冀望全省之美術愛好者，隨時賜教指導，以期產生明朗健全之美術。」

民國廿四年五月四日起，十二日止九日間，臺陽美術協會，在臺北市教育會館（現省臨時議會會址）舉行首次美術展覽會，除同人之出品外，並向全省公募，規定經審查決定入選，出品總數一百二十七件，出品人五十四人，經審查結果，五十六件入選，出品人三十九人，其中三人係女性，入選者之中，有現在知名的美術家數人，鄭世璠之〔滿山紅花開之一隅〕，張萬傳之〔南方中國風景〕、〔臺南古城〕，故陳春德之〔殘雪〕，蘇秋東之〔海〕等三件，陳德旺之〔桌上靜物〕等三件，張義雄之〔小川〕等均是此屆入選之佳作。

會員中立石鐵臣出品〔在古城〕等九件，廖繼春出品〔少女〕一件，李梅樹出品〔水牛〕等五

件，陳澄波出品〔綠蔭〕等七件，楊三郎出品〔廣州西橋〕等七件，陳清汾出品〔後花園〕等四件，顏水龍出品〔室內〕等三件，李石樵出品〔橫濱郊外〕等五件，由此可觀當時之努力與盛況，同時推薦陳德旺和日人山田東洋二人為會友，又制定臺陽賞，給于森島包充（光）（日人）、蘇秋東、吉田吉（日人）等三人。

民國二十五年四月二十六日起九日間，臺陽美術協會，在教育會館，舉行第二屆美術展覽會，除同人之作品外，向全省公募，出品總數二百五十三件，六十七件人選，其中新入選十七件，新入選中林克恭之〔紗帽山〕、〔洋蘭〕，許聲基之〔外人商會〕，吳棟材之〔庭〕均為人注目，推薦蘇秋東（臺北師範畢業，臺展入選，第一屆臺陽賞）及林克恭（劍橋大學美術部畢業，在瑞西研究十年，民國四十三年曾在臺北市社會服務處舉行個展）為會友，臺陽賞決定給于許聲基（廈門美術學校畢業，日本獨立展會員）及水落克兒（日人，臺北第一師範畢業，日本東光會會員）。

會員出品有李石樵之〔春〕等六件，陳清汾之〔早晨之熱海〕等五件，楊三郎之〔閩江所見〕等六件，李梅樹之〔風景〕等十件，廖繼春之〔友人〕等三件，陳澄波之〔觀音眺望〕等五件。

第二屆展覽會中，發生一件藝術上之爭執，因會員李石樵之〔橫臥裸婦〕及〔屏風與裸婦〕，被日治安當局判定有傷風化之嫌，命令其撤回，引起輿論界與政治當局之爭論，殖民地的官僚們，在理論上不能抗辯，只有借其權力之行使，遂迫使此兩件名畫不能和觀眾見面，但因此更引起一般人士的同情與擁護。

又會員之立石鐵臣，因一身上的事情，于民國廿四年九月，退出該會，大約是因為他是日人的關係，參加和「臺展」對立的臺陽美術協會，定有做人左右難之處，民國廿五年三月十日推薦陳德旺、洪瑞麟、張萬傳為會員，因此會員增至九人。

民國廿六年四月廿九日起五日間，臺陽美術協會在教育會館舉行第三屆美術展覽會，這次因鑑於外間的批評與責難，決議公開審查，于審查時招待新聞社、雜誌社之美術記者及有關人士立（蒞）會，並發表聲明書，其明朗爽直的作風，頗引起一般社會之好感與支援。本屆出品總數二百二十四件，入選七十三件，新入選十八件，並決定推薦許聲基、水落光博（日人）為會友，臺陽賞給于越知浪右衛門（日人）及陳春德兩人。

會員的出品有李梅樹之〔安平風景〕等七件，廖繼春之〔臺南公園〕等四件，陳澄波之〔野邊〕等六件，陳德旺之〔新綠〕等十一件，楊三郎之〔山地姑娘〕等十件，李石樵之〔裸婦立像〕等四件，洪瑞麟之〔群眾〕等五件之多。

第三屆美術展覽會中，使人特別注目者，係創辦臺中、臺南兩地的移動展覽會，臺中移動展由五月八日起三日間，在臺中公會堂，即現在的臺中中山堂舉行，臺南移動展由五月十五日起三日間，在臺南公會堂即現在的臺南中山堂舉行，兩地的觀眾極其踴躍，尤其是臺中係臺灣文藝聯盟之所在地，大大地歡迎他們，為他們舉行各種座談會和討論會。

民國二十七年四月二十九日起四日間，臺陽美術協會在教育館舉行第四屆美術展覽會，出品總數二百八十七件，入選六十二件，入選人四十八人，新入選者十九人，遺作出品十一件，會員二十八件，會友十件，並決定推薦陳春德為會友，臺陽賞給于西川武人（日人），是時陳春德尚就讀日本帝國美術學校圖案科，但其天才已由各方面所注視。

會員出品有楊三郎之〔靜物〕等四件，李石樵之〔外房風景〕等七件，廖繼春之〔新綠〕等四件，李梅樹之〔母子〕等三件，故陳澄波之〔裸婦〕等八件。

這次展覽會，併兼為民國十九年以三十六歲逝世的天才彫刻文黃土水，及民國二十一年以二十六歲的弱冠逝世的美術界偉才陳植棋舉行遺作展覽，以哀悼先人及記念其成就。黃土水的遺作有木彫〔鹿〕、石膏〔永野榮太郎像〕、石膏〔安部幸兵衛像〕、大理石〔小孩〕、木彫〔鳩〕 等五件，陳植棋的遺作有油繪〔真人廟〕、〔祖父之像〕、〔香蕉〕、〔淡水風景〕、〔婦人坐像〕、〔靜物〕等六件，均使人懷念不已，為早逝的兩位藝術家永（詠）嘆。是年陳德旺、洪瑞麟兩人因藝術上的意見不合而退出。

民國廿八年四月二十八日起五日聞，臺陽美術協會曾在教育會綰，舉行第五屆美術展覽會，出品總數一百二十六件，入選六十七件，入選人五十二人，新入選二十六人，會員二十一件，會友十件，並決定臺陽賞給于中原正友（日人）出品之〔春山〕等二件，植棋賞給于山田東洋（日人）出品之〔馬戲團〕等四件，福爾婆因賞給于鄭安出品之〔讀書〕等二件，威爾涅賞給于許錦林出品之〔有小舟之池〕等二件。

會員出品有廖繼春之〔窗邊少女〕等四件，陳澄波之〔南瑤宮〕等六件，李梅樹之〔姊妹〕等四件，楊三郎之〔靜物〕等五件，陳清汾之〔淡水風景〕，李石樵之〔老母之像〕等五件。是年五月六日起三日間在臺中，十三、十四兩日在彰化，二十、二十一兩日[4]在臺南分別舉行移動展覽會，其盛況震動全省。

民國廿九年四月二十七日起四日間，臺陽美術協會在臺北市公會堂即現在的中山堂，舉行第六屆美術展覽會。本屆的最重要事件，係新設東洋畫部（國畫部），日人村上無羅、呂鐵洲、陳進、郭雪湖、林玉山、陳敬輝等六人均參加為會員，由此該會從洋繪家團體，逐漸形成為綜合美術團體，而擴大其組織。出品總數洋畫部二百十五件、入選四十六件，入選者四十二人，新入選十四人（東洋畫部本屆不公募）。植棋賞決定給于陳春德之〔自畫像〕等四件，並推薦為會員，臺陽賞給于田島正夫（友）（日人）之〔鄉村之小孩〕等二件，福爾婆因賞給于芳野二夫（日人）之〔看花園〕等二件，威爾涅賞給于黃奕濱之〔校（黌）庭秋近〕。

會員間東洋畫部有村上無羅之〔阿里山春色〕等三件，陳敬輝之〔朱衣〕，郭雪湖之〔秋江冷艷〕等四件，林玉山之〔南國之春〕，呂鐵洲之〔春滿筱雲軒〕，洋畫部有楊三郎之〔卓上靜物〕等六件，李石樵之〔屋外靜物〕等三件，陳清汾之〔庭之習作〕，廖繼春之〔露臺〕，李梅樹之〔夜色

窗邊〕等三件，陳澄波之〔牛角湖〕四件，均為本屆之白眉。移動展循例在臺中、彰化、臺南分別舉行。

民國三十年四月二十六日起五日間，臺陽美術協會在臺北市公會堂，舉行第七屆美術展覽會，本屆之重要事，為新設彫刻部，陳夏雨、蒲添生、日人鮫島臺器之三彫刻家均參加為會員，東洋畫部再增加陳永森、林之助兩人為新會員，洋畫部亦增加陳春德、劉啟祥兩人為新會員，三部展之完成與會員之充實，使臺陽美術協會和「臺展」形成二大勢力。

本屆除洋畫部、東洋畫部向全省公募外，彫刻部未開始公募，出品數東洋畫部六十五件，入選十五件，入選者十三人，洋畫部出品數一百九十八件，入選四十三件，入選者三十七人，並推薦東洋畫部黃水文、李秋禾，洋畫部邱潤銀、鄭安等四人為會友，臺陽賞給于東洋畫部之余德煌及芳野二夫（日人），福爾婆因賞給于洋畫部之佐伯信夫（日人），威爾涅賞給于洋畫部之乃村好澄（日人）。

會員間東洋畫部有郭雪湖之〔葡萄〕等四件，村上無羅之〔洋蘭〕等三件，林之助之〔草猴〕，呂鐵洲之〔廢家迎秋〕等二件，陳永森之〔猴子〕，陳敬輝之〔早晨〕，陳進之〔早春郊外〕，洋畫部有陳澄波之〔風景〕等四件，楊三郎之〔教會堂之路〕等四件，李梅樹之〔池邊〕等三件，陳清汾之〔春天之淺間山〕，劉啟祥之〔肉店〕等五件，廖繼春之〔花譜之圖〕，陳春德之〔伊豆之女〕等三件，李石樵之〔柘榴〕等五件，彫刻部有鮫島臺器（日人）之〔漁夫〕等三件，蒲添生之〔鼠〕等三件，陳夏雨之〔髮〕等八件，均為可觀之作品，本屆之移動展在臺中、彰化、臺南、高雄四個地方分別舉行，頗受地方人士之歡迎。

民國卅一年四月二十六日起五日間，臺陽美術協會在臺北市公會堂，舉行第八屆美術展覽會，出品件數東洋畫五十九件，入選六件，入選者六人，洋畫部出品一百十二件，入選四十九件，入選人三十九人，本屆彫刻部尚未舉行公募。

會員出品東洋畫部有郭雪湖之〔鼓浪嶼月夜〕等二件，林玉山之〔青寒〕等二件，呂鐵洲之〔大屯群鷺〕等四件，陳敬輝之〔二朱〕，林之助之〔女〕，村上無羅之〔夏山雨霽〕，洋畫部有李石樵之〔老人〕等四件，劉啟祥之〔裸婦〕等二件，廖繼春之〔安平風景〕，陳春德之〔黃昏〕等五件，楊三郎之〔窗邊靜物〕等三件，李梅樹之〔編織〕等三件，陳澄波之〔新樓風景〕等四件，彫刻部有鮫島臺器之〔結實〕，蒲添生之〔徐杰夫先生像〕等三件，陳夏雨之〔靜子〕等二件，並特別陳列日本名畫家藤井浩祐出品之〔沿後〕，藤井係日本帝國藝術院會員。

民國卅二年四月二十八日起六日間，臺陽美術協會在臺北市公會堂舉行第九屆展覽會，出品件數東洋畫部二十七件，入選七件，入選者七人，洋畫部二百十三件，入選四十九件，入選者三十九人，並決定臺陽賞給于東洋畫部許眺川之〔母子像〕及洋畫部王沼台之〔小孩〕等三件，大木獎勵賞（大木書房出版社老板李清輝氏贈與的獎金）給于東洋畫部山口讓一之〔鶴頂蘭〕，洋畫部鄭世璠之〔風景〕等二件，又推薦曾福四郎為新會友。本屆因會員呂鐵洲於民國三十一年九月二十四日，以四十三

歲逝世，特別陳列他的遺作〔蟲〕等九件以為紀念。

會員出品有東洋畫部林之助之〔蝴蝶〕等三件，林玉山之〔南洲先生〕，村上無羅之〔韶光踏翠〕等二件，故呂鐵洲之遺作〔蟲〕、〔造船所〕、〔南春〕、〔麗日〕、〔萊園〕、〔月下美人草〕、〔晨日〕、〔帆船〕、〔春風〕等九件。

民國卅三年為臺陽美術協會，創立十週年紀念，決定由四月二十六日起五日間，在臺北市公會堂舉行十週年紀念展覽會，本屆不同一般公募，只限於會員、會友和會指定之作家以及招待出品（臺展或府展二回以上之入選者），一般言論界均以長篇論說，介紹其成就並鼓勵其更加努力。楊三郎在興南新報（聞）三月七日的報上，寫了一篇〈一步一步的前進〉，描寫過去十年間的困苦與努力及將來之展望，陳春德亦在興南新報（聞）三月十八日報上，寫了一篇〈向悠久的憧憬〉的文章，表露其對藝術的觀感，其內容的豐富與深刻，真不負一世之才筆。

本屆出品東洋畫部有會員林玉山之〔歸途〕，郭雪湖之〔宵〕，林之助之〔七面鳥〕，招待出品有野村泉月等六人，洋畫部有會員陳澄波之〔參道〕等六件，李梅樹之〔新綠〕，陳春德之〔柘榴〕，李石樵之〔歌唱孩子〕等六件，廖繼春之〔風景〕，招待出品有桑田喜好等二人，彫塑部有蒲添生之〔菊甫翁之壽像〕等六件，陳春德之〔少女之臉〕，出品總數東洋畫部十三件，洋畫部五十六件，彫塑部十件。

臺陽展繼續到十週年紀念展後，因太平洋戰爭漸趨激烈，臺灣遭受盟軍不斷的空襲，無法繼續舉行，這樣一直拖到臺灣的光復。

臺灣光復後，不光榮的殖民地已成過去。再度回到祖國的懷抱，五十年來之政治上民族上的歧見，隨之消滅，臺灣美術界亦和其他部門一樣，從黑暗中跳出來，大大地發揮其使命，臺陽美術協會，在這中間充實其內容，重新其組織，在全省一般人士及民眾之支持下，于民國卅七年六月十八日起九日間，在臺北市中山堂，舉行光復紀念展，即第十一屆美術展覽會。

揭幕前他們向全省各界發表一篇宣言，追述他們和日人的鬥爭，並誓言為民族文化發揚努力，其宣言如左：

本省於五十年前淪入異邦以還，日人毒辣手段，無微不至，橫蠻無理，舉世共睹，尤其對文化方面，益見壓制，企圖愚化，影響我民族精神，至深且鉅，本會同仁有鑑於斯，為美術前途計，不能任日人不斷壓制，無法自由發展，遂毅然奮起聯合美術界同仁，籌組臺陽美術協會，本會在困苦萬難中產生，情形之惡劣，誠非寸管能詳。迨至民國二十三年方告成立，為本省美術界唯一之警鐘木鐸，作反對臺展（由日政府主辦之美術展覽）之先鋒，是時參加進行者，有陳澄波、林之助、陳春德、劉啟祥、陳清汾、楊三郎、李梅樹、李石樵、廖繼春、陳進、郭雪湖、林玉山、呂鐵洲、陳敬輝、陳夏雨、蒲添生，人數雖屬無多，惟同仁等抱不撓不撓之精神，呼籲奔走，積極倡導。至民國二十四年五月四日，第一屆美術展覽會始告揭幕，參加出品者躍進二百七十名之多，從此益勵奮發，悉心創造。

至民國二十六年舉辦第三屆展覽會時實行公開鑑查，邀請新聞記者參加，破已往之記錄，創公平鑑查之先聲，由此作品日益增多，每屆參加者均在三百名以上，省民愛護奮鬥至今。

　　茲幸本省重光，發揚祖國文化，我美術界人士，咸得奮勇直追，然追憶往時本會產生之困難，四面楚歌境況下，同仁奮鬥之熱烈及省民愛護之備至，使本會能巍然迄存於茲，此足稱本省美術界，可歌可泣之奮鬥史蹟之本會，倘能本已往精神，更荷負發揚光大之責，定能裨益於本省美術前途不少，為此同人乃做野人獻曝，藉以拋磚引玉，擬於本年六月間舉行本會第十一屆展覽會，惟恐各方人士暨地方畫家，未能深切認識本會之淵源，特此宣布。

　　光復展在全省期待裡，于六月十九日舉行，應募出品總數二百七十一件，審查結果，國畫部蔡文華等十二人作品十五件入選，西畫部王國矜等四十二人作品四十七件入選，彫刻部陳英傑等五人作品五件入選。此外尚有招待出品者藍蔭鼎等二十二人，其名單如下：藍蔭鼎、蔡永、黃水文、李秋禾、黃鷗波、盧龍江、陳慧坤、許深秋、王逸雲、馬壽華、李德和、李克全、洪瑞麟、廖德政、金潤作、方昭然、曾添福、呂基正、吳棟材、張萬傳、葉火城、張錫卿。被招待出品者，難（雖）不是該會會員，但不是一流作家就是中堅作者，為該會增添一段之光輝。

　　光復展的時候，該會會員還沒有增加，計有郭雪湖、林玉山、陳進、陳敬輝、林之助、楊三郎、陳清汾、李石樵、李梅樹、廖繼春、劉啟祥、蒲添生、陳夏雨等十三人。

　　會員陳春德，多年來患肺癆不離病床，於民國三十六年十月十七日，以三十二歲病逝臺北，結束其多才多能之一生。

　　會員出品有國畫部郭雪湖之〔蝴蝶蘭〕等三件，林玉山之〔野煙〕等三件，陳進之〔觀梅〕等三件，林之助之〔春日〕等三件，陳敬輝之〔午夢〕等二件，洋畫部有劉啟祥之〔南方的港〕等二件，楊三郎之〔新線〕等五件，陳清汾之〔採茶女〕，故會員陳春德之「竹前裸女」，廖繼春之〔淡江夕暮〕等三件，故陳澄波之〔新樓風景〕等三件，李石樵之〔洋蘭〕等五件，李梅樹之〔春色〕等五件，彫刻部有陳夏雨之〔牛〕等三件，蒲添生之〔杜博士〕等，均為受人注目之佳作。

　　此次展覽會因係光復後的頭一次，故特別引起政府及一般外省同胞的關懷，省內各報均紛紛著文介紹及批判，和平日報在六月二十二日的報上，有一篇臺陽畫展簡史由記者王剛介紹得相當詳細。

　　魏主席亦于十八日下午四時，由馬壽華委員陪同，驅車至中山堂，熱心參觀展覽，並表示：「臺灣雖曾受日人統治了五十一年，臺灣仍能保持祖國的優秀藝術作風，足見臺胞是熱愛祖國的」。

　　光復展在成功裡于六月二十七日閉幕，而留下極其廣汎而深刻的印象。此次展覽會後，會員陳夏雨，因意見不合，遂退出該會，時為該會之一大損失，事後他的彫刻，在公開的展覽會中，均不能看到，甚為識者所惋惜。

　　民國卅八年五月二十二日起八日間，臺陽美術協會在臺北市中山堂，舉行第十二屆美術展覽會，是年增加李秋禾、陳慧坤、許深洲、呂基正、葉火城、吳棟材、金潤作等七人為新會員，因此會員從

十三人增至二十人之多。

應募出品總數一百九十五件，其中國畫部五十四件，洋畫部一百二十九件，彫塑部十二件，入選的有國畫十三名十六件，洋畫四十六名五十五件，彫刻三名五件。入選作品中，國畫部之黃鷗波作〔世外桃源〕，王清三作〔一群〕，蔡錦添作〔清晨〕，洋畫部之張義雄作〔靜物〕，林榮杰作〔睡蓮〕，徐藍松作〔刺繡〕等均被推薦為本屆之佳作，並獲得佳作賞。

同人出品中有國畫部陳慧坤之〔小鴨〕等二件，郭雪湖之〔秋晨〕等三件，陳進之〔滿山紅〕等三件，李秋禾之〔郊野即景〕，許深秋（州）之〔猩猩木〕等二件，陳敬輝之〔開帆〕，林之助之〔清夜〕等四件，林玉山之〔哺雛〕等二件，洋畫部有吳棟材之〔洋蘭〕等五件，金潤作之〔花〕等三件，李梅樹之〔白衣少女〕等二件，葉火城之〔洋蘭〕等五件，廖繼春之〔北公園〕等四件，李石樵之〔淡水風景〕等五件，呂基正之〔春耕〕等三件，楊三郎之〔斜陽〕等四件，故陳澄波之〔西湖風光〕等三件，蒲添生之〔劉啟光像〕、〔林熊徵像〕等均為本屆之逸品。（中略）

民國四十一年五月四日起九日間，臺陽美術協會在臺北市中山堂，舉行創立十五週年紀念展，即第十五屆美術展覽會，展出件數共有一百十六件，其中國畫四十三件、洋畫六十五件、彫塑八件、新入選者達三十多人，並決定臺陽獎受獎者，其名單如左：

國畫部：特選：臺陽獎第一名林阿琴〔元宵〕等二件，第二名王清三〔村〕等二件，第三名陳石柱〔菜圃〕。

洋畫部：特選：臺陽獎第一名張義雄〔紅衣〕等二件，第二名李澤藩〔楚楚〕等二件，第三名鄭世藩（璠）〔春雨陰霖〕。

彫塑部：臺陽獎第一名楊英風〔思鄉〕，第二名楊景天〔小女頭像〕。

會員出品國畫部有林之助之〔綠蔭〕等二件，李秋禾之〔日午〕等二件，郭雪湖之〔寶島春光五輻對一─五〕，陳敬輝之〔河邊春色〕等二件，林玉山之〔浴牛〕等二件，許深州之〔秋色〕等四件，陳慧坤之〔烏來谿谷〕等三件，陳進之〔蘭花〕等四件，洋畫部有葉火城之〔蘭花怒放〕等四件，李梅樹之〔杜鵑花〕等三件，金潤作之〔山麓風景〕等三件，陳清汾之〔石燈樹園〕，李石樵之〔烏來朝霧〕等五件，陳德旺之〔暮色〕等三件，楊三郎之〔玉山晴雪〕等五件，吳棟材之「烏來風景〕等五件，洪瑞麟之〔雨〕等五件，廖繼春之〔花〕等五件，呂基正之〔新綠〕等四件，顏水龍之〔玫瑰花〕等四件，故會員陳春德之〔晚春〕等三件，故會員陳澄波之〔盧家灣〕等三件，故會員呂鐵州之〔南國風景一─三〕，張萬傳之〔路〕等五件，彫塑部有蒲添生之〔母像〕、〔睡貓〕等均為本屆之傑作。（中略）

臺陽美術協會，現在有會員二十三人，已故會員三人，前會員一人，其各人之學歷、履歷、畫歷、作風如左：

已故會員：

（中略）

　　故陳澄波：嘉義市人，生於民前十七年二月二日，民三十六年三月二十五日歿於嘉義，民十六年三月，日本東京美術學校師範科畢業後，再進該校研究科專攻洋畫[5]，民十七、十八兩年間，曾進日本名畫家岡田三郎助創辦之「本鄉洋畫研究所」深造。業成後赴大陸，曾任上海新華藝專西畫系教授兼系主任（民十八年至民二十二年），兼任上海昌明藝專藝教科教授兼西畫科主任（民十八（九）年至民二十二年），並任上海市藝苑繪畫研究會（所）名譽教授（民十八年至民國二十二年），民十八年任國民政府教育部特派日本美術工藝特別考查委員，同年任福建省美術展覽會審查委員，並任上海市全國美術展覽會西畫部審查委員，民十九年任上海市全國中等學校教員夏季油繪講習會講師，同年並任上海市中等學校圖畫科督察。[6]

　　民二十二年回臺，於民國二十三年與同人創辦臺陽美術協會，民三十五年任「省展」審查委員。其作品曾入選各種美術展覽會，日本帝展入選六次，第七屆帝展以〔嘉義街外〕入選（民十六（五）年，為本省人第一次油繪入選），第八屆帝展以〔夏日〕入選，第十屆帝展以〔早春〕入選，第十五屆帝展以〔西湖春色〕入選，其他尚入選兩次，畫題及屆數不詳。[7]日本聖德太子奉贊美術展覽會以〔普陀山之普濟寺〕入選（出品資格須要曾經出品帝展入選兩次以上者為限）。日本民間有力美術展覽會，如本鄉展、中央展、春臺展（曾獲岡田獎勵金獎）、槐樹社展、日本水彩畫展、一九三〇協會展、太平洋畫展、光風會展、白日會展等，均有其出品。上海全國訓政紀念綜合藝術展覽會推薦出品被選為「現代代表油畫」十二大家之一，其畫題〔清流〕，係描寫西湖斷橋殘雪之風景。中華民國參加芝加哥博覽會出品，畫題未詳。「臺展」特選三次，曾獲臺展獎，第八屆「臺展」以後，每年以無鑑查資格出品，其主要出品有〔西湖春色〕、〔綠蔭〕、〔夏天早晨〕、〔淡水風景〕、〔曲徑〕、〔春天的阿里山〕等。第一屆「省展」，以審查委員資格出品三件，畫題為〔製材工廠〕、〔兒童樂園〕、〔慶祝日〕。

　　其為人天真熱情，以藝術使徒自居，遺作不勝枚舉，其畫風富於鄉土色彩及中國民族固有的色調，實為天才彫塑家黃土水以後最偉大的藝術家之一，對美術創作及美術運動，曾傾其全身全靈，他的死對本省美術運動有莫大的損失。未亡人陳張捷還在嘉義，長女陳紫薇為本省名彫塑家蒲添生之妻，其他子女均成家。（中略）

五、臺灣全省美術展覽會

　　過去日人統治時代，臺灣總督府每年舉辦春秋兩次美術展覽會，名曰「府展」[8]，「府展」前身係「臺展」，本省光復後，美術界因鑑于各方面尚未穩定，故也匿聲隱跡，但邇來一切漸趨安定，由美術家楊三郎、郭雪湖（當時任長官公署諮議），向有關方面建議，遂得由長官公署主辦，與日人時代

之「府展」相似的全省美術展覽會，推行政長官、省主席為當然會長，教育廳長為副會長，並決定民卅五年十月二十二日起十日間，在臺北市中山堂，舉行首屆「省展」，並聘全省一流美術家為審查委員及社會名流為名譽審查委員，向一般公募，此屆審查委員之名單如左：

國畫部：林玉山、郭雪湖、陳進、林之助、陳敬輝。

洋畫部：陳澄波、陳清汾、楊三郎、廖繼春、李梅樹、李石樵、劉啟祥、藍蔭鼎、顏水龍。

彫塑部：陳夏雨、蒲添生。

名譽審查委員：游彌堅、李萬居、陳兼善、王潔宇、周延壽。

出品及入選：國畫部出品一百零二件，人員八十二名，入選三十三件，人員二十九名；洋畫部出品一百八十五件，人員九十八名，入選五十四件，人員四十八名；彫塑部出品二十五件，人員十八名，入選十三件，人員九名。（中略）

本屆展覽中，審查委員出品，國畫部有郭雪湖之〔驟雨〕等三件，林玉山之〔薰風〕等二件，陳敬輝之〔蚊〕，陳進之〔幼兒〕等三件，林之助之〔靜晨〕等三件。洋畫部有藍蔭鼎之〔村莊〕等三件，李梅樹之〔裸婦〕等三件，陳清汾之〔還我河山〕，劉啟祥之〔紀念光復〕，李石樵之〔聽音〕等三件，陳澄波之〔兒童樂園〕等三件，顏水龍之〔小孩〕等二件，楊三郎之〔殘夏〕等三件，廖繼春之〔赤崁樓〕等三件。彫塑部有陳夏雨之〔裸婦〕等二件，蒲添生之〔游市長〕等二件。還有洋畫部審查委員李石樵之彫塑〔青年〕等，均為動人之傑作，引起一般觀眾，戀戀不捨。

第二屆「省展」於民卅六年十月二十四日起九日間，在臺北市中山堂舉行，事前聘定審查委員，其名單如左：

國畫部：郭雪湖、林玉山、陳進、陳敬輝、林之助。

洋畫部：楊三郎、李石樵、李梅樹、陳清汾、藍蔭鼎、劉啟祥、廖繼春、顏水龍。

彫塑部：陳夏雨、蒲添生。

名譽審查委員：黃朝琴、游彌堅、周延壽、陳兼善、李季谷、謝東閔、李翼中、陸志鴻、吳棠、馬壽華、李萬居、林紫貴、莊鶴弼。

魏主席會長兼任審查委員會主任委員、許教育廳長恪士任副會長兼審查委員會副主任委員。

入選作品國畫部二十九件，二十七人，新入選者十四件，無鑑查五件；洋畫部六十五件、五十七人，新入選者二十九件，無鑑查六件；彫塑部八件。（中略）

審查委員出品國畫部有郭雪湖之〔水鄉煙雨〕等三件，林玉山之〔曉風殘露〕等二件，陳敬輝之〔琴譜〕，林之助之〔閑靜的郊外〕等二件，陳進之〔繡裙〕等二件，洋畫部有藍蔭鼎之〔夕照〕等三件，故委員陳澄波之〔綠蔭〕等三件，顏水龍之〔遠望〕等二件，劉啟祥之〔斜陽〕等三件，楊三郎之〔河畔〕等三件，李梅樹之〔水邊〕等二件，陳清汾之〔淡水夕陽〕，廖繼春之〔水蓮〕等三件，李石樵之〔靜物〕等三件，彫塑部有蒲添生之〔貓兒〕等三件，陳夏雨之〔基先兄〕等二件。

第三屆「省展」于民卅七年十月二十五日起六週間，和臺灣省博覽會合併舉行，會址設在博覽會場四樓（現在總統府），除省內各美術家參加外，陳列過去三十年間已故作家名作五十件，其中國畫十八件，洋畫二十五件，彫塑七件，而已故作家為劉錦堂（洋畫家）、陳植棋（洋畫家）、陳澄波（洋畫家）、陳春德（洋畫家）、呂鐵州（國畫家）、黃土水（彫塑家）、黃清庭（彫塑家）等七人。（中略）

　　本稿應臺北市文獻委員會「美術特刊」執筆，但，其資料均由本省美術界之諸先輩，尤其是郭雪湖、楊三郎、林玉山、呂基正、洪瑞麟、郭柏川、陳德旺、張萬傳、鄭世藩（瑤）、劉啟祥諸同人及省教育會所提供，並以誠懇的協助與進言而完成的，特向諸位先生致謝並祈將來之鞭達，尚有其他遺漏之事，請時常指教，以期完成本省美術運動史。

—原載《臺北文物》第3卷第4期，頁16-64，1955.3.5，臺北：臺北市文獻委員會

---

1. 編註：關於陳澄波參加七星畫壇一事，目前尚未找到第一手史料證明。
2. 編註：楊三郎赴法國的時間為1932年，此時赤島社早已成立，故此處有誤。
3. 編註：原文由右至左印刷，以下均同。
4. 編註：臺南移動展覽會原預計5月20-21日舉行，後因故變更為6月3-5日。參閱〈移動臺陽展　臺南是六月三日從〉《臺灣日日新報》第9版，1939.5.25，臺北：臺灣日日新報社。
5. 編註：據1927.3.24「研究生入學願」（研究生入學申請書）及1928.4.10東京美術學校「身分證明書」所載，陳澄波就讀的是圖畫師範科的研究科。
6. 編註：目前尚有部分經歷找不到史料佐證。
7. 編註：陳澄波帝展入選總計四次，分別為1926年（第七屆）、1927年（第八屆）、1929年（第十屆）、1934年（第十五屆），非六次。
8. 編註：府展於每年的10月舉行，非春秋兩次。

臺陽美協卅年
舉辦作品展覽
展出作品百七十件

【本報訊】為響應實踐中華文化復興運動暨慶祝卅週年紀念，臺陽美術協會將於七日開始至十一日止，假臺北市省立博物館展出五天，並將由內政部長徐慶鐘剪彩（綵）。

這次展出計有國畫二十六件，西畫四十九件，彫塑十五件，連同會員作品總共一百七十餘件。

本屆適逢臺陽美協卅週年紀念，一般作品的水準都較歷屆為高，以新穎的手法、構圖，表現出作者獨特的思想。據該協會負責人陳清汾說：希望能藉這次美展，轉移風氣，宏揚我國文化，並希望國人及藝術界人士參觀比較。

陳清汾說，臺陽美術協會創於民國廿三年十一月，最初是由名畫家陳澄波、廖繼春、顏水龍、李梅樹、楊三郎、李石樵和他本人發起組織，得到社會人士蔡培火、楊肇嘉的支持，於同年十一月十五日在臺灣鐵路飯店成立。現有四十八位會員。

他說，由於該會努力有恆，逐漸受到社會各界的賞識，且樂意獎助，現除該會會獎——「臺陽獎」外，又增加了臺灣省教育會獎、峰山獎、臺陽礦業獎、佳作獎等以鼓勵年青（輕）的一輩。

這位十八歲就留學法國的畫家強調說，他們組織這個協會絕對不含一般商業的性質，純粹是為藝術而藝術，他非常的希望對繪畫、彫塑方面有濃厚興趣的年青（輕）同好來加入該會，組成一支強力的生力軍，替臺灣目前的藝壇，開拓一個真、善、美且富有創意的新境界。（楊宏志）

—原載《中央日報》第6版，1967.6.6，臺北：中央日報社

臺陽美展明天揭幕
作品包括四類兩百件

【本報訊】臺陽美術協會成立第四十屆會員及公募作品聯合大展，定明（六）天上午九時，在省立博物館揭幕。

展出五十四名會友、八位已故會員、及一般公募入選的作品共兩百餘件，包括國畫、西畫、雕塑、版畫。這些作品無論內涵技巧、表現各方面，都比往年進步得多。

臺陽美展成立於民國二十三年，為我國當今現存歷史最久的民間藝術團體，創立之初僅有七名會員，現已擴展到五十四名，大多數的會員為各大專院校的美術教授，或地方上的領導者。

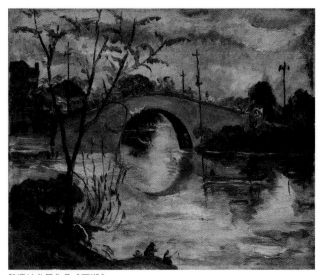

陳澄波參展作品〔西湖〕。

今年參加展出的會員，北部有李梅樹、楊三郎、顏水龍、林玉山、陳清汾、陳進、許玉燕、吳棟材、呂基正、李澤藩、蒲添生、鄭世璠、賴傳鑑、陳銀輝、蕭如松、蔡蔭棠、許武勇、吳隆榮、何肇衢、林顯模、陳景容、劉文煒、廖修平、黃顯東、黃靈芝，潘朝森、吳炫三、李焜培等。

中部有林之助、葉火城、王水河、唐士、謝峯生、曾得標等。

南部計有劉啟祥、張啟華、蔡草如、陳英傑、詹浮雲、王五謝、詹益秀、張金發、林天瑞、陳瑞福、劉耿一、陳壽彝、沈哲哉、張炳堂、陳國展、林智信等。

這次特別吸收國立藝專的教授蘇峯男、賴武雄、何恆雄為會友，並提出作品參展。

臺陽美展今年適逢四十週年，為了紀念過去曾合力奮鬥的八位逝世會員，特展出陳澄波、陳春德、呂鐵州、李秋禾，陳敬輝、盧雲生、廖繼春、施亮等的遺作參展，以誌其功績。

—原載《中央日報》第6版，1977.9.5，臺北：中央日報社

陳澄波老師與我

口述／張義雄、執筆／陳重光

一九二九年陳澄波結束他在東京美術學校的學業，就毅然回到中國大陸，獻身國內的美術教育。當臺灣需要一個有力的民間繪畫團體時，他又毅然回來籌組「臺陽美術協會」。關於這樣一個畫家，此間有過零星的介紹，但都不完整。本刊有鑑於此，將陸續推出有關陳澄波的文章，期望為這位可敬的畫家勾出一幅完整的形像。──編者按

　　民國十三年，那年我十歲。有一天，由嘉義市西門街走回家，路經中央噴水，看到一個畫家正在作畫，頭髮留得很長，戴沒邊的圓形帽子，畫架放在現在中山路的臺灣銀行嘉義分行旁邊，朝中央噴水的方向畫風景畫，畫幅右邊是手提洋傘的女人，左邊是一棵大樹。當時看到的大樹樹葉明明是直的，為什麼這位畫家畫成橫的？我覺得很奇怪。但是看他全心一意畫畫的神采感到非常敬佩。就在那個時候，我的小小心靈中已萌發將來要像他一樣做一個畫家的志願。

　　我十二歲時，家父看我對繪畫很有興趣，一心一意想做畫家，就問起我的決心，並且告誡我：「嘉義有一位畫家陳澄波先生，他為了繪畫傾家蕩產，依然每天在學校、研究所畫素描及油畫，常徹夜不眠。因而身體勞累得甚至咳血過幾次。他如此努力，加上天分，才熬出了頭，可見要做一位畫家不是那麼容易的。」當時親戚們都希望我朝醫師這條路邁進，學醫這條路只要家裡有一點產業，再認真讀書，不管有沒有天分都可順利成功。但當時的我還是貫徹初志，堅決要做畫家。家父最後也贊成了，給我二十元到臺南買油畫顏料、畫板、畫架、調色板、畫筆等工具，我當時的高興自不在話下。

　　有一天我在二伯父張鼎駒（澄波先生的小學老師）家裡遇到我所嚮往的畫家陳澄波先生。他當時還就讀於東京美術學校研究科，也是臺灣人中入選日本帝展的第一人。當時在臺灣及日本曾轟動一時。二伯父受過最高教育，而且到日本受到近代西洋思想的薰陶，這種資歷在當時的臺灣人中可以說是鳳毛麟爪，所以思想很開化，讓子女自由發展，沒有當時一般人的頑固與固執。所以他跟澄波先生談到我的事：「義雄這個孩子平時不好好唸書，一有空閒就畫畫，不知如何是好，希望澄波多予指導，看看是否能夠成器。」從此以後澄波老師就開始教我許多畫油畫的技巧，如調色、筆法、構圖，甚至洗筆等等。如沒有澄波老師的贊同與指導，我可能無法完成我的宿志。

　　我小學畢業就到日本京都同志社中學上學，上第一節美術課時，美術老師中堀愛作要我們畫靜物。因我已由澄波老師那裡學到繪畫技巧，所以畫得還不錯。也許由於這個關係，老師整節課都在看我畫，快下課時，老師問我：「你從哪裡來？」我答：「從臺灣來。」老師又問：「臺灣的哪裡來的？」我說：「臺灣的嘉義來的。」老師再問：「嘉義有一位畫家陳澄波，你認識嗎？」我說：「認識。」老師說：「他是我東京美術學校師範科同班同學，他的畫很有個性。記得有一次田邊至老師要改他的素描，澄波不同意老師的改法又把它改過來。由於他在畫上表現出強烈的個性，田邊至老師終於同意澄波依自己的意思表達。澄波就是這樣要求每張畫都能表達自己的強烈個性，他將來一定會成為一位偉大的畫家。」聽完中堀愛作老師的稱讚後，我覺得不但是我個人的光榮，也是嘉義、臺灣的

光榮。從此中堀愛作很疼愛我，使我受益良多。

第二學年我回到家鄉，轉入日據時代州立嘉義中學。這段時間受教於澄波老師的時間最長，他負責第一、二回臺陽美展的各項事務時曾攜我同到臺北，並介紹當時的前輩畫家讓我認識，指導我各畫家的特徵及值得學習的地方。

當時日本人在臺灣是殖民統治者，因此都趾高氣昂，自視很高，但有一天漢文課時這

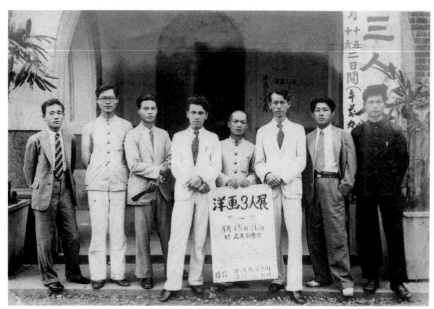

1936.8.15-16張義雄（右四）、翁崑德（左四）與林榮杰（右三）舉行「洋畫三人展」於嘉義公會堂。陳澄波（左三）到場支持。

位老師竟然稱讚「能畫出臺灣地方色彩的唯一畫家是陳澄波先生，再沒有第二人」。我一生都未忘記如此使我心靈感到滿意光榮的事蹟。

我十七歲那年跟澄波老師一起到淡水寫生，同宿一處。有一天澄波老師已在山上寫生，我尚未吃飯，正在想聽說淡水紅燒肉很好吃，但口袋不知有多少錢，也不敢到市場，就經過澄波老師寫生的山下，走過山坡時他問我：「到哪裡去？」我說：「想到市場。」他說：「有沒有錢？」我沒回答，他當時左手拿調色板右手插進口袋抓出五角，笑一笑從山上擲下，我也笑著接受，未說一聲「謝謝」就走了。他就是這樣很愛護晚輩，把我當他的子女一樣照顧，這是我一生中從未忘記的最甜蜜的一件事（按澄波老師當時畫的油畫曾於今年三月在太極畫廊的光復前臺灣美術回顧展展出，收藏者為高雄市龔家）。

我小時由於受祖父母、父母的細心照顧，要什麼就有什麼，養成任性的個性。在嘉義中學唸書時一心一意想做畫家，天天繪畫以致荒廢課業，最後甚至逃學帶著書包到彌陀寺（嘉義市郊風景區）去寫生，終於被學校退學。

此時家父又不幸逝世，精神大受打擊，對我來說是一生中的黑暗時代，我頹廢喪志，然而一想到先父對我的期望就不得不鼓起勇氣面對現實。我想到日本去學畫開創我的前途，當時親戚們都怕我流浪到日本拖累他們，影響家風，所以極力反對，只同意支持我到日本學醫。在到處碰壁之餘，只好找澄波老師商量，希望在日本半工半讀。他說：「你的志氣可嘉，天不會絕人之路，日本有些貴族也有離家出走、在街上賣東西苦學的，你有此決心，可以試試，一定會成功的。」由於澄波老師的贊成，其他親戚們終於勉強同意，我才能順利進入東京私立帝美就讀。

澄波老師一生最不服日本，愛臺灣，更熱愛祖國，所以到日本後從未穿日本服，仍穿臺灣舊有的衣服，扇子也用臺灣獨特的檳榔葉扇，在馬路上走，總是引人側目。有一天他又穿上特有的服飾，還帶一具木箱（內放顏料、畫筆、調色板），走過派出所，結果被叫進去訊問：「你從哪裡來？到哪裡去？那個木箱裡裝的是什麼？」他認為日本人要找臺灣人的麻煩，就嚇唬他們：「這木箱裡裝滿了炸彈。」此話一出，十數位警察立即圍上來，如臨大敵。

　　上面這則故事是我們同搭一條船回臺時他告訴我的。另一件發生在他賃居本鄉時，房東是一對老夫妻。那位老太爺愛才甚切，對澄波老師優禮有加，因此澄波先生畫了一張四號大的油畫奉贈。但老太婆看不起澄波老師中國式的模樣，乘老太爺不在時，就當著他的面把油畫當柴燒，為此澄波老師當天就搬走。後來澄波老師入選日本帝國美展，那位老太爺很高興，請澄波老師到家裡吃飯，才明瞭澄波先生不告而別的原因，因此怒氣難消就狠打老太婆，並要她道歉了事。

　　澄波老師一生在臺灣及上海一帶，為中國藝術界貢獻心力，雖然五十年屈居在日本政府壓迫之下，但依然用藝術表現中國的傳統及臺灣鄉土特有的色彩，用行動表示他仍是中國人。遺憾的是，就在臺灣光復、回到祖國的第二年，澄波先生還未能以他的藝術才華貢獻國家即溘然長逝，實在是中國藝術界的一大損失！不過他已留下許多個性鮮明的繪畫，如西湖斷橋殘雪、淡水的紅瓦、綠蔭的表現等，足以令我們深思、懷念。

—原載《雄獅美術》第100期，頁125-129，1979.6，臺北：雄獅美術月刊社

陳澄波的畫充滿稚拙妙趣
去世已卅二年遺作今展出

三十二年是一個不算短的歲月，畫界人士還沒有忘記陳澄波，以及他那充滿稚拙妙趣的油畫。

陳澄波於民國前十七年出生嘉義，是日據時代臺灣畫壇的第一位學院派畫家，也是臺陽美術協會創辦人之一。在他逝世三十二年後的今天，他的家人將他的八十餘件遺作作首次公開展出，展覽今天起在臺北春之藝廊舉行。

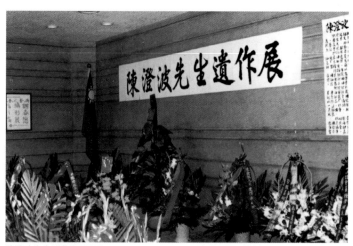

陳澄波先生遺作展展場入口。

一生奉獻於藝術的陳澄波，幼年在祖母撫養下長大，坎坷的命運卻不影響他天生樂觀、熱情、活潑與積極的本性，這些性情如今可以從他遺留下的繪畫中體會出來。

據說，當他在美術學校西畫（圖畫師範科）研究科唸書時，指導老師田邊對於他繳的作業根本無從批改，認為他有獨特的性格，只好讓其自由發展，在林玉山的印象中，陳澄波的畫風的確很特別，譬如畫人體，胴體畫得很不錯，唯獨手腳部份（分）異常稚拙，就是風景畫作，也常常有違反透視及變形的現象。

在這次展出的風景中，不難看出陳澄特別喜歡使用紅、橙、黃等柔和的暖色調，他生前曾對朋友說：「以我的經濟情況，擁有畫室是很奢求的，因此大自然就是我的畫室。」所以他留下來的作品，人物與靜物不多見。據說陳澄波在嘉義蘭井街老家，因為居處太小，往往為了審視一幅較大的作品，他必需特地跑過對街，來控制看畫所需的視覺距離。

除了故鄉嘉義，臺北的淡水、杭州的西湖都是他喜歡的畫題，陳澄波東京美術學校畢業後，曾應王濟遠的邀請到上海新華藝專教書，民國十八年到廿二年他留居上海的這段日子，也是他從事美術教育事業的黃金時代。

一二八事變發生，陳澄波返回臺灣，一方面籌組臺陽美術協會，一方面又在嘉義組成青辰美術協會，此後十餘年他全心全意致力於倡導臺灣美術風氣。

在臺灣早期畫壇人物中，陳澄波是屬於感性敏銳的一位，不僅畫面上筆觸纖細，而且對事對物亦復如此，據老畫家楊三郎夫婦回憶，「有一次臺陽展的那一夥朋友結伴到淡水寫生，不知何故，陳澄波畫得很不順暢，突然激動的把畫箱摔在地上，捶胸痛哭起來，大家只好一再安慰他。」

如今想找一位由於自己無法滿意創作而痛哭的畫家，談何容易，因此有人說他是個最缺乏學院氣息的學院畫家。（本報記者蔡文怡）

—原載《中央日報》第9版，1979.11.28，臺北：中央日報社

陳澄波遺畫作
並未遭到破壞

【本報訊】「天下本無事，庸人自擾之」，用這句話形容最近畫壇上幾件事情，倒是十分恰當。

譬如，日昨傳說陳澄波的遺作展上，有一幅畫遭到「破壞」，即是一例。

曾經在國外研習修護古畫的陳景容教授，昨天已接受畫主李賢文之託，開始修護工作。同時，他很慎重的說：「畫，有時候也會生病，有種黑色顏料是將牛骨粉燃燒製成的，如果在剔洗處理時，沒有把牛骨裏的骨髓及油脂弄得十分乾淨的話，製造出來的黑色顏料含有機物，日子長久受潮就產生粉狀黴菌。」

所謂遭受破壞，就是畫面呈現了這種粉狀物，解釋清楚後，就談不上有「破壞者」。

—原載《中央日報》第9版，1979.11.30，臺北：中央日報社

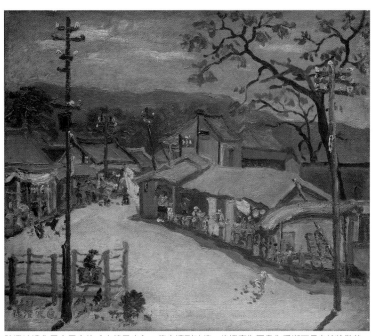

陳澄波遺作展中展出的〔小鎮風光〕，傳出遭到破壞，後證實為因畫作受潮而長出粉狀黴菌。

謝副總統昨參觀
陳澄波遺作畫展

【中央社臺北三十日電】副總統謝東閔，今天上午十時二十分到春之藝廊，觀賞陳澄波遺作畫展，他稱讚陳澄波是一位了不起的畫家。

謝副總統是由陳澄波的長子陳重光陪同，看了一小時畫展。

他先觀看外圈的油畫，對陳澄波在四十年前的寫生作品〔淡水風景〕留下深刻印象，認為：陳澄波對淡水櫛比鱗次的房舍、畫面處理有條不紊（紊），是一幅好畫。

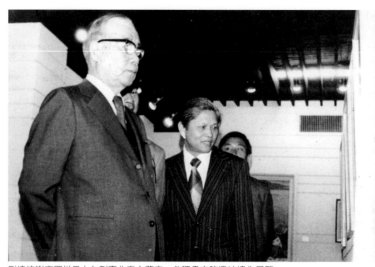

副總統謝東閔卅日上午到臺北春之藝廊，參觀畫家陳澄波遺作展覽。

他覺得淡水一些古蹟房舍，很有保存的價值。

接著，他參觀畫廊內圈的淡彩畫和素描二十多件，他認為陳澄波素描畫中的線條，相當優美。

謝副總統並觀看了連同繪畫作品附展的有關陳澄波文物及資料，其中並有多年前在上海，張大千送給陳澄波的一幅畫。

他告訴陳重光：「你有一位了不起的父親。」

陳澄波被譽為臺灣繪畫運動的先鋒，他生於民前十七年，逝世已有三十二年，他是臺灣第一位入選日本帝展的油畫家，臺陽美術協會創辦人之一；民國二十年，他並是上海主辦紀念訓政全國美展的審查委員，並膺選為全國當代十二位代表畫家。

—原載《中華日報》1979.12.1，臺北：臺南：中華日報社

與陳澄波先生交遊之回憶

文／林玉山

　　民國十五年的東京剛值關東大震災後的第一年，也是日本經濟最不景氣的時候。東京市內外到處盡是廢墟，那時候雖然已入倡導復興建設之期，仍然有災後之斷牆殘壁遺跡未除。而震災區之復興需要很多人力協助建設，可是各縣市流入之失業人群非常多，使都城無法安插適當之留所，到處可以看到失業者橫臥於廢墟廣場，或於街頭巷尾跪地求乞。

　　東京市在慘重災情之後，一時停頓運動之文化方面亦逐漸恢復推行。此年五月於上野公園「竹之台美術館」舉行法國名畫展覽會，另於新建落成之市美術館亦有第一回聖德太子奉贊展之開催，又於六月中亦在此美術館舉辦了一次規模甚大之中日美術聯合展覽會，使一度沉寂之美術界增加莫大活氣。

　　民國十五年前後，由臺灣往日本留學的並不太多，其中就讀醫學及經濟方面的佔大部份（分），就讀美術這方面的僅是寥寥無幾。記得那個時候，習彫刻的有黃土水，學西畫的有陳澄波、陳植棋、張秋海、廖繼春、顏水龍、劉啟祥、張舜卿等，學東洋畫者有陳進、林玉山、黃芳萊。黃君就是故鄉畫友，在臺唸臺中一中時跟過指導老師鄉原古統先生學過畫，是位有畫才的優秀青年。那時候使鄉原先生非常器重，如陳進一樣受他鼓勵推荐往東京準備投考美術學校的第二人。

　　余初抵東京時就和黃芳萊君同往東大久保（玉山舍），後來他因家人反對，臨時放棄學美術，轉讀醫學。黃君離去後，我才搬到下谷區上車坂町和陳澄波先生同處共勉。

　　我和陳先生同住的上車坂町，比較靠近上野公園，他每天上課往東京美術學校可以徒步前往，我往小石川區川端畫學校亦徒步不搭電車。陳先生白天上美校，晚上又要往本鄉美術研究所繼續研習素描，不論風雨寒暑從無間斷磨練用功，陳先生日常生活亦極簡單，亦無煙酒打牌之習慣，全心為畫道而苦幹，其精神甚使同住宿的室友欽服與效法。又每逢星期天或祭日例假，他都不參加不必要的遊樂，一定帶了畫具跑到郊野寫生，或於上野公園附近描畫博物館或不忍池或是公園的花圃與林木之景緻等等。陳先生極少畫人物和靜物，有時候畫一兩張自畫像或小孩像而已。他的作畫所表現的風格很特別，譬如畫人體，胴體部份（分）都畫得很不錯，惟有腳手小部份（分）甚覺稚拙異常。就是風景畫亦常常有違反透視及變形之表現。所以免不了使習於正常視覺之人感到奇怪。其實作畫有用筆之妙，有畫趣之奇，又有格調之怪異等等，這皆出自作者本人之性情胸臆，卻不能勉強求之。陳先生之

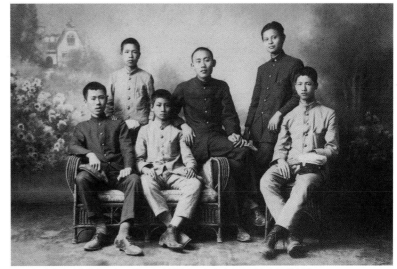

1926年陳澄波（後排右一）、林玉山（前排左一）與上車坂町宿舍同學合影。

有此特殊奇趣的繪畫風格完全出自他強烈之個性。莫怪東京美術學校西畫科的指導老師田邊至先生，對陳先生所交作業表示無法批改，曾說陳先生之繪畫，有他獨特之性格只好讓他自由發展，不能勉強左右他云云。

陳先生在美校期間，暑假都返故鄉，我常和他一起出去寫生，亦曾同去過民雄找陳舜卿君，由舜卿君陪往田野描畫農民之田園生活和田莊之風景。陳舜卿君亦是很崇拜陳先生之藝道常接近他的一位畫友。舜卿君和陳先生均係唸東京美術學校學西畫，卻和陳澄波先生不同科，陳先生是師範科，師範科的學生樣樣都要學，如日本畫、西畫、圖案、彫塑等，為著培養師資之訓練，各部門都要經過進修，就中陳先生特別對西畫有興趣，所以終生盡傾心力於西畫這路子之上。陳舜卿君因家長希望他從農，而他無法改變家人之主張，以致唸到半途就放棄學美術，與畫筆斷緣矣。

陳澄波先生住在嘉義市區內，比較喜歡畫的地方，如溫陵媽祖廟、中央噴水、東門噴水池、嘉義公園、和吳鳳廟、或阿彌陀寺等處。他描畫風景以前，必須對景觀察很詳細，描寫草稿後，再以富韻律和變化的筆調去完成一幅畫。若寫生有明顯透視結構之街景，陳先生的表現比誰都奇特，有一次我跟著他在嘉義市文化路嘉義戲院前騎樓下，遙望著中央噴水圓環寫生。依常人看來，街景的馬路，在透視的關係中，應越遠而越小，可是陳先生卻相反，有如古人畫方形桌面一樣，越遠反而越寬之奇異表現。說亦奇妙，雖陳先生的畫面上，地平線有甚覺不穩之處，可是待他完成此圖之後，卻於不自然中，使你感覺有自然而和諧之魅力，這就是他特殊之風格。

陳澄波先生是教育家出身的畫人，他的畫評和論畫都極淺易，連小孩也歡喜聽他的評畫。他亦很有耐心為人解說，如在畫展會場中，觀眾毋論多寡，又毋論老幼，只要他在場，必定很認真陪伴著看畫並樂意為之講解。同道們有時候看他對美術毫無所知之人，亦作如此認真之說明，大家對他常有「對牛彈琴」之譏。但他守著孔夫子「有教無類」之精神，這份執著日久之後，逐漸博得同道畫友之敬佩。

陳澄波先生民國十八年，東京美術學校畢業時，余亦完成了川端畫學校之學業，陳先生返臺後，很不滿日人歧視同胞，及不平之待遇，毅然決意遠渡祖國服務，為上海新華藝專西畫科主任，又兼職於昌明藝專。陳先生研究心很勤，滯上海不久，語言很快就可以暢通，所以對教學毫無不方便之處。陳先生每放暑假必定返臺一次，我們最盼望的就是要等著看看他在大陸各地名勝古蹟寫生之風景畫，及中國近代名家之畫集，以及藝專諸校教授們畫贈陳先生留念之作品。

早年我常接觸的中國繪畫，不過是幾本如《十竹齋書畫譜》、《芥子園畫譜》、《飛影閣叢書》等的參考畫譜而已。至民國十五年首次於東京美術館看到了中日美術聯合展覽會的中國繪畫，才發現畫譜與真跡畫不同的妙趣，使我非常感動。而中日美術展那時候所參加展出的中國繪畫是以北平為主體，如金北樓、齊白石、陳半丁、陳師曾等為代表。

陳先生帶回來的中國近代、現代畫家之畫集，大部份（分）是以上海為中心，如任伯年、胡公

壽、吳昌碩、王一亭、張大千、劉海粟、潘天壽、王濟遠、林風眠、徐悲鴻、謝公展等，就中有古派又有新派之國畫。新派者如劉海粟、王濟遠、林風眠、徐悲鴻等，於傳統畫風之中均融有西畫之長處，當時我對他們之作品感覺很新鮮。

　　陳先生雖然遠居上海，卻對故鄉畫友們之繪畫生活非常關懷，每次來信都是為我們鼓勵與打氣，並報告他至各地勝景寫生或和同事們遊普陀山、太湖、蘇杭等地之消息。有一次大約是民國廿二年五月陳先生由上海寫信給我：「這次之中華民國全國美術展，成績很好，可欣可賀。本屆是第一次展覽想不到有此好成績。繪畫方面一般入選者，國畫被西畫所壓制，而參考部的國畫卻相反，勝過於日本搬來的現代名油繪哩。看這情形中國國畫不是無出路，我們還要認真用功呵，大大來喚起我東亞的藝術前途，對於美術的理想和實際的工作，須要拼命來用功來研究，必須堅固基礎和穩健的研究目標，才能達到理想的目的。」[1]依此次來信的大意，可以了解陳先生雖主攻西畫卻亦對中國繪畫非常關心，常鼓勵我們堅定意志開拓中國繪畫的園地。信中雖然寥寥數語，卻有無盡的關懷，可以使我們深思與反省。

　　回憶陳澄波先生於嘉義公學校執教時，余乃剛要畢業公學校的學生，畢業後常與陳先生遊，學習寫生及畫水彩畫。在日本則為共同起居的室友，余於東京學業完成返臺之後，則同為臺陽美術協會會員，一起為本省美術運動而努力。後來，陳先生之堂弟耀棋和余之堂妹玉聯婚，由於這幾層的關連，陳先生與我，可以說是亦師，亦友，亦親戚之三重關係。

　　　　　　　　　　　　　　　　—原載《雄獅美術》第106期，頁60-65，1979.12，臺北：雄獅美術月刊社

---

1. 編註：信件內容提到之中華民國全國美展為民國18年（1929）在上海舉辦，非林玉山所述「大約是民國22年」。

團聚——記陳澄波遺作展

只有藝術，才能使陳澄波像對祖國一樣抱有那股狂熱的愛。他曾為文自喻為油彩的化身，但他終於化為油彩，將他的熱情、天真，未完成的一切都留在他的畫裡。

十一月廿八日，一個陰冷的冬日下午，「陳澄波遺作展」在春之藝廊展開了。這次的展出，除了各個時期的油畫作品之外，還包括淡彩速寫、素描及一些極為珍貴的手稿與剪報資料。

參觀這個展覽會，為的是與陳澄波做另一種形式的團聚吧！這是隱秘在會場各個角落，不曾表露的觀畫者的心情。

在會客室見到了陳澄波的妻子，陳張捷女士，她今年八十歲了，看起來仍是這樣美，瘦小的身軀裹在黑大衣裡，她的臉上是歷經患難後的安靜柔和。

「其實，他的事情我知道的也不多，他常出外畫畫，我要照顧家庭，都沒法跟他去……他只喜愛畫畫……我曾到過上海，後來局勢愈來愈壞，他便要我們母子先回臺灣。我一個人帶著孩子乘船回來。很久沒有他的音訊，傳來的消息說他死於海難，我根本不相信，因為我心裡一點感覺都沒有，我相信他一定會回來。後來，終於收到了他的信，告訴我們他要回臺灣來了……」在陳老太太的追述裡，有他們夫婦的情深義重，也有那個時代的辛酸。

到會場參觀的眾多美術界、藝文界人仕（士），其中有許多位都是陳澄波過去的好友，像蔡培火、林玉山、楊三郎、呂璞石、張萬傳、鄭世璠等人，觀其畫如見斯人，無人不惋惜他的早逝與他未完成的藝術。

曹秋圃指著在紀念手稿部份（分）展出的一橫幅字畫說：「我之所以寫『挽瀾室』三字，起意在於：澄波先生為吾臺西畫名家，曾執教滬上，常慨藝術不振，和我有同感，故題此以名其室，乃力挽狂瀾於萬一。」曹秋圃聲音宏重而有氣魄，我也連連聽到他的嘆息。

現任臺灣文藝發行人巫永福，日據時代曾任記者，他認為陳澄波在臺灣畫界的地位可比文學界的賴和，都是開風氣之先的前輩。「日據時代在臺的日籍畫家在其本國根本無甚地位，他們是靠著殖民政府的庇護才得以在臺灣活躍；相反的，以陳澄波等人為首的臺籍前輩畫家，不僅在日本得到帝展的最高榮譽，回國從事美術運動當然要比日籍畫家高明許多。臺日籍畫家的對抗，最為明顯是臺陽展與府展的對立，一個仗著殖民勢力，另一邊卻全憑畫上的真造詣，高下立見。我認為回大陸期間的陳澄波，在畫藝上的意義只是增加了視野、題材，事實上，當時大陸畫壇可供他學習的並不多，尤其在油畫方面，臺灣要比大陸高出一大截。陳澄波畫面中的紅色最為特別，在好遠的地方看到了都會認得出來。」巫永福最後還語重心長的說：「應該為陳澄波開一次追悼會。」

曾任師大美術系主任的袁樞真教授，在上海新華藝專唸書時，受教於陳澄波門下。袁樞真說：「陳老師教學認真，人又風趣，學生都樂於與他接近；那時他常帶學生到上海附近一處名叫龍化的地方去寫生。新華藝專每一學期安排有二星期的出外寫生，叫做春季寫生與秋季寫生，老師都帶我們去西湖。」袁樞真指著那幅〔清流〕表示那是秋天的西湖[1]；而另一幅題名〔西湖〕，也就是陳澄波後來

送給長女紫薇做為嫁粧的，則是春天的西湖，畫中的拱橋是汪莊的岳王廟橋。〔蘇州南部〕、〔上海碼頭〕……等一系列陳澄波大陸時期的作品，使得袁樞真油然興起一份對故國與故人深刻的思念。她追憶起多年前，剛到臺灣不久，基於對美術的關心與喜愛，她去參觀臺陽美展，不意竟然能在會場看到陳老師的畫，卻訝異畫旁的名牌上何以竟別著一塊黑紗，詢問之下才知陳老師已經過世了，再無緣相見。後來，在一位朋友那裡又看到一幅陳老師的作品，畫的正是上海龍化附近的風景，朋友知她愛惜這幅畫，便送給了她。她保存這幅畫有十幾年，後來她因慨嘆自己年歲也大了，又將畫贈予另一懂得惜畫的林秋江醫師保存。當袁樞真看到〔西湖泛舟〕這幅畫時，她興奮地指著畫中的小樓說：「這是西湖的裡湖，比較清靜，我們在這裡寫生的時候，就是住在這棟小樓裡。」袁樞真有一會兒的靜默，我抬頭才發現，原來她哭了起來。不堪的不知是往事還是現實？！

老畫家李石樵說：「看陳澄波的畫，你會覺得他是很快樂的在作畫，他把整個生命都投注在畫面上。也許他在畫面處理上有些不妥當的地方，可是在他那全部投入的精神狀態下，這些不妥當都不成為問題了。這是最值得年輕人學習之處。作畫時如果要考慮能不能賣，能不能討人喜歡、引人注意，那有多痛苦啊！」

陳進女士也憶起當年，陳澄波的入選帝展是叫人既興奮又羨慕的消息；當時她在東京唸美術，由於同姓，班上的老師還問她是否與陳君有什麼親戚關係？由這件事也可看出，入選帝展之受重視。陳進認為陳澄波的畫風純粹是他個人的，你無法把他歸入什麼畫派。

陳澄波是臺灣第一位學院畫家，但陳景容認為稱他為學院畫家實在不適合。他說，他的素描雖不怎麼細膩或面面俱到，可是在動勢的把握上卻有獨到之處。整個來說，他的畫稚拙、活潑。陳景容曾在國外研習修護古畫，他在會場親自動手修補陳澄波的〔祖母像〕。

畫家陳正雄說：「與其稱陳澄波為學院中的素人畫家，不如稱他為『臺灣油畫第一人』。他雖然不像野獸派畫家那樣使用強烈的原色，可是某些畫面構圖的簡單化以及線條都相當接近野獸派，可惜死得太早，否則等他的色彩把握得更好時，將有更大的成就。」

陳奇祿教授認為陳澄波的畫裡，有一種可愛可親的樸拙。潘元石說他畫風篤實，這種特質在今天年輕一代的畫家作品裡，已經無法尋得，此外，陳澄波是這樣一位愛自己故鄉、家園、祖國的人，這一點值得每一個人向他學習。屬於最年輕一代的畫家陳嘉仁，他承認確有看古畫的感覺，陳澄波的構圖、設色都完全和現一代的不同了，很明顯地已經隔了一代。

在那個時代，那樣的環境裡，產生了陳澄波這樣的畫家。隔了迢遙的時空，藉著他的作品我們得以和他會見。他一生追求的無非是一個人與人之間更親密、更和諧的世界。他未完成的，下一代的我們能否往前再推進一些呢？

對陳澄波的家屬而言，這次展出具有多重意義。舉行遺作展、出版畫集，是陳老太太含辛茹苦三十二年來最大的心願。今年老太太八十歲大壽，也是陳先生八十五歲冥誕紀念。陳氏家屬與本刊盡

了最大的努力將其作品與文字資料做了詳盡的整理，我們發現有許多作品因為收存方式不當，畫面油彩有剝落的現象，適切的修補工作是必要考慮的；往後這些作品該如何來收藏，也是一個重要的問題。此外，相信仍有若干我們（包括陳氏家族）未見過的陳氏作品被人收藏著，希望能主動提供線索，讓我們拍攝照片做成資料。這樣將能使得陳澄波一生各個時期作品的風貌更為清晰完整。

—原載《雄獅美術》第107期，頁96-97，1980.1，臺北：雄獅美術月刊社

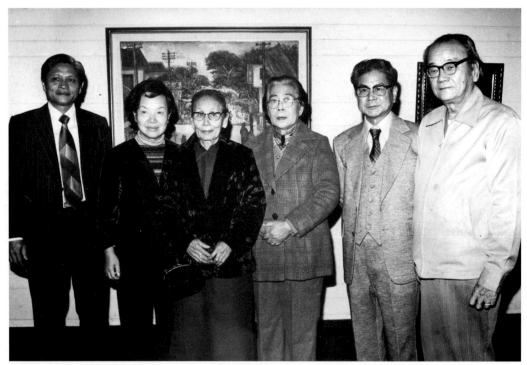

陳重光、袁樞真、張捷、陳進、蒲添生、李石樵（左起）攝於展場。

---

1. 編註：〔清流〕參展1929年第三回臺灣美術展覽會時名為〔西湖斷橋ノ殘雪〕，故所畫應非秋天的西湖。

1955-1980論評總目錄

No.	類別	日期	作者	標題	出處	卷期/版次	頁數	出版者	收錄
1	專論	1955.3.5	王白淵	臺灣美術運動史	臺北文物	第3卷第4期	頁16-64	臺北：臺北市文獻委員會	○ 節錄
2	專論	1955.3.5	王一剛	臺展・府展	臺北文物	第3卷第4期	頁65-69	臺北：臺北市文獻委員會	
3	報導	1967.6.6	楊宏志	臺陽美協卅年　舉辦作品展覽　展出作品百七十件	中央日報	第6版		臺北：中央日報社	○
4	專論	1973.11	可人	臺灣畫壇早期畫家陳澄波先生	雄獅美術	第33期	頁110-114	臺北：雄獅美術月刊社	
5	專論	1975.8	謝里法	日治時代（一八九五─一九四五）臺灣美術運動史　第一部新美術的黎明時代	藝術家	第1卷第3期	頁95-108	臺北：藝術家雜誌社	
6	報導	1977.9.5		臺陽美展明天揭幕　作品包括四類兩百件	中央日報	第6版		臺北：中央日報社	○
7	報導	1977.9.8	陳長華	臺陽展・四十年	聯合報	第9版		臺北：聯合報社	
8	報導	1977.9.8	林馨琴	「臺陽」美展的幾位「元老」作品！	中國時報	第7版		臺北：中國時報社	
9	報導	1979.3.25	陳小凌	慶祝美術節・緬懷油彩滴成的路　光復前臺灣美術回顧展	民生報	第7版		臺北：民生報社	
10	專論	1979.6	口述／張義雄、執筆／陳重光	陳澄波老師與我	雄獅美術	第100期	頁125-129	臺北：雄獅美術月刊社	○
11	報導	1979.11.25		陳澄波遺作即展出	中國時報	第9版		臺北：中國時報社	
12	報導	1979.11.28	胡再華	陳澄波率真畫如人　倡美運認真影響深	中國時報	第9版		臺北：中國時報社	
13	報導	1979.11.28	張芬馥	陳澄波落葉歸根	民族晚報			臺北：民族晚報社	
14	報導	1979.11.28		王友俊國畫展昨天揭幕　春之藝廊展陳澄波遺作　李仲生前衛畫展明結束	民生報	第7版		臺北：民生報社	
15	報導	1979.11.28	蔡文怡	陳澄波的畫充滿稚拙妙趣　去世已卅二年遺作今展出	中央日報	第9版		臺北：中央日報社	○
16	報導	1979.11.29		陳澄波的畫充滿稚拙妙趣　去世已卅二年　遺作今展出	中央日報（航空版）			臺北：中央日報社	
17	報導	1979.11.29	鄭木金	陳澄波遺作長留愛國情	青年戰士報			臺北：青年戰士報社	
18	報導	1979.11.29		陳澄波遺作展　三件作品昨遭破壞	中國時報	第9版		臺北：中國時報社	
19	報導	1979.11.29	陳小凌	畫家陳澄波・遺作展出　生前諸友・回憶故人	民生報	第7版		臺北：民生報社	
20	專論	1979.11.29	王秋香	學院中的素人畫家　臺灣美術運動的先驅陳澄波	中國時報	第8版		臺北：中國時報社	
21	報導	1979.11.30		幽邃畫風氣質長留懷念　陳澄波遺作在北市展出　生前作品曾膺選全國十二油畫家之一	臺灣時報			高雄：臺灣時報社	
22	報導	1979.11.30		畫面污漬・疑系「霉斑」　陳澄波作品日內可復原	中國時報	第9版		臺北：中國時報社	
23	報導	1979.11.30		陳澄波遺畫作　並未遭到破壞	中央日報	第9版		臺北：中央日報社	○
24	報導	1979.12.1		謝副總統參觀陳澄波遺作展　稱讚他是位了不起的畫家	青年戰士報			臺北：青年戰士報社	
25	報導	1979.12.1		副總統謝東閔昨（卅）日到臺北春之藝廊參觀陳澄波遺作展覽	自立晚報			臺北：自立晚報社	
26	報導	1979.12.1		謝副總統昨參觀陳澄波遺作展	民生報	第7版		臺北：民生報社	
27	報導	1979.12.1		謝副總統昨參觀　陳澄波遺作畫展	中華日報			臺南：中華日報社	○
28	報導	1979.12.3	陳小凌	環境不良・畫也會「生病」　陳景容教授談畫的保養	民生報	第7版		臺北：民生報社	

No.	類別	日期	作者	標題	出處	卷期/版次	頁數	出版者	收錄
29	報導	1979.12.4		睹良人遺畫悲喜交織　陳老太太心願已達成　陳澄波個展觀眾絡繹不絕	臺灣時報			高雄：臺灣時報社	已收錄至14卷
30	專論	1979.12	謝里法	學院中的素人畫家——陳澄波	雄獅美術	第106期	頁16-59	臺北：雄獅美術月刊社	
31	專論	1979.12	林玉山	與陳澄波先生交遊之回憶	雄獅美術	第106期	頁60-67	臺北：雄獅美術月刊社	○
32	專論	1979.12	雄獅美術編輯部	學院中的素人畫家　陳澄波　臺灣美術運動的先驅	台灣美術家2　陳澄波		頁76-82	臺北：雄獅圖書公司	
33	專論	1979.12	雄獅美術編輯部	陳澄波的藝術觀	台灣美術家2　陳澄波		頁82-85	臺北：雄獅圖書公司	
34	專論	1979.12	陳重光	我的父親陳澄波	台灣美術家2　陳澄波		頁86-91	臺北：雄獅圖書公司	
35	報導	1980.1		團聚——記陳澄波遺作展	雄獅美術	第107期	頁96-97	臺北：雄獅美術月刊社	○

風雨中的長青樹
──讀「臺灣出土人物誌」引起的回憶（節錄）

文／巫永福

⑤

熱情有趣的樸實畫家
陳澄波（1895-1947）

陳澄波是我由日本回臺擔任臺中市臺灣新聞記者時，在臺中市中央書局相會認識，覺得他非常健談。之後，於一九七三年五月八日藉第三回合臺陽臺中移動展的機會，我們臺灣文藝聯盟會員於臺中市中洲俱樂部宴請臺陽展人員並開座談會。其時所拍的照片坐者右起洪瑞麟、李石樵、【陳澄波、】李梅樹、楊三郎、

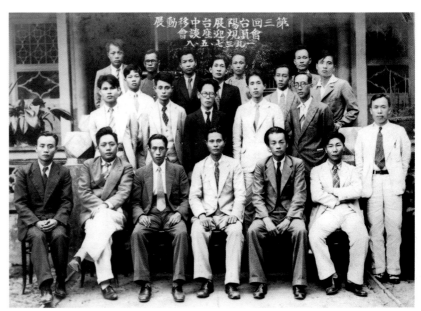

1937.5.8第三回臺陽展臺中移動展會員歡迎座談會紀念照。

陳德旺，前排立者右起張星建、林文騰、隔一人田中保雄（臺灣新聞社編輯）、楊逵，後排立者右起吳天賞、莊遂性、隔一人葉陶（楊逵夫人）、張深切、巫永福、莊銘鐺等成著我們的紀念照。其時他已是四十二歲的中年人，精神煥發，不太講究穿著，看來是非常樸實的鄉下人。但講起話來熱情有趣、熱愛中國、熱愛臺灣，使他希望一點一滴能貢獻於社會的使命感，洋溢於他的言談之中。

他的繪畫有梵谷的稚氣與風格，在臺灣的畫家中獨樹一格，這可能與他的天真，神經質及健談的性格有關聯。而他的熱愛臺灣、熱愛祖國，卻為了他曾去過大陸而通國語的緣故，致被國軍於光復後不久，槍斃於嘉義驛前廣場，真是莫大的諷刺，也是無可補救的悲劇。

──原載《自立晚報》1985.1.7-8，臺北：自立晚報社

裸女的讚歌・藝術的挑戰
藝術家怎樣表現人體美？
八位畫家四十件作品現真章

【本報訊】繪畫藝術的主題中，裸女是較難表現的體（題）材，然而不論畫家的專才為何，他們幾乎都躍躍欲試於這項挑戰。

今天起在雄獅畫廊展出的「裸女主題展」，展出八位知名畫家的四十件以裸女為題材的畫作、雕塑，展現藝術者真實的功力。

展出作品的畫家包括：陳澄波、楊三郎、劉啟祥、洪瑞麟、賴傳鑑、蒲浩明、施並錫、謝棟樑。

雄獅畫廊表示，翻開西方美術史，人體的讚歌在在都是，裸女藝術被視為崇高的美，歐洲充滿藝術氣氛的城市、公園、街角，處處可見。

而在國內，幾年前某銀行採用李石樵的三美圖做廣告火柴盒的圖樣，遭受取締；國父紀念館拒展裸女畫，可見裸體藝術始終處於尷尬地位。

雄獅畫廊希望藉這項展覽，幫助大家看見不同年齡階層的藝術工作者所表現的裸女作品，擴大視覺領域，或許不至於與世俗的色情觀念混淆。

雄獅畫廊位於敦化南路三百八十五號十樓，這項裸女主題展，展期二週。

—原載《民生報》第9版／文化新聞版，1985.8.7，臺北：民生報社

陳澄波
張張作品皆憑證
為畫癡狂苦一生

本報記者　黃寶萍

〔遠望玉山〕[1]是畫家陳澄波的最後遺作，畫裡油彩歷經四十載歲月，沉穩如昔，而畫家一生藝術心志，卻是以這幅小畫圈上猝然的句點，留下無限遺憾。

畫家的家屬因為提供作品給東之畫廊舉行紀念展，親自北上察看會場，就連畫家九十二歲的妻子張捷，也來到臺北，談起舊事，睹畫思人，家人忍不住神傷。

六十多年前，陳澄波辭去教職時，告訴陳（張）捷要赴日經商，卻是偷偷參加東京美術學校的考試，卅歲的陳澄波已是兩個女兒的父親，陳（張）捷最後同意了他的深造，除了擔起家庭生活重擔、為丈夫籌措學費，更要有一份寬容與諒解。

陳澄波在日本求學的過程，生活清苦，仍將節省的錢用來買書；張捷後來整理他的遺物，發現三分之二遭鼠咬蟲蛀，剩下卻還有四大箱書籍，畫家用功之勤由此可見。

生活的清苦，沒有阻絕畫家執著繪畫的態度，家人都記得陳澄波沒有畫室，經常出外寫生，為了看顏色、線條是否準確，常退到街的這頭看畫，他作畫的情形彷彿也成了嘉義街景。

陳澄波的過世，是家人最不願提起的往事。

陳澄波雖是省籍畫家，卻講得一口流利國語，以他古道熱腸的個性，也鼓動鄰人都說國語，成為地方上支持政府的藝術家。民國卅六年的「二二八」事件後，陳澄波一本熱心，帶著一些政府發放的慰問品分送鄰里，也想安撫鄉里間浮動的情緒，沒想到就在混亂狀況下，遭人槍擊喪命。[2]

重提往事，陳澄波的家人不勝唏噓，然而令他們驕傲的是：畫家的滿懷熱誠，對國家、對藝術，始終如一，一幅幅嘔心瀝血的創作，就是最好的證據了。

—原載《民生報》第8版／文化新聞，1988.3.8，臺北：民生報社

---

1. 編註：現名〔玉山積雪〕。
2. 編註：實際上，陳澄波當時是市參議員，與其他七人擔任和平談判代表，赴水上機場與國軍談和，不料卻被扣押，在沒有審判的情況下即被槍決於嘉義火車站前。

出生學院反學院
陳澄波畫作熱情奔放

【臺北訊】為了紀念臺灣早期畫家陳澄波逝世四十年，臺北市忠孝東路四段二一八號東之藝廊將於十二日起展出他的二十多件油畫及水彩代表作。

陳澄波民國前十七年出生於嘉義，十九歲考進國語學校師範科，接受日本水彩畫家石川欽一郎啟蒙；民國十三年到東京美術學校深造，同時在日本畫家岡田三郎助主持的「本鄉洋畫研究所」，進修素描五年。

民國十五年，陳澄波以〔嘉義街外〕入選日本「帝展」，這是第一位以油畫作品入選「帝展」的臺灣畫家。

陳澄波於民國十八年到民國二十三（二）年間，應聘到上海新華藝專講學，並兼任昌明藝專主任。民國二十三年，他和畫友在臺北創立臺陽美術協會，光復以後，他並以畫家身分，膺選第一屆參議會議員。

陳澄波畫如其人，天真、熱情而充滿了奔

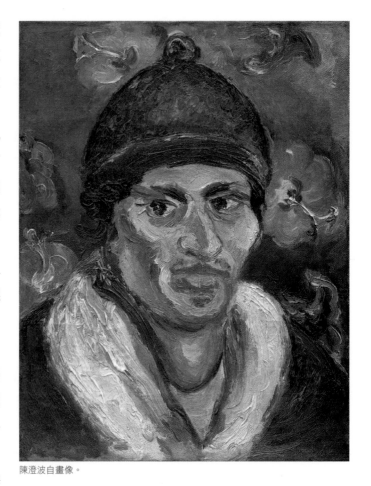

陳澄波自畫像。

放的個性。他早期雖然受學院訓練；但是作品往往有反學院的表現。他從西畫入手。在上海五年，對中國傳統繪畫曾下一番苦心，這對於他的創作有很深刻的啟示。

東之畫廊這次展出的陳澄波遺作，包括〔清流〕、〔蘇州運河〕、〔上海碼頭〕、〔嘉義公園〕、〔淡水風景〕、〔自畫像〕等。這些作品的年代距今五十年以上，純樸而踏實的繪畫經營，留給人深刻印象。

—原載《聯合報》第17版／文化・藝術，1988.3.11，臺北：聯合報社

畫壇前輩陳澄波被遺忘在二二八槍聲中
臺灣的「格列尼卡」在那裡？

記者　林白涓特稿

　　民國68年11月，首位入選日本帝選（展）的臺籍油畫家陳澄波，在悲慘離世32年後，所有作品終於公開面世。在這個由雄獅美術策劃、屬編年完整的畫展中，陳澄波所有之於臺灣美術的貢獻與個人成就均被詳細記述，就是在他生命最後一個年限——西元1947年以下空白。

　　陳澄波紀念畫展展期至12月9日止，次日（68年12月10日）高雄美麗島事件爆發了，陳氏死亡謎題又隨著「寒蟬若噤」的臺灣空氣，沒有出現答案。

　　事實上，陳澄波是當時仍忌諱的二二八事件中慘遭槍決暴屍的臺灣第一代西洋美術精英、熱情的政治議士。

　　然而，陳澄波當時的藝友與後學者，有沒有人拿起彩筆悄悄為他畫下槍聲下燦爛如花的生命，以及紀念那回歷史、重申人道精神、喚醒臺灣人民尊嚴的美術作品。

　　作家楊青矗指出，除為宣傳用意的政治畫，美術反映政治活動、社會現象的作品向來不多。臺灣二二八事件受震撼者為政治、知識分子，藝術家少付諸關心，而持續以下為白色恐怖時期，沈埋40餘年的歷史少有人去回顧，如今要回溯將歷史表現於畫風上，有心人雖絕非不可能，但必然遭遇時空隔閡、歷史認識與技術表達等困難。

　　前年，因五二〇農民運動，美術界一時有莊世和、陳來興、吳瑪悧等多位藝術家運用不同媒材方式呈現批判性作品展覽，藝術結合現實在此一風氣初開階段，藝評家認為作品反映時代或批判的社會意義上仍大於藝術性許多。

　　臺灣美術史研究者李欽賢也認為，美術反映社會思考的確較文學、音樂等緩慢、困難許多，臺灣本土文藝發展的進程最早也由70年代鄉土文學開風氣，而後校園民歌手尋根唱起民謠或創作，最後才引發美術家重新整理。老畫家作品、生活紀錄，直到鄉土題材過於廣泛濫情，才結束這個時期走回現代。

　　李欽賢說，現代美術家至今未發出時代的聲音，大部分也因自足於藝術自由浪漫的情境。但可肯定的是，臺灣老一輩畫家已不可能對二二八有所表示，年輕一代最要突破的是減低教條式、提高藝術性手法，追求成就純藝術的境界。

　　美術評論家林惺嶽說：1989年，畢卡索的〔格列尼卡〕來到臺灣，這件本世紀最偉大的傑作潛在著巨大的啟發性，「它」像一面鏡子，不但透視出一代天才對專制獨裁與戰爭暴力的強烈控訴，也展開出遼闊的時代背景與驚心動魄的歷史事件，從直覺的觀照及內省反思中，能映現我們自己，我們是否也該有自己的〔格列尼卡〕？

——原載《首都早報》藝文，1990.2.28，臺北：首都早報社

老畫家軼作遺屬藏
睹物思人　餘味無窮

記者　黃寶萍／報導

　　儘管美術館等官方單位相當重視本土前輩畫家，但整理他們的作品的腳步卻不及畫作腐壞的速度。畫家或家屬只得憑各自的能力維護。

　　李梅樹的家屬、陳植棋的兒子分別陳列父親的作品。最近，陳澄波的長子陳重光也重新整理父親的畫作，將過去不為外界所知的作品、資料公諸於世。

　　陳重光指著家中一幅簡筆觀音山寫生圖，要訪客猜猜那是誰的作品？沒有人猜對。陳重光卸下鏡框，背面赫然出現：「昭和16年春淡水觀音山寫生紀念」，署名「李梅樹、林玉山、陳澄波、楊佐三郎、中村敬輝、郭雪湖」，昭和16年即民國31年，楊佐三郎即是楊三郎、中村敬輝即陳敬輝。

　　諸如此類的資料，無疑是整理當時臺灣畫家往來的重要輔證；令人驚訝的，陳重光還保有潘天壽、林玉山等人送給陳澄波的畫作。

　　陳重光和母親張捷指著一幅幅畫作，向訪客一一說明，一面述說著往事，94歲的張捷依然耳聰目明，提到陳澄波因二二八事件被槍斃，竟然有人將他送的畫燒掉，老太太也憤憤的說：「把畫送還給我們也好，哪裡要燒掉！」

　　如果不是這些悲慘往事，陳重光如今必然可以為父親存留更完整的面貌。不過。他唯一的希望是：好好的將父親作品整理保存下來，藝術將是最好的證明。

　　—原載《民生報》第14版／文化新聞，
　　　　1990.6.7，臺北：民生報社

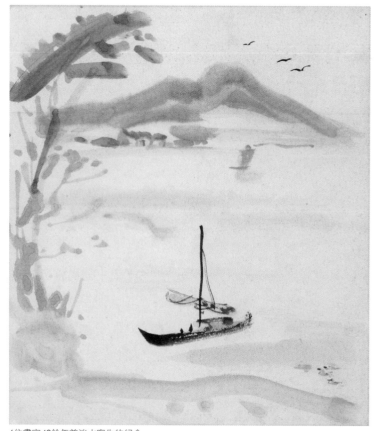

6位畫家40餘年前淡水寫生的紀念。

1981-1990論評總目錄

No.	類別	日期	作者	標題	出處	卷期/版次	頁數	出版者	收錄
1	報導	1981.12	依凡	陳澄波的人體速寫	藝術家	第79期	頁201	臺北：藝術家雜誌社	
2	報導	1981.12	銘昇	陳澄波人體速寫遺作展	雄獅美術	第130期	頁141	臺北：雄獅美術月刊社	
3	報導	1982.7.4	楊淑慧	篳路藍縷‧發起「臺灣美術運動」 陳澄波逝矣 青山依舊在 藝壇後繼者 幾度夕陽紅 維茵藝廊舉辦前輩美術家聯展‧意義不凡	自立晚報			臺北：自立晚報社	
4	專論	1982.7.12	也寐	第一個畫會——七星畫壇	中國時報	第12版		臺北：中國時報社	
5	專論	1983.6.22	莊世和	‧美術筆記‧ 陳澄波（上）（下）	臺灣時報	第12版		高雄：臺灣時報社	
6	專論	1985.1.8	巫永福	風雨中的長青樹——讀「臺灣出土人物誌」引起的回憶	自立晚報			臺北：自立晚報社	○ 節錄
7	專論	1985.2.2	莊永明	我，就是油彩	自立晚報			臺北：自立晚報社	
8	報導	1985.2.13	陳小凌	回顧臺灣團體畫會的興起 展覽揭幕 憶當年看當前 老畫家感慨繫之 珍視前輩心血 年輕人用心可貴	民生報	第9版／文化新聞版		臺北：民生報社	
9	報導	1985.8.7		裸女的讚歌‧藝術的挑戰 藝術家怎樣表現人體美？ 八位畫家四十件作品現真章	民生報	第9版／文化新聞版		臺北：民生報社	○
10	報導	1985	楊淑慧	蓬島畫壇淵源長 承先啟後筆留芳 維茵藝廊將辦美術史回顧展	自立晚報			臺北：自立晚報社	
11	專論	1987.1	李欽賢	臺灣新美術草創期的尖兵——陳澄波	臺灣近代名人誌（第二冊）		頁131-141	臺北：自立晚報出版社	
12	專論	1987.4	邱奕松	美之化身——陳澄波	嘉義市文獻	第3期	頁47-72	嘉義：嘉義市政府	
13	報導	1988.3.8	黃寶萍	陳澄波 張張作品皆憑證 為畫癡狂苦一生	民生報	第8版／文化新聞		臺北：民生報社	○
14	報導	1988.3.8		紀念展 睹畫思人	民生報	第8版／文化新聞		臺北：民生報社	
15	報導	1988.3.9	董雲霞	學院中的素人畫家 緬懷日據時代臺灣美術運動先驅陳澄波先生	中國時報	第24版／文化版		臺北：中國時報社	
16	報導	1988.3.11		出生學院反學院 陳澄波畫作熱情奔放	聯合報	第17版／文化‧藝術		臺北：聯合報社	○
17	報導	1988.3.16	徐海玲	天真熱情 陳澄波畫如其人	自立晚報	第12版／文化掃瞄		臺北：自立晚報社	
18	專論	1988.3.20	黃翰荻	陳澄波作品試詮	自由時報			臺北：自由時報社	
19	報導	1988.3	煥獻	陳澄波油畫紀念展	藝術家	第154期	頁200-202	臺北：藝術家雜誌社	
20	報導	1988.3	劉煥獻	美術節特展／陳澄波油畫紀念展 藝術就是他的一生 他就是油彩的化身	藝聲月刊	第25期	頁6-7	臺北：藝聲雜誌社	
21	報導	1988.4.28		省美術館典藏作品昨票選決定 本年將動用新台幣一千萬元購置廿三件	民生報	第9版／文化新聞		臺北：民生報社	
22	報導	1988.4.28	黃寶萍	省美典藏‧今年較具規模 爭議不免 步調猶待穩健客觀	民生報	第9版／文化新聞		臺北：民生報社	
23	報導	1988.4.29	陳長華	迎接美術館時代系列之一 從事膽大心細的投資	聯合報	第17版／文化‧藝術		臺北：聯合報社	
24	報導	1988.6.5	黃寶萍	老畫家唱「高」調 不怕和寡 畫廊傷腦筋 價格控制不住	民生報	第8版／文化新聞		臺北：民生報社	
25	專論	1988.6.27	林惺嶽	讓我們共擁一個希望——參加省立美術館開館典禮有感	中時晚報	第9版／新影藝		臺北：中時晚報社	
26	專論	1988.9	謝里法	學院中的素人畫家——陳澄波	台灣出土人物誌		頁191-231	臺北：前衛出版社	
27	專論	1988.11.20	莊永明	有牽手味的棉被	民眾日報	第8版／文化		高雄：民眾日報社	
28	專論	1989.1-2	楊啟東	陳澄波的人與他的藝術	臺灣文藝	第115期	頁140-151	臺中：臺灣文藝雜誌社	

No.	類別	日期	作者	標題	出處	卷期/版次	頁數	出版者	收錄
29	專論	1989.11	也寐	我，就是油彩——臺灣第一位油畫家陳澄波	大同雜誌	第71卷第11期	頁50-56	臺北：大同雜誌社	
30	報導	1989.12.27	孫太山	臺灣畫壇開拓者　陳澄波油畫作品身價非凡	民眾日報			高雄：民眾日報社	
31	報導	1990.1.3	黃寶萍	假畫在市場翻雲覆雨　收藏家購買畫作　謹慎為宜	民生報	第14版／文化新聞		臺北：民生報社	
32	專論	1990.1	顏娟英	寫生與自畫像　現代美術的萌芽	雄獅美術	第227期	頁87-94	臺北：雄獅美術月刊社	
33	專論	1990.1	林惺嶽	論臺灣的美術團體及其發展	雄獅美術	第227期	頁94-101	臺北：雄獅美術月刊社	
34	專論	1990.2.1	李欽賢	臺灣畫家的本土風光入選「帝展」：一九二〇年代末陳澄波、陳植棋與東京畫壇	現代美術	第28期	頁39-41	臺北：臺北市立美術館	
35	報導	1990.2.9	陳長華	市美館兩大特展　回顧臺灣早期西洋美術　品賞水晶玻璃大師之作	聯合報	第17版／文化‧藝術		臺北：聯合報社	
36	報導	1990.2.10		臺灣早期西洋美術回顧展　蒐集日、臺作品為歷史補白	臺灣時報	第24版／綜藝天地		高雄：臺灣時報社	
37	報導	1990.2.13	林白涓	回溯臺灣美術源流　找尋文化情懷憶往	首都早報			臺北：首都早報社	
38	專論	1990.2.20	李筱峯	228事件消失的臺灣菁英　陳澄波	首都早報	第9版／文化		臺北：首都早報社	
39	專論	1990.2.28	徐海玲	我的家庭	自立早報	第12版／當代文化		臺北：自立早報社	
40	專論	1990.2.28	李梅齡	二二八文化斲傷省思專輯　②美術界　陳澄波殉難　文化仕紳隱退　臺灣政界藝文菁英盡退，金權勢力隨之取替	中國時報	第68版／文化新聞		臺北：中國時報社	已收錄至14卷
41	專論	1990.2.28	林白涓	畫壇前輩陳澄波被遺忘在二二八槍聲中　臺灣的「格列尼卡」在那裡？	首都早報			臺北：首都早報社	○
42	專論	1990.2	李筱峰	陳澄波	二二八消失的台灣菁英		頁236-245	臺北：自立晚報社文化出版部	
43	報導	1990.5.9	陳長華	一幅年少的畫　一段悲情傳奇　陳澄波　西湖風景首度露面	聯合報	第17版／文化‧藝術		臺北：聯合報社	
44	報導	1990.5.24	李梅齡	看假畫說真話	中國時報	第17版／文化藝術		臺北：中國時報社	
45	報導	1990.6.7	黃寶萍	老畫家軼作遺屬藏　睹物思人　餘味無窮	民生報	第14版／文化新聞		臺北：民生報社	○
46	報導	1990.6.15	黃寶萍	假畫惱人陳澄波藏家受害　誠信　備受考驗‧契約　絕不可免	民生報	第14版／文化新聞		臺北：民生報社	
47	專論	1990.7.4	鄭乃銘	「時代脈絡下的人體畫」廿之二　陳澄波筆意豪放	自由時報	第8頁／綜藝熱線		臺北：自由時報社	
48	報導	1990.8.26	鄭乃銘	彩繪生生世世的最愛　牽手走過長路	自由時報	第8頁／綜藝熱線		臺北：自由時報社	

誰來救救前輩畫家作品？

　　陳澄波是「二二八」事件中，受到波及的臺灣畫家，很長的一段時間，他的作品都被偷偷收藏起來，很少有人敢拿出來掛，如今，他的十幾幅畫作，因為缺乏維護使得畫面受損頗重，令人看了不勝唏噓。

　　【記者鄭乃銘／特稿】飛元藝術中心原計劃於九月推出「陳澄波、廖繼春油畫展」，但由於廖繼春的作品，在真偽方面引起極大爭議，畫廊於展前一星期臨時決定不展出廖繼春畫作，以避免屆時惹來無謂是非。因此，陳澄波作品數量也加重比率，形成一獨立作品展。

　　祇是，十幾幅畫作，因為缺乏維護使得畫面受損頗重，令人看了備感可惜。此般情況，的確教人對國內藝術品無法受到維修所暴露的嚴重情形，不得不有「誰來救救前輩畫家作品」之嘆。

　　陳澄波（1895-1947），是帶動臺灣繪畫運動的先鋒之一，他的作品有著一份純樸、稚真的氣質，著名藝評家謝里法曾說他是「學院中的素人畫家」，足見陳澄波作品所透露的親切語言。

　　由於，陳澄波是「二二八」事件中，受到波及的臺灣畫家。因此，很長一段時間，他的作品都被偷偷收藏起，很少有人敢拿出來掛。這段遭遇，當然有可能是陳澄波作品受到傷害的潛伏病因，另外或許也在家屬們對作品保護警覺心無強烈概念，愈加使得作品傷痕累累。

　　不過，值得正視的是國內始終缺乏一有力專責機構，可以為藝術品建築一個安全的防護措施，再因為美術館也無力為藝術品伸出援手，長久下來，我們這些國寶級藝術家作品焉能病情不加重。而一旦畫作受傷程度不儘快補修，日子一久，將更嚴重且難收拾。

　　在國內十分專精修補畫作的陳景容則提出呼籲，希望能儘快安排國際補畫專家來臺講習，加強臺灣這方面認識。而有關單位也可提出專款補助，以順利講習舉辦。「飛元」主持人葉銘勳也表示，如果畫作蒐藏者同意並信任畫廊，畫廊願意為這些作品尋求補修，至少讓受傷情況不再惡化。

　　可是，這種因應之道畢竟屬於救急，歸結原因仍在平時就該做好畫作維修暨認識。以歷史博物館典藏的常玉作品為例，作品不但豐且精，卻也遭受維護不力後果。而去年十月展出時，史博館曾允諾藝術界將儘速延請國外修補專家來臺會診。爾今；允諾仍清晰，時間則轉眼將滿一年，我們的史博館依舊三緘其口，毫無下聞。或許，下次如有常玉畫展，大概某些畫作得以「拼圖」方式組合起來，你我才有福欣賞。

　　臺灣近年來高喊藝術文化建設，而在新的藝術創作受鼓勵之餘，也應該回頭看看已故藝術家作品的「健康」情況，尤其是一些屬於臺灣美術運動的前輩藝術作品，它們皆見證時代演繹軌跡，如一旦

不加以珍惜，恐怕再也無緣與後代子孫有見面機會。仔細想想，十年、二十午後，美術館陳列前輩藝術家作品的櫥窗，如一片空蕩蕩景象，會是如何一種怵目驚心感覺。趁著現在還來得及，請「救救前輩畫家作品」吧！！

—原載《自由時報》第12頁／藝術文化，1991.9.10，臺北：自由時報社

美術顯學墾荒初見收成
臺灣美術全集出版了　陳澄波專卷昨天發表

記者　黃寶萍／報導

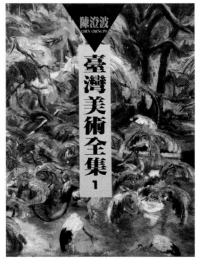

《臺灣美術全集1　陳澄波》封面。

對於二二八事件而逝世的畫家陳澄波的家屬而言，昨天「臺灣美術全集──陳澄波專卷」的發表，無疑是等待了45年而終於來臨的一刻。

在二二八事件陰影強烈籠罩的時代，畫家家屬不敢奢望有這樣的一本畫集，後來雖有人談起出版的事，但一直沒有實現；陳澄波的長子陳重光表示，近幾年陸續有人向他索取資料，他都不相信真能夠為父親做一本畫冊。

昨天，陳澄波的94歲遺孀張捷，坐著輪椅帶著一家人到臺北市立美術館，參加新書發表會，由此可見他們對此事的重視。

國策顧問陳奇祿博士、師大美術研究所教授王秀雄在發表會致詞時都指出，過去臺灣對本土美術的熟悉程度反不及西洋美術，而今情況已大為扭轉；陳奇祿並認為，臺灣美術已成為顯學，「臺灣美術全集」的出版勢必引起臺灣美術發展的關懷和熱心。

國立藝術學院教授林惺嶽表示，以陳澄波專卷為第一本，意義重大，這是對他悼念和推崇，同時，這本書的完成多得力戰後出生的新生代，也代表歷史傷痕會由新生代來彌補，這是令人安慰的。

林惺嶽又從另一個角度來談論臺灣美術全集的出版。他說，9年前有一名英國研究生來臺研究臺灣美術，一年後無功而返，因為找不到資料，他對林惺嶽說，很難相信臺灣的經濟發達，美術資料居然停留於「荒蕪」階段。臺灣美術全集的出版總算跨出第一步。

陳澄波的外孫、雕塑家蒲浩明，昨天將他塑的畫家塑像呈給外祖母張捷，做為一分獻禮。

臺灣美術全集預計將出版20卷，陳澄波專卷是第一本。

—原載《民生報》第14版／文化新聞，1992.2.24，臺北：民生報社

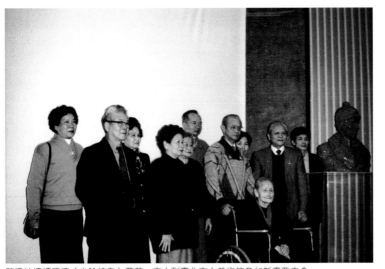

陳澄波遺孀張捷（坐輪椅者）帶著一家人到臺北市立美術館參加新書發表會。

77

打破美感的禁忌
懷念父親陳澄波

口述／陳重光、文／王貞文

一、親情與畫的回憶

　　放在腳踏車前座的小藤椅，曾經載著我的孩子們、孫兒們在嘉義的街道上到處繞著。我會指著招牌上的字教他們認字，也會在車子靜靜向前滑動的時候，教他們唱兒歌，或是說說小時候的回憶。那時，我就會想起父親。

　　父親也曾像這樣，用腳踏車載著我往郊外到處兜風寫生。他愛大自然，因為大自然不但是他繪畫的靈感來源，也是他的畫室呢！他大部分的畫，都是在戶外完成的。

　　好幾次父親在街上、公園、風景名勝寫生，都讓我跟著，因此，我也可以見到畫畫的時候的父親。父親畫畫的時候，總是聚精會神地，像是把全副身心都投入畫畫的活動中。記得有一次，隨父親在公園畫幾棵椰子樹，父親握著畫筆一端，蘸著飽飽的顏料，急速地畫出樹葉，那氣勢，好像和敵人拿著武士刀在決鬥的樣子，進入與畫面做生死決鬥的狀態。這一幕令我印象深刻而感動著。

　　還記得有一次父親在嘉義公園寫生，帶著小外孫秀齡同去，為了畫中的一棵椰子樹，父親也是把全副精神放上去，秀齡在一旁喊了多次「阿公！」他居然都沒有聽見。真正是達到「無我」的境界。

　　有時父親無法畫出理想中的畫作時，會把整個畫面摧毀，擲下畫板、畫筆，搥胸嘆息，甚至痛哭流淚。

　　除了自畫像、全家福，父親的人像畫作品很稀少。他為五歲的時候的我所畫的畫像，對我來說，是表現父愛的作品。那時全家在上海，我穿著那時上海最流行的紅色套裝，戴著毛線織成的紅條紋圓

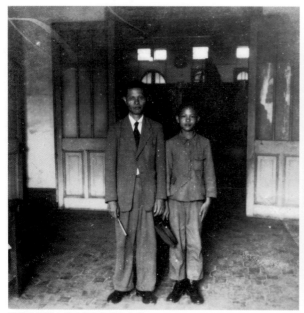

陳重光就讀中學時期與陳澄波合影。

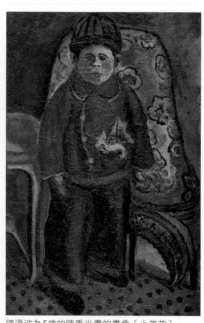

陳澄波為5歲的陳重光畫的畫像〔小弟弟〕。

帽，腳上套著黑色皮靴，得意地站在桌椅間。這是在一九三一年完成的二十五F的油畫。父親似乎在畫裡注入了他的關心和期待，期待這個孩子快長大，好對社會人群有所貢獻。

　　隨著父親揹著畫架在郊外消磨許多時日的我，並不打算像父親那樣成為一個畫家。父親對我們幾個子女的生涯並沒有既定的限制，他是一位開明的家長。他總認為，做什麼都好，只要對社會有貢獻。二次大戰之後，我打算進入臺灣師範學院的史地系。父親毫無保留地贊成了，還說，這對國家的將來是很重要的，要我好好唸，將來把史地的教育做好。

　　於是在父親的鼓勵下，我走自己的路。對於父親的藝術，我始終以一個業餘者的眼光欣賞著。那些畫掛在家裡，和我朝夕相處，久了，也有著很特殊的情感。我雖不是專業的評論者，但也很愛談談對父親的畫的看法。

二、大自然裡的畫家

　　臺灣被日本人稱為「常夏之國」，一年四季，樹上、草上，生機盎然地變化著不同的綠，由新葉的嫩綠到蓊鬱的深綠；在秋季，微微枯黃的色澤在陽光下有金色的光影，但常綠的樹卻還是一片綠光。在大自然中合（和）諧美妙的色彩是父親最愛的畫題，他用他的畫筆把臺灣的活動表現出來了。

　　父親畫臺南長榮女中學生宿舍（一九四一），把白色樓房周圍層層疊疊的綠樹、草地畫得錯落有致，中央偏左，在大樹前，有一棵小樹，呈現非常耀眼的黃綠色。這一株小樹使整個畫面鮮活起來了。那些色彩彼此爭鳴著，像是唱著活潑的樂曲，有豐富的和聲，但不衝突。因為這是臺灣，是溫潤

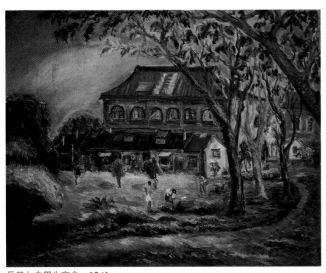

長榮女中學生宿舍　1941

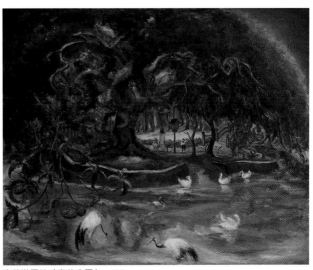

嘉義遊園地（嘉義公園）1937

的亞熱帶。沒有驕陽使景物投下過分深暗的影子，沒有猛烈的寒風使畫面陰寒。這也是父親的內心世界吧？對藝術的熱情和對人的關懷，在他的心中熱烈地交織著，協和而無衝突。

那熟悉的嘉義公園的景色，在父親筆下也有一個生動的面貌：鳳凰木的樹蔭下，白鵝和鶴悠閒地戲著水。整個畫面都籠罩在一片蓊鬱的深綠中。讓人也感受到那份蔭涼。遠方的林子和這片綠蔭之間，因為有了陽光的照射，所以有了一小片淡綠的色彩。右方有紅色小橋，前方有幾點紅色鳳凰花。這可能被處理得很俗麗的景色，在父親的筆下，卻顯得平和、安閒、幽靜。

父親對這些風景有一種真誠的關心。他總好像要告訴觀者，那邊還有些什麼特別的。所以，畫面總是被裝得滿滿的。幾幅描繪淡水的大幅油畫，好像在指引著觀畫者，那些山上的崎嶇小路會到哪裡去。觀畫者除了像一般欣賞印象派繪畫那樣遠遠注視畫的全貌之外，不自禁會想把視線凝在不同的角落，通過不同的焦點去探究一條路的盡頭、一扇門的後面、橋的那一端……。就在那些地方，畫家也曾注入他的關懷。因此，父親的畫相當深刻耐看。

在寫生的時候，他的身邊經常圍繞了一票人觀賞評論著，父親非但不討厭他們，反而虛心地向他們請教。不管圍觀的人是小孩、成人、工人、農人、公教人員，他都要請他們提供意見。在海邊畫魚船、漁夫海釣情景，他一定要請漁夫對他所畫的畫批評一番。在山裡畫畫，就要請教林務人員了。一九三五年，他在山上畫〔春天的阿里山〕，其中的一棵檜木，他就特別請教林務人員說：「你看我這棵樹，樹齡有多大？」林務人員說：「最少六百年以上。」他才放心。

通過這類交談，再努力修改著畫面，父親的畫，因此才有一股特殊的鄉土味吧？他的畫是有親和力的畫。

我出生不久，全家搬到嘉義市蘭井街二五一號，這是分家得來的祖產，因為馬路重劃，被分割得只剩不到二〇坪。這是一幢木造的二層樓房，客廳卻只有三坪大，因此，根本沒有辦法設置畫室。記得小時候，聽到父親對來看畫的客人笑著說：「我的畫室是在大自然裡，所以在家裡就不需要畫室了。」但是，其實還是有許多不方便的地方。四十號以上的油畫要修改時，常要跑到街道上望進來，距離才夠看清整個畫面。記者來訪，也要站在街上才能為父親的畫照相。

現在臺灣的畫家也許很難理解這種嚴重缺乏繪畫空間的情形，但是父親卻不介意，也不敢夢想在家裡要有一個自己的畫室，怡然地以大自然為家，創作一幅幅的畫。紀錄臺灣三十年代和四十年代的自然和人文景觀。

三、街道上的畫家

父親喜愛在街上描繪市井生活。在上海教書的時候，他畫了不少上海的街景，也常赴西湖、太湖等地寫生。蘇州運河旁的小街，小小的村鎮風景，都是他愛畫的景。熙來攘往的人群，悠閒的遊客，

都是他繪畫的對象。上海事變之後，父親匆匆讓我們先回到臺灣，在匆促之際，他還是畫了幾幅小幅的油畫，呈現出受戰火洗禮的上海街頭景象。

回到臺灣，熟悉的故里、熟悉的生活方式，熟悉的街道成為父親最主要的題裁（材），他畫了許多嘉義市街的景色，這些景色　然與他那樣密切，他就更仔細地表現出市街一幕幕的生活片段。

一九三四年他畫了一幅題為〔嘉義街中心〕的畫。五十F的畫面上，由電線桿巧妙分隔著的空間，呈現各種五十多年前

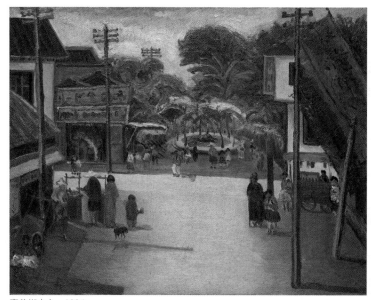

嘉義街中心　1934

臺灣街市上常見的景象：陰影裡等客人上門的人力車，賣冰的車子上排列著彈珠汽水瓶，賣肉丸的小擔子，穿長袍的婦女帶著穿小短裙的女孩逛街，甚至有一條狗在肉丸擔仔附近徘徊著。這樣一幕街景相當有生趣。今天我們觀看時，仍可以感受到那時代的街上的種種活動。

市街上來往的人，雖然面目模糊，但在父親的畫中，他們不只是點綴風景的小黑點，而是有著性格的人物。撐著傘走過「嘉義街外」的一對母女、徘徊在嘉義醫院門外的人、黃包車的拉夫和乘客、站著聊天的女孩，這些人似乎都在那裡訴說著什麼故事。因為形形色色的人物給畫面帶來的張力，使這些畫像是流動的，有著時間感。從這些畫面上可以感受到他對人群生活的關心，那些人似乎並不是單純為了美感而存在，也不因為美感的因素被略去。

父親想表現的是真實的生活，所以，那些礙眼難看的電線桿，他也都一一描繪，讓人一看就知道，這是個「現代」的社會，不是幻境美景。街市上、廟口、小街、公園的生活實景裡，投注有父親的熱情和關愛。從而保留了歷史的真實面貌。

父親對人、對社會很熱情，他關心社會的變遷，且有民族意識。他一方面用畫筆呈現他所關愛的社會，另一方面盡其所能地推動美術運動，和楊三郎先生等畫畫的同志舉辦「臺陽展」來和日人的官方「臺展」對抗。戰後，他更以極大的熱情準備在這一個新時代有所貢獻，他寫道：

「對於戰後的工作，如何使臺灣成為美術文化村的寶島，是有賴我們深思熟慮的。必須謹守國父遺囑，感懷先烈熱血灑遍野，我們必須努力來提高我中華在國際的地位，應該加倍努力，這是我們美術家的責任啊！所以必須受正大光明的完美教育，這是全臺人所引領期盼的啊！」

父親所畫的街景裡，想必也都蘊涵著這種期待的心境吧！他期許自己參與在國家社會往前進的潮流中。他也通過藝術與人群打成一片，引領觀畫的人也都成為這些街的參與者。因此我們在觀看這

些街景的時候，我們能夠毫不疏離地，甚至被吸引著，加入這些情景中去「神遊」。

四、打破美感的禁忌

畫家林玉山先生也同是嘉義人，那時和父親同在東京求學。他曾這樣評論父親：「他作畫所表現的風格很特別，譬如畫人體，胴體部分都畫得很不錯，惟有手、腳小部分甚覺稚拙異常，就是風景畫亦常常有違反透視及變形之出現。所以免不了使習於正常視覺之人感到奇怪。」

「其實作畫有用筆之妙，有畫趣之奇，又有格調之怪異等等。這皆出自作者本人之性格胸臆，卻不能勉強求之。」

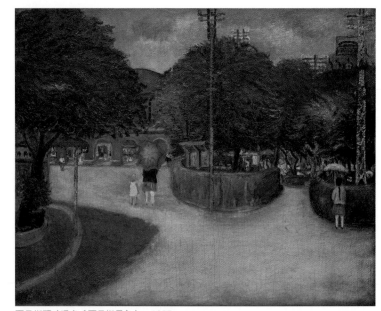

夏日街頭（現名〔夏日街景〕）　1927

「陳先生有此特殊奇趣的繪畫風格，完全出自他強烈的個性。難怪東京藝術學校西畫科老師田邊至先生對陳先生所交作業表示無法批改，曾說陳先生之繪畫有他獨特之性格，只好由他自由發表，不能勉強左右他云云。」

的確父親有一些畫，像是對一般的、傳統的美學觀念挑戰著。比如說一九二七年的作品〔夏日街頭〕，在畫面的正中央很怵目地豎著一根電線桿，像是把畫面畫分成均勻的兩半，一般畫家總是盡力避免這樣的構圖，或去掉電線桿，或挪到另一個角度，務要適應一些原則，避開呆板、笨拙。然而父親這幅畫，在中央這條垂直線條的威脅下，卻沒有顯得呆板，因為生趣盎然的綠樹圓圓的頂端，彎曲的道路和草地形成的弧線，巧妙地讓畫「活」了起來。那些電線桿矗立在那裡，彷彿是再自然不過的了。

在他一九二七（八）年所畫的自畫像，在背景部分畫上了許多金黃的花朵，而整個背景的色調和臉部的色調幾乎完全相同，和一般凸出主題的畫法有很大的不同。但是這幅自畫像並沒有因此使臉孔變成透明，或是與背景混成一片，反而能在很一致的色調當中，凸顯臉的表情和特色。

有人認為父親這種不在乎美感禁忌的大膽手法，使他成為一個學院派中具有素人氣質的畫家。然而我認為父親的學院功力確實相當有程度，才可能作出如此美妙的突破。只是他對藝術的熱情終身未消，作畫的態度也始終用盡全副精神，赤誠的心使他不同於人們所習慣的學院出身的畫家吧！

五、美術運動和民族主義情

父親為人熱誠，喜歡為人服務，對年輕一輩尤其親切。在上海教書的時候，儘管薪資微薄，遇到學生缺乏顏料，他還是會毫不吝惜地把自己的顏料擠到學生的調色板上。以那時薪金之少，顏料之昂貴，此舉是相當不容易的。因為父【親】對美術教育相當有熱情。戰後他便忙著給國民政府上書，認為應要設置美術館、美術學院，來啟蒙臺灣人民的美育。

父親的民族意識和他所期待的美術運動是結合在一起的。當他在東京求學期間，總是穿著臺灣衣服，不肯做套和服穿。那時他的民族意識已經顯露出來了。

在為孩子命名的時候，也都蘊藏著民族意識。長子命名重光，是期待臺灣能由日人的統治下脫離，重回故國懷抱之意；次子名為「前民」，表示並不屬日本政權統治下，而是「前朝之民」；三女名為「白梅」，是和粉紅的櫻花相抗的中國的象徵。

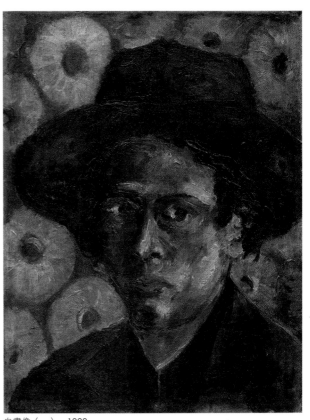

自畫像（一）　1928

父親致力於臺陽美術協會的活動，雖是一美術團體所帶動的美術運動，但是在那時的高壓環境難以明說，卻存於大家心裡的，是把它視為一個要使臺人揚眉吐氣、要與日人主持的官展相抗的活動。

臺陽美術協會所舉辦的臺陽展，在會員的努力下，後來果然有很好的迴響。畫家們把他們最好的畫送去日本參加「帝展」、「二科展」等，得到榮譽後，便送回臺灣加入「臺陽展」。次好的畫，他們才送到日人在臺灣這個殖民地所舉辦的「臺展」。一般的風評都認為臺陽展的程度比官辦臺展的程度要高。

臺陽展的審查是以民主的票選方式，努力要消除門派之限制。這個展覽後來持續了五十多年，父親若知道他們的努力有這樣的成績，一定很欣慰。

六、畫框之外

父親沒有眼見臺陽畫會在戰後的成長，也沒有辦法為新一代的美術教育盡什麼力量，因為他在一九四七年的二二八事件當中，以五十三歲的盛年，死在軍隊的槍下。

因為父親有很強烈的民族意識情懷，所以，在戰後歡騰而混亂的日子裡，擔任起各樣的公職來了。一九四五年，他擔任嘉義市各界歡迎國民政府籌備委員會副主任委員、嘉義市自治協會理事。一九四六年，一方面擔任臺灣省政府第一屆美術展覽會審查委員，一方面被選為嘉義市第一屆參議會參議員。

二二八事件發生後，嘉義市外省軍政民退守水上機場。嘉義市參議會和地方人士合力維持著嘉義市的治安。

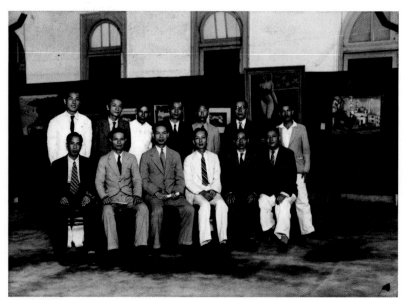

1937年陳澄波（前排左二）與臺陽展畫友攝於第三回臺陽展臺南移動展展場。

由南京政府派遣的鎮壓部隊由北南下後，嘉義市參議會為了不要再見到殺戮，派出代表柯麟、潘木枝、盧炳（鈵）欽、陳澄波等為「和平使者」，帶慰問品進入機場慰問外省軍民，並與之溝通。未料他們幾位立即被拘留起來。在一片風聲鶴唳之中，家人擔心不已，想盡辦法，但是無法探視，也不知將會如何？

三月二十四日，代表們被解至嘉義警局，但既未通知家屬，也沒有經過審判竟就在隔日將他們押到嘉義火車站槍決了。我們竟不能與父親會最後一面！

三月二十五日早上七點多，聽到即將槍殺「和平使」的風聞，二姊和我匆匆趕到警局附近，即遇到車隊。兩輛坐滿士兵的車後，是囚車。四位參議員被反手縛緊，身後插著有如前清斬首犯人的牌子。父親的目光投射過來，似乎看到我們姐弟……那時候的心情真是難以形容。

在人牆的簇擁下，我們聽到槍聲，然後，屍體被曝曬著，直到下午。

我們為父親舉行的告別式是在極度恐怖的氣氛下舉行的，當天每過二十分鐘，就有一輛滿載士兵的卡車經過門前，親戚朋友都嚇得不敢來。母親怕送葬路上再生變故，堅持只由家中女眷扶靈到墓地，我和弟弟是家中命脈，必須留在家中。所以，我甚至沒有送父親到墓地。

在二二八之後的那段日子裡，人人自危。有一位曾當選省議員的醫生太太，平日和父親交情頗深，家中也藏有父親的作品兩幅，父親死後，她怕受到牽連，竟把畫由牆上摘下燒掉了！[1]

畫框之外的世界如此詭譎，由政府引發的恐懼之火，竟可以毀壞畫中美好安寧的世界！父親曾寫道：「我，就是油彩！」然而，這管熾熱的油彩無法再盡興地去為他所摯愛的人群塗出美麗的景像了。

如果父親不在那時刻被殺，這四十多年來市街的變化是否會在他的筆下呈現呢？美術教育的進展是否會腳步加快呢？這些疑問，大概也只能問風了。

　　然而，現在我可以說出父親的死亡經過，總算對父親的一生有個清楚的交待。

—原載《藝術家》第34卷第2期，頁217-221，1992.2，臺北：藝術家雜誌社

---

1. 編註：後證實畫作並未被燒掉，詳見鄭乃銘〈兩幅油畫原以為已入火海　卻因自由時報而尋出　雖來不及參展　美術館中仍保留席位……趕上百年列車　陳澄波油畫浴火重生〉《自由時報》第28版／藝術文化‧影視資訊，1994.8.7，臺北：自由時報社。

本土第一代畫家陳澄波、畫家廖德政尊翁廖進平受難

二二八紀念美展
淡化悲情基調　消弭省籍裂痕

【記者鄭乃銘／特稿】一四七年的二二八事變，或許對現在大多數的年輕人而言。祇是一個數字暨緊跟著數字後面的一個政治名詞，鮮少對它有特別的認識。因此，當目前所謂「二二八紀念美展」被提出／呈現時，難免就會覺得為何二二八事件與美術竟聯結在一起呢？而臺灣的畫家們到底在這「二二八紀念美展」中，扮演著什麼樣的角色？

二二八之所以會與美術界產生關係，當然與本土第一代畫家陳澄波就是在二二八事件中受害有著極大肇因。另外，老畫家廖德政的父親廖進平亦是受波及受害，也是其中的主因。

在藝術家出版社所出版的《臺灣美術全集》第一卷「陳澄波專冊」裡，顏娟英很清楚地記錄著陳澄波的公子陳重光描述父親受害那一段緣由。「當時參議會決議派代表帶米、水果等去慰問、溝通意見，可說是和平使者，家父可能是會說國語作為代表之一。這樣一去就被綁，關在水上機場，大約一週後，未經通知與公開審判，三月廿四日被押回警察局，廿五日一大早，用卡車像京戲中所看到的土匪死犯一樣，押到嘉義火車站廣場前，包括家父等四位參議員一齊被槍殺」。

而廖德政回憶時說，父親廖進平早年反對帝國主義，常變賣土地以換取金錢從事政治活動，二二八事件發生不久竟告失蹤。直到四十年後，廖德政才間接獲得一份文件，方才明白廖進平被列為十七人主謀之一，失蹤地點是在觀音山下的八里。

正因為在整個二二八事件裡，潛藏著這麼一段較與美術界有關連的人，才使得繼去年二二八音樂會之後，有了今年的二二八紀念美展的產生。

本質上，二二八紀念美展所參與的畫家群，在年齡層的慨括面從陳澄波（一八九五）至劉長富（一九五一），堪稱不同年齡的畫家都有被包含。至於，在作品媒材上以油畫佔最多，水彩、雕塑亦有若干。整體而言，參展的作品並非是以發抒二二八事件為主題，更不是以泛政治性的濫情硬是在畫作價值上牽強附會，祇是純粹藉由藝術行為的詳和來對映出政治行為的詭譎難定，同時亦說明畫家創作軌路固然可記錄時代變遷面貌；但絕不意味作品就必須被泛政治行為所戲弄。這想來也是二二八紀念美展，值得被肯定的精神所在。

—原載《自由時報》第24頁，1993.2.21，臺北：自由時報社

陳澄波遺孀陳張捷女士四月廿二日辭世
未能目睹二二八事件平反與道歉　生前最大遺憾

在二二八受難的臺灣前輩畫家陳澄波遺孀陳張捷女士，於四月廿二日晚間因心臟麻痺逝世，享年九十六歲。這位一生含辛茹苦，全力支持丈夫陳澄波赴日本東京美術學校習畫，當陳澄波於二二八事件被槍決後，又獨自扶養五位子女長大成人[1]，並且悉心保存陳澄波生前畫作，為臺灣美術史保存了重要的歷史證言。她生前最大的遺憾就是未及親眼見到二二八事件的平反與道歉，而含恨地陪葬在丈夫的墓旁。

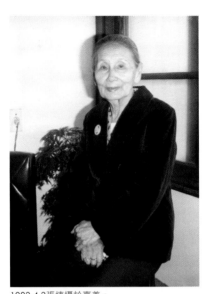

1983.4.3張捷攝於嘉義。

最近蘇富比以數百萬元之高價拍賣陳澄波生前名畫時，九十六歲的陳張捷女士已因年老體衰，精神恍惚地又陷入二二八的白色恐怖記憶中。她時常在昏昏沉沉中驚醒，叫著兒子陳重光要快去救丈夫陳澄波，或者送衣物去給他穿。如有客人來訪，她就會誤以為是警察、便衣來調查，而心生害怕，總是不斷地問是好人還是壞人？她也經常告訴兒媳：「年老身體不好，不如早點去找你爸爸！」四月廿二日晚間，她突因心肌梗塞不適，雖經急救，但十分鐘後，仍安詳辭世。

據了解，陳張捷女士是出身嘉義市南門望族張家，她的父親張濟美是地方名流，在日據時代當保正，也擔任教務委員，當年選中陳澄波為乘龍快婿時，他是嘉義第一公學校的訓導，並未展現美術才華。

當陳澄波一心嚮往赴日習繪時，缺乏旅費，無法成行。當時他的岳父宣稱，若是去日本習醫，將全力資助其完成學業，但若是去學美術，則免談。結果，陳澄波仍去日本東京美術學校進修，卻苦了妻子陳張捷女士，獨自承擔家計重負，她為人洗衣、剝花生維生並扶養子女，讓陳澄波無牽無掛地在日本和上海畫壇展（嶄）露頭角。因此，可以說，沒有陳張捷的支持，陳澄波是不可能全心投入美術創作。尤其在二二八陳澄波遇難後，不少收藏陳澄波畫作的人，因白色恐怖而燒掉其畫作，但是陳張捷女士卻在生活困頓、親友疏離的惡劣環境下，不但將子女教養成人，也將丈夫的作品一一保存下來，為臺灣的美術史留下不朽的作品。

目前陳張捷女士的遺體，將於五月二（四）日火化，擇定於五月十六日上午在嘉義市垂陽（楊）路其自宅，舉行告別式，暫時將其骨灰寄在增光寺，再於年底依其遺言與其夫陳澄波合葬。（記者／陳銘城）

—原載《自立早報》第12版，1993.4.29，臺北：自立早報社

---

1. 編註：陳澄波去世時，大女兒紫薇已嫁人，二女兒碧女擔任國小老師，大兒子重光正就讀省立臺灣師範學院，五個子女中有3人已成年。

臺灣畫壇第一人陳澄波百年祭紀念展
嘉市文化中心籌不出十五萬元保險費
兩幅千萬名作淡水黃昏淡水早晨嘉市民恐無緣觀賞
雲門舞集創辦人林懷民盼嘉市人捐款贊助使紀念展更完美

【記者張文—嘉市報導】八十三年全國藝文祭—陳澄波·嘉義人—美術家陳澄波百年祭，即將在嘉義市立文化中心登場，被譽為是臺灣畫壇第一人的陳澄波先生，目前兩幅被收藏價值在一千五百萬元新臺幣的〔淡水黃昏〕、〔淡水早晨〕作品，還是受制於十五萬元的保險費仍沒有著落，可能無法參展。

為美術家陳澄波百年祭熱身，帶起第一波高潮的，是雲門舞集的舞展，元月廿六、廿七日在省嘉工大禮堂演出的水鏡、緘默之島、稻香、國殤，創下十五年來藝術家在嘉義市演出罕見的爆滿記錄，其中稻香是林懷民第五十一齣最新的舞作，金黃的稻谷（穀）從天而降，佈滿舞台，令人耳目一新。而創團廿週年的紀念作「九歌」中的國殤，禮魂，則讓人心情沉重，結尾時百盞油燈，配上阿里山鄒族祭典中的歌聲，無比肅穆，表達了對一代畫家陳澄波的追思。

林懷民在兩場成功的演出後，曾當面向文化中心恭賀，嘉義應以擁有高水準的觀眾為榮，並表示雲門還會再回來，不過，林懷民最關切的，還是蘇富比拍賣會中，迭創高價的陳澄波〔淡水黃昏〕、〔淡水早晨〕，兩幅名畫的十五萬元保險費尚無著落，他再次呼籲嘉義人發揮「藝術心」、嘉義情，將捐款劃撥到雲門舞集文教基金會，帳戶一五二四〇三八二，註明陳澄波專案，雲門要協助百年紀念展更完美。

—原載《臺灣新聞報》第9版，1994.2.1，高雄：臺灣新聞報社

陳澄波作品中的空間表現及其相關問題

文／蕭瓊瑞

※本文使用的畫名，係根據臺北藝術家出版社《臺灣美術全集1　陳澄波》中所用的名稱。

　　隨著臺灣美術史研究的逐步推展，關於畫家陳澄波頗富傳奇色彩的生命歷程，和悲劇性的最終結局，人們已經有了更多的認識。如何對他遺留下來的眾多作品，能有更進一步的理解與體會，則是研究者值得繼續努力的工作。

　　歷來研究者曾對畫家作品提出種種解釋。這些解釋，表面上看來，彼此間似乎有所歧異；但仔細考察，其間歧異，主要是來自對畫家作品特質「形成原因」的不同解釋；而對畫面的特質，包括：「不安定性」、「未完成感」、「素人氣質」、「稚拙異常」、「變形」、「視覺上不自然」、「透視上未成熟」（違反透視）、「缺乏素描訓練」，或是「自我探索與學院式理性空間的衝突」，還是「後期印象派以後個人主義傾向」等等說法[1]，其實都有相當類通的地方。本文的興趣，即在企圖透過畫面的實際考察，指出造成研究者會有如此類通看法的真正因素？這些因素，事實上，也正是陳澄波與其他畫家不同的特質所在。

　　本文考察的重心，主要在陳氏作品中的「空間表現」問題上，並旁及一些與「空間表現」相關的其他問題。

　　依據視覺心理學的研究：人的視覺，對外界的變化，會自然產生一股抵抗力，去盡力維持物體原有的形狀、大小，與色彩。這種視覺傾向，即稱為「視覺恆常性」；當中包括了「大小恆常性」、「形狀恆常性」，與「色彩恆常性」。

　　一般的美術學院教育，在素描的訓練上，就是要求學習者盡力去克服各種視覺的恆常現象，而達到「零度恆常」的一種訓練。

　　如果從這樣的角度檢驗，陳澄波的大部份（分）作品，顯然和學院訓練中，透過所謂「零度恆常」以表現空間的方式，大有不同。甚至可以說，陳氏正是在有意、無意間，保持了「視覺恆常性」在畫面中的作用，進而形成了他個人獨特的風格。

　　就「大小恆常性」的問題來看，以完成於一九二八年的〔西湖〕[2]為例，畫面下方約二分之一弱的

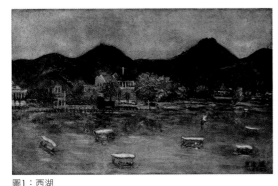

圖1：西湖

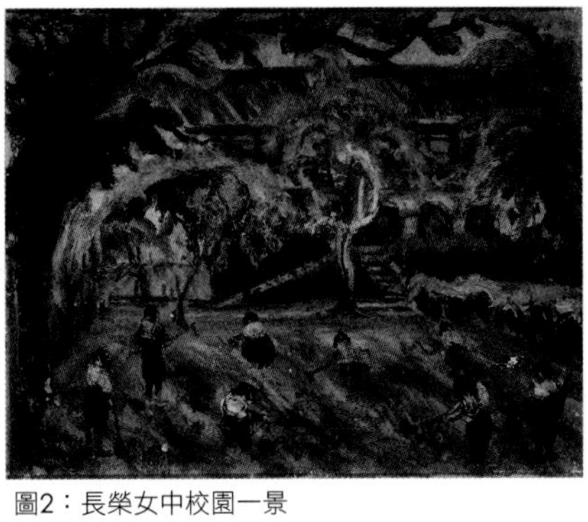

圖2：長榮女中校園一景

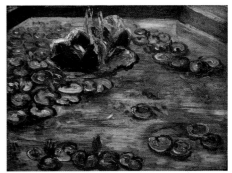

圖3：睡蓮

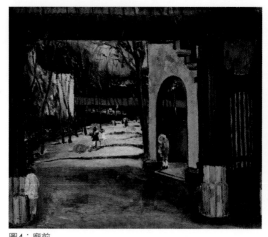
圖4：廟前

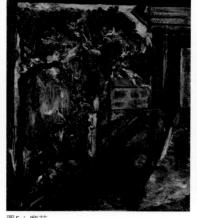
圖5：廟苑

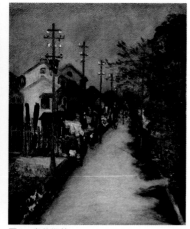
圖6：嘉義街外

面積，描繪湖面往來頻繁的畫舫，其中接近湖面中央約三艘畫舫，大小比例幾乎完全一致，使得左上方的一艘，幾乎要跳到前方來（圖1）。類似的情形，也可見於一九四○至四四年間完成的〔長榮女中校園一景〕，校園中進行打掃工作的女學生，位於前方的人與後方的人，在大小比例上，雖有些微差別，但這樣的差別，在一般透視的標準中，顯然太小了，不足以造成前後推開的深度感覺（圖2）；但也正由於這樣的安排，卻在畫面中，造成了一種因違反一般透視處理，而形成的「動」的特質。

除了「大小恆常性」的現象外，陳氏的作品也顯現了「形狀恆常性」的作用。以他完成於一九四二年的〔睡蓮〕[3]為例，不管是近處或遠方的蓮葉，基本上，橢圓的大小，都相當一致，幾乎沒有多少變化（圖3）。這樣的表現是否代表陳澄波對畫面空間的不重視呢？顯然也不是，因為就在這件〔睡蓮〕作品中，我們又發現了畫家以水面色彩的留空手法，企圖由深藏在水面下的多條游魚，來表現空間的繁複。

「視覺恆常性」的另一影響，出現在物象的透視表現上。

透視的表現方式，隨著文明的進展，和人類視覺經驗的擴張，自古至今，有過多種不同的型態。

十九世紀以後，一般學院的訓練，總是要求繪畫者，在畫面的空間表現上，採合乎「消失點透視」的方式來表現，以造成一種嚴謹而穩定的空間結構。這樣的要求，我們幾乎可以在其他臺灣第一代西畫家的作品中，輕易獲得滿足。

以同是學院出身的陳澄波而言，他顯然也有足夠的能力，以「消失點透視法」來表現空間的深度感；如完成於一九三一年的〔廟前〕（圖4），或一九三六年至四○年間的〔廟苑〕[4]（圖5），就都呈現了相當合乎一點透視的空間秩序。但大部分的時候，陳氏對這樣的規則，則表現出相當自由的態度；例如著名的一九二七年的〔嘉義街外〕，雖然也是採取消失點在中間的一點透視，但如果以路的兩邊作延伸線，我們便可發現：街道兩旁的電線桿，則是以另外的消失點來處理，並不與街道的消失點一致，這樣的情形，也就使得街道的遠方，看起顯得特別提高（圖6）。

而更多的時候，陳澄波是根本放棄了「消失點透視法」，而以「平行透視」的方法，來處理畫面中的建築物。這種例子，可見於絕大多數的作品中，而尤以一九三三年的〔風景〕[5]（圖7）、一九四一年的兩件〔長榮女中校園〕（圖8），以及年代未詳的〔廟口〕（圖9）等作更為明顯；這些建築物的正面，都是一種接近於正四邊形的形式，卻都同時在一側表現出側面的牆壁（圖10）。

如果再就全幅作品去分析，我們將很快又發現：陳澄波作品中「多重視點」、或説「視點移動」

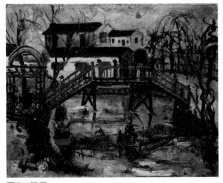

圖7：風景

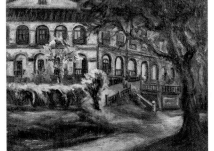

圖8：長榮女中校園

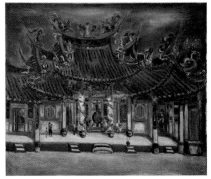

圖9：廟口

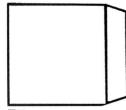

圖10

的明顯特色。這種現象，就如前提〔嘉義街外〕（1927）一般，容易造成畫面下方，也就是地面部份（分）的加大；換句話說，遠方的景物，係以平視的角度表現，而近景的部份（分），尤其是地面的部份（分），則改成俯視的方式表現。明顯的例子如：一九三二年的〔上海碼頭〕[6]和一九三九年的〔海邊〕[7]，前者的廣場圓環（圖11），和後者的中間岩石（圖12），都是一種較高視點的俯視角度。另如一九二九年至三一年完成的〔上海橋影〕[8]，畫面下方中間的渡船，也是明顯的俯視角度（圖13）。

　　值得注意的一個問題是：這種近景採俯視角度的表現方式，並不只是古代繪畫被稱作「不成熟」的一種表現手法（圖14），事實上，它同時也是後來許多現代畫家所喜愛採取的表現方式之一。例如盧奧創作於一九三七、三八年間的〔黃昏〕（圖15），就讓我們回想到陳澄波早在一九二七年就已完

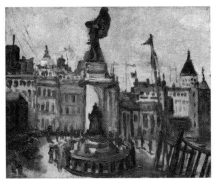

圖11：上海碼頭

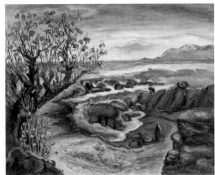

圖12：海邊

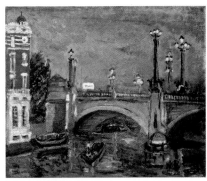

圖13：上海橋影

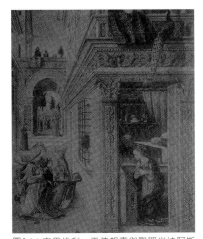

圖14：克里維利　天使報喜與聖耶米迪阿斯
1486　木板　倫敦國家畫廊

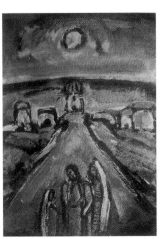

圖15：盧奧　黃昏　1937-38

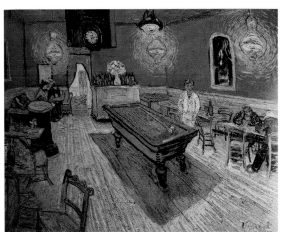

圖16：梵谷　夜間室內咖啡座　1888

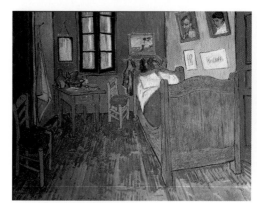

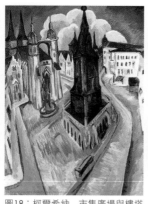

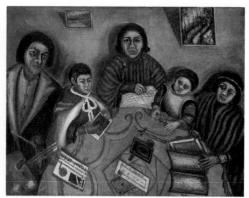

圖17：梵谷　梵谷的房間　1889　　　　　　　圖18：柯爾希納　市集廣場與樓塔　　　　圖19：我的家庭
　　　　　　　　　　　　　　　　　　　　　　　　1915

成的〔嘉義街外〕的中間路面；而梵谷的〔夜間室內咖啡座〕（1888）（圖16）和〔梵谷的房間〕
（1889）（圖17），以及科爾希納（Kirchner）的〔市集廣場與樓塔〕（1915）（圖18），也使我們
對於陳澄波地面俯視的作品，感覺頗為熟悉。

　　討論到此，有一個問題必須提出，那便是：陳澄波對自己作品中的「視覺恆常性」，到底有無充
份的自覺？也就是説：陳氏作品中表現出來的「視覺恆常性」，包括透視上的種種問題，究竟是屬於
一種無法克服而不自覺的呈現呢？或是種刻意的表現？答案應該是後者。一個直接的證據，是著名的
〔我的家庭〕一作（圖19）。這件作於一九三一年的作品。包括畫家本人在內的一家人，圍坐在一張
圓形的桌子邊，桌上放滿了與作者關係密切的信件、文具。我們可以發現：除了桌面這些物件，大抵
均採取前提的「平行透視」表現以外，這個圓形的桌面，已不再是一個比實際透視中稍大的橢圓，而
根本就是一個接近正圓的弧度。也就是説：在桌面的表現上，已不再是一個因「視覺恆常」而出現的
稍為（微）誇大的形態；這個接近正圓的桌面，包括桌面上的正面桌巾圖案，乃是畫家刻意描繪創造
出來的一種「風格」。而在畫家所創造出來的這個「風格」，或説「獨特空間」中，成就了更大的空
間容量。這種事實不僅見於〔我的家庭〕中的桌面，也見於前提許多風景作品中的地面。

　　在此，我們或可為畫家的種種表現，找到一個較合理的解釋，也為前文的討論，作一個初步的結
論：陳澄波這樣一位學院出身的畫家，在完成學院教育之後，事實上有能力進行一種合乎「消失點透
視」的畫面經營，就如在〔廟苑〕中表現得那樣，但他卻也容許許多「視覺恆常」的原始視覺經驗，
留存在畫面中；畫家不但對這些經驗有十足的自覺，甚至在較早的年代，就將這些經驗強化，並藉以
形成一種獨特的個人風格，〔我的家庭〕正是一件最具代表性的早年之作。

　　除了大小、形狀的「視覺恆常」以外，我們可以再提出「色彩恆常性」的問題。「色彩恆常性」
在陳澄波作品中的一個表現，便是「空氣遠近法」的拋棄。

　　「空氣遠近法」在印象派時期，發展達於高峰，在後期印象派三大家的作品中，已逐漸背離。陳
澄波對「空氣遠近法」的輕視，早在一九二九年的〔清流〕一作中，即有明顯的表現，湖面的色彩，
儘管有倒影、有色彩的變化，但並沒有以色彩的清晰與否來造成空間的推遠（圖20）。類似的手法，
也使得幾件以淡水為題材的作品，包括〔淡水〕[9]（1935）、〔淡水風景〕（1935）、〔淡水中學〕[10]
（1936）中的房舍，遠近清晰度幾乎一致。

　　問題是陳氏既未使用「消失點透視法」，也輕忽了「空氣遠近法」，他是否對空間的表現毫不在
意？如果不是，又以什麼方式來達到表現的目的呢？

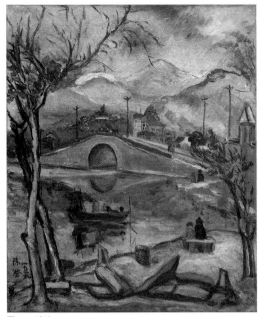

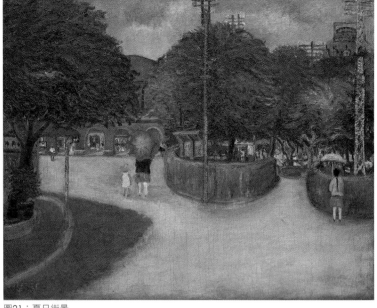

圖20：清流

圖21：夏日街景

　　我們可以說：至少在許多風景作品中，「空間」的建構仍是陳氏作品的關懷焦點之一；但是由於他放棄了一些學院訓練中習用的空間表現法，反而創生了一套自己的空間表現手法。

　　如果用具體的畫面來分析，陳氏在放棄了「空氣遠近法」之後，始終是以一種隱含在畫面中的形式秩序來推展他的空間。早期他喜好運用一些豎立的直線，如電線桿、欄杆、樹幹等來造成這種結構性的空間，如前提的〔嘉義街外〕（1927），或入選八屆帝展的〔夏日街景〕（1927）（圖21）等是。

　　後期則是透過一種更含蓄的方式來推展建構整個畫面的空間與韻律。此處可舉一九三五年完成，目前由省立美術館典藏的〔淡水〕（圖22）一作為例，畫面大抵由左下方的近景出發，分成兩線發展，右方的一線，由左下角的屋頂沿上方不同方向的屋頂前進，往後在那間較大的房子停留，再隨著白色的牆面向右，推向右方的樹叢，並沿著較亮的綠色，繞向後方，此時，似可一路向著左後的最高屋頂前進，也可在那間白色屋頂轉向，經過西式的紅屋，推向後方的山頂；同樣由畫面右下角出發的另一線，沿著畫幅邊沿的屋脊進行，隨著上方這組由大而小的房舍，也就是同樣色調的平行路面，向上推進，在這個地方，與另一條視線相交，也是一方面可以推向右上方的山頂，另方面，又被左方有

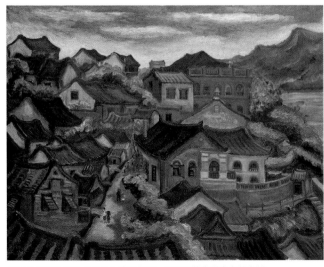

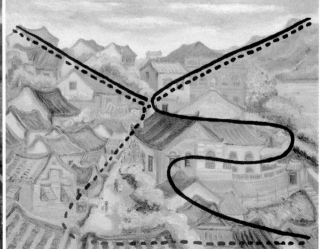

圖22：陳澄波作品〔淡水〕的分析圖，原圖現藏臺灣省立美術館

個黑藍窗口的白牆吸引，向頭推向左上方最高的屋頂。兩條視線，大抵就在畫面中心的小房子，也正是一支煙囪頂著的那個小屋頂相交。而在這兩條主軸之外，夾在紅色房舍間的綠色草叢，又交織著一些視覺的跳動與方向變化。

或許這種視線的移動，在許多畫家的作品中，均同樣存在，但不可忽略的是：陳澄波捨棄了「空氣遠近法」，放鬆了對「成角透視」的嚴格要求，使得前述的畫面律動，在一種堅實、均質化的色彩中，完全變成作品的表現重心，正如畫家的自述，一方面是「襯托出景的距離感」，一方面，也營造了全幅作品流動的氣勢[11]。而其間又加上一些「視覺恆常」特色，幾乎使畫面更加跳動的點景人物或船隻。這樣畫面的力量，就遠非那些講究穩定、合理的靜態畫面所可並論。

總結本文的討論，我們可以為陳澄波的作品，釐清出幾項風格特色：

1. 陳澄波善於運用「視覺恆常性」，包括物象的大小比例、形式與色彩等，並將之發展成為一種「風格化」的畫面特質；這在日據時期第一代西畫家的作品中，是絕無僅有的現象，也不是一個「表現主義」傾向所能輕易解釋的問題。

2. 陳澄波運用「視覺恆常性」，以打破近代透視的一些固定視覺經驗後，一方面為作品營造了更大的空間容量，二方面，也造成了畫面的「動態」特質。

3. 陳澄波的作品，不僅止在個人主觀情感的宣洩，而是一種對堅實色感與嚴謹秩序的苦心追求與營造。

就這些特質而論，陳澄波在臺灣美術發展史上的受到尊敬，絕非僅因個人性情上的熱情，或傳奇的經歷，而主要是來自他那對藝術本質的深切思考、體悟與呈現，及藉此所呈顯出來的「人文厚度」。

至於這些特色形成的原因，是個人的早年經驗、中國繪畫特色，或西方後期印象派以後的思想影響，則應以另外專文探討。

（本文為原文一萬餘字的縮寫，詳細論證請參閱原文。）

—原載《陳澄波・嘉義人》頁28-31，1994.2.10，嘉義：嘉義市立文化中心

---

1. 這些說法均出自謝里法、林玉山、白雪蘭、顏娟英、李松泰等人的文章。
2. 編註：〔西湖〕現名〔西湖泛舟（西湖風景）〕。
3. 編註：〔睡蓮〕年代現已修正為「年代不詳」。
4. 編註：〔廟苑〕年代現已修正為1932年。
5. 編註：現名〔風景（一）〕。
6. 編註：〔上海碼頭〕年代現已修正為1933年。
7. 編註：〔海邊〕現名〔濤聲〕。
8. 編註：〔上海橋影〕近年經考據後證實為描繪日本橋之風景，現名〔日本橋風景（二）〕，年代則修正為「約1924-1929」。
9. 編註：〔淡水〕現名〔淡水風景（淡水）〕。
10. 編註：〔淡水中學〕現名〔岡〕。
11. 陳氏自述見於《臺灣新民報》1936年秋〈美術季——作家訪問記（十）〉。

陳澄波百年紀念展
今起在嘉市文化中心展出

嘉市／文誠報導

　　包括蘇富比拍賣，創千萬高價的兩幅畫作〔淡水早晨〕、〔淡水黃昏〕在內的「陳澄波百年紀念展」，今（二十六）日起到三月十三日，每日上午九時至下午五時，在嘉義市立文化中心第一展覽室展出。

　　市文化中心說，為了紀念這一位當年第一位入選日本帝展，也是臺灣畫壇畫價最高的臺灣畫家，八十三年全國文藝季「陳澄波，嘉義人，美術家陳澄波百年祭」系列活動，已在嘉義市陸續登場。

　　今（二十六）日下午二時，並將在嘉義市文化中心廣場，舉行陳澄波雕像奠基典禮，由行政院文建會主委申學庸、嘉義市長張文英等主持，當晚十時半，將在嘉義市中正公園露天音樂台，舉行紀念音樂會。另將於三月二日上午八時半，在市文化中心演講廳，辦美術家陳澄波學術論文研討會。三月六日上午八時，在市文化中心及中山公園，舉行兒童競賽。

　　至於雲門舞集演出的陳澄波紀念舞展，以及管韻競穹音，已分別於一月二十六日、二月十日辦過。

　　市文化中心說，陳澄波是嘉義人引以為榮耀、驕傲的畫家，四十七年前的二二八事件，時任嘉義市參議員的陳澄波，曾在嘉義火車站廣場犧牲。

—原載《中央日報》第14版，1994.2.26，臺北：中央日報社

陳澄波紀念展圓滿落幕

【記者／劉惠貞　嘉市報導】「陳澄波，嘉義人」全國文藝季，昨日下午五時正式落幕，尚未目睹「陳澄波百年紀念展」中，一幅值三千萬元──〔嘉義公園〕作品的市民，為避免錯過昨日最後良機、均扶老攜幼地前往參觀，更為市立文化中心帶來另外一股人潮。

陳澄波不但是嘉義人的驕傲，亦是臺灣第一位入選日本帝展──〔嘉義郊外〕，及二二八受難者之中唯一的畫家；同時，更是臺灣第一位擁有「百年紀念展」，在公共場所擁有雕像加以紀念的畫家。

市立文化中心表示，「陳澄波百年紀念展」展出半個月來，吸引來自全臺灣喜愛藝術的人士，尤其嘉市各級學校還安排或鼓勵學生前來觀賞，參觀人次逼近三萬，締造嘉市新紀錄外，而參觀畫展的重量級人士，更是絡繹於途。

文化中心人員舉例，包括李登輝總統、司法院長林洋港、省府主席宋楚瑜、前行政院長郝柏村資政、申學庸主委、張博雅署長等。

本月十一日下午三時許，文化中心可說「將星雲集」，除前行政院長郝柏村資政突然莅臨外，尚有陳守山、黃幸強、陳堅高、郭天佑等將軍作陪，因未事先知會，一行人還自行「買票」進入，十足的一派「平民」作風味！

「陳澄波，嘉義人」全國文藝季雖於昨日正式落幕，但市立文化中心表示，最大的收穫該是喚起嘉義人珍惜「畫都」資產，再造「畫都」美譽。

—原載《臺灣公論報》1994.3.14，雲林：臺灣公論報社

趕上百年列車　陳澄波油畫浴火重生

文／鄭乃銘

民國八十一年二月二十三日本報藝文版一篇「陳澄波專冊重現藝術風華」報導，意外證實兩幅外傳遭燒燬的陳澄波油畫確實還留存在人間！使得昨日在北美館揭幕的「陳澄波百年紀念展」更具意義。

當初「陳澄波專冊重現藝術風華」報導裡，記者提及陳澄波的公子陳重光說「在二二八之後的那段日子，人人自危。有位曾當選省議員的醫生太太，平日和父親交情頗深，家中藏有父親作品兩幅，父親死後，她怕受到牽連竟把畫由牆上摘下燒掉。」誰知，當這篇報導輾轉被此醫生家族看到

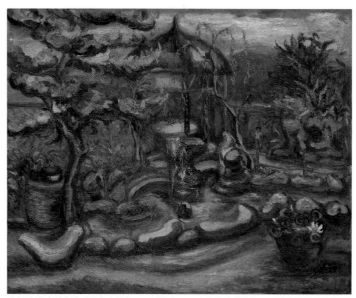

這幅陳澄波所畫的〔張家庭園〕，原以為在二二八事件後遭燒燬，現證實還留存人間。

後，家族開始試著去回溯到底陳澄波這兩幅油畫是否真被燒燬，結果發現這兩幅油畫根本被「保存」下來。

此一醫生太太名叫張李德和，目前保有兩幅油畫中的三十號作品〔張家庭園〕[1]，係目前定居美國的張家第七個女兒張婉英。張婉英特別寄了張與這幅油畫合照的相片給陳重光，並告訴他因時間關係無法將此幅油畫寄回臺北參加紀念展，就以這張照片表示支持。至於，另外一幅八號的風景作品，還未證實是在家族中的那一人手裡，但的確還留存。

陳重光說，他是最近才證實此一消息，真是高興。他又說「有關兩幅油畫遭燒燬的畫係由當時張家備人傳出，那時誰也無心求證，就一直誤以為兩幅畫已遭燒燬。」

儘管「失而復得」的這幅油畫趕不及這次北美館舉行陳澄波百年紀念美展，但北美館還是特地將照片、說明文字並陳於一架子上，將它擺在展覽會場，也算是美術館送給陳澄波的一份禮物吧！

—原載《自由時報》第28版／藝術文化‧影視資訊，1994.8.7，臺北：自由時報社

---

1. 編註：此作現名〔琳瑯山閣〕。

1991-1994論評總目錄

No.	類別	日期	作者	標題	出處	卷期/版次	頁數	出版者	收錄
1	報導	1991.3.1	趙慧容	以參議員身分代表談和　不料被視為暴亂首腦槍決　陳澄波去世　美術界胸口的痛	自由時報	第6頁／嘉南新聞版		臺北：自由時報社	已收錄至14卷
2	報導	1991.3.4	陳銘城	陳重光談父親——　陳澄波之死　美術界大損失　對當年先父畫作收藏家，燒畫求自保，不勝唏噓。	自立早報	第2版／焦點話題		臺北：自立早報社	
3	報導	1991.3.4	何振忠	二二八受難者家屬今會見李總統　將提出四項要求：1.公布真相道歉賠償；2.設紀念館陳列史料；3.設基金會化解省籍對立；4.訂紀念日供追思。	聯合報	第2版／焦點新聞		臺北：聯合報社	
4	報導	1991.3.4	林照真	二二八悲劇中的七位臺籍菁英——他們的家屬被推舉為晉見李總統的代表	中國時報	第2版／焦點新聞		臺北：中國時報社	
5	報導	1991.3.5	何振忠	李總統：二二八善後　明年將有妥適處理　昨天接見七位二二八受難者家屬代表，並主動邀請推派一人加入二二八專案小組	聯合報	第1版／要聞		臺北：聯合報社	
6	報導	1991.3.7	蔡長庚	懸在嘉義街外的淚珠　臺灣美術導師陳澄波死於二二八	中國時報	第19版／寶島		臺北：中國時報社	
7	報導	1991.3.28		苦戀鄉土的美術先輩展　六位畫家呈現日據時代藝術脈動	自由時報	第8頁		臺北：自由時報社	
8	報導	1991.3.30	賴素鈴	蕊土有情　賞畫憶往　前輩畫家聯展　老友遺作參展	民生報	第14版／文化新聞		臺北：民生報社	
9	報導	1991.4.15		氣球飄揚黃絲帶　永表追思　二二八關懷聯合會　全省同步舉行	民眾日報			高雄：民眾日報社	
10	報導	1991.4.22	黃寶萍	政治話題解嚴　畫作出現街頭	民生報	第14版／文化新聞		臺北：民生報社	
11	報導	1991.9.6	徐海玲	陳澄波油畫　重量級身價　〔淡水風景〕定價六百萬台幣和另外十三件非賣作品今起展出	自立早報	第10版／全球風雲／當代文化		臺北：自立早報社	
12	報導	1991.9.7		難以投下信任票　廖繼春作品撤展	中國時報	第18版／文化新聞		臺北：中國時報社	
13	報導	1991.9.10	鄭乃銘	誰來救救前輩畫家作品？	自由時報	第12頁／藝術文化		臺北：自由時報社	○
14	報導	1991.11.21		西畫名家遺作展　大有看頭	自立早報	第10版		臺北：自立早報社	
15	報導	1991.12.2		陳重光以難屬身分見證「228」　為其父慘死　痛斥當時軍隊濫殺無辜	自由時報	第3頁／焦點新聞版		臺北：自由時報社	
16	報導	1991.12.24	曾清嫣	美術全集　鎖定本土　出版計畫昨公開　率先推出陳澄波	聯合報	第29版／文化廣場		臺北：聯合報社	
17	報導	1991.12.24	黃寶萍	本土意識　美術視野　作品全集將出版　嶄新課程將開講	民生報	第14版／文化新聞		臺北：民生報社	
18	報導	1991.12.24		陳澄波畫集　藝術家出版社　明年二月出版	中國時報	第20版／文化新聞		臺北：中國時報社	
19	報導	1991.12.24	徐海玲	臺灣美術全集將問世　陳澄波專冊二二八登場	自立早報			臺北：自立早報社	
20	報導	1991.12.29	鄭乃銘	星期藝廊　典藏歲月　陳澄波	自由時報	第8頁		臺北：自由時報社	
21	專論	1991	陳重光	憶先父陳澄波先生	二二八關懷月刊	第2期	頁5	臺北：二二八關懷聯合會	
22	報導	1992.1.19	李梅齡	不是抗議，是紀念　藝術界今年為二二八舉辦兩項活動	中國時報	第20版／文化新聞		臺北：中國時報社	
23	報導	1992.1.26	鄭乃銘	陳澄波畫展二月一日登場	自由時報			臺北：自由時報社	
24	報導	1992.1.27	李梅齡	陳澄波的繪畫世界　多樣人生　詭譎畫面	中國時報	第20版		臺北：中國時報社	
25	報導	1992.1.27	李梅齡	「臺灣美術全集」打先鋒　「陳澄波畫展」有備而來	中國時報	第20版		臺北：中國時報社	
26	報導	1992.1.30	黃志全	北市美術館新春特展	中國時報	第18版／文化新聞		臺北：中國時報社	
27	報導	1992.1.30	賴素鈴	臺灣百年美術展　舉辦學術研討會　臺北市立美術館　提未來工作計畫	民生報	第14版／文化新聞		臺北：民生報社	

No.	類別	日期	作者	標題	出處	卷期/版次	頁數	出版者	收錄
28	報導	1992.1.30	陳長華	臺灣美術全集製作幕後——人情戰	聯合報	第5版／生活・文化廣場		臺北：聯合報社	
29	報導	1992.1.31	陳長華	二二八受難畫家　陳澄波作品展　兒子說當年	聯合報	第12版／文化廣場		臺北：聯合報社	
30	報導	1992.2.1-2	口述／陳重光、文／王貞文	打破美感的禁忌——懷念父親陳澄波	自立早報	第11版		臺北：自立早報社	
31	專論	1992.2.1	阮美姝	陳澄波之子　消蝕在風中的傳言	自立早報	第11版		臺北：自立早報社	
32	專論	1992.2.1	陳銘城	陳澄波小檔案	自立早報	第11版		臺北：自立早報社	
33	報導	1992.2.2	陳銘城	在二二八事件中罹難四十五週年　臺灣畫家陳澄波遺作昨起展出	自立早報			臺北：自立早報社	
34	報導	1992.2.10	鄭乃銘	陳澄波留給今人的心靈感應	自由時報	第12頁／文化藝術		臺北：自由時報社	
35	報導	1992.2.11	楊惠芳	政治陰影下的悲劇畫家　陳澄波作品「稚拙異常」	大明報	第5版／藝術投資		臺北：大明報社	
36	專論	1992.2.17	林碧清	二二八紀念月專題　訪陳碧女女士回溯40多年前往事　談陳澄波之死及其他	民眾日報	第4版／二二八紀念月專題		高雄：民眾日報社	
37	報導	1992.2.23	鄭乃銘	二二八事件受難畫家　陳澄波專冊　重現藝術風華	自由時報	第8頁		臺北：自由時報社	
38	報導	1992.2.23	賴素鈴	臺灣美術全集第一冊　陳澄波專輯今天發表　蒲浩明憑畫塑出外祖父頭像	民生報	第14版／文化新聞		臺北：民生報社	
39	報導	1992.2.24	黃寶萍	美術顯學墾荒初見收成　臺灣美術全集出版了　陳澄波專卷昨天發表	民生報	第14版／文化新聞		臺北：民生報社	○
40	報導	1992.2.24	黃寶萍	深深悼念陳澄波　沒人提起"228"	民生報	第14版／文化新聞		臺北：民生報社	
41	報導	1992.2.24	李梅齡	陳澄波畫集發表會　遺孀張捷現場接受贈書	中國時報	第26版／影視文化新聞		臺北：中國時報社	
42	報導	1992.2.24	黃義書	勇者的遺孀堅強活下去	自由時報			臺北：自由時報社	
43	報導	1992.2.24	陳長華	澄波贈畫　女兒的嫁粧　百般滋味	聯合報	第20版／文化廣場		臺北：聯合報社	
44	報導	1992.2.28	顏娟英	勇者的畫像——陳澄波	臺灣美術全集1 陳澄波		頁27-48	臺北：藝術家出版社	
45	報導	1992.2.28		勇者畫像陳澄波	民眾日報			高雄：民眾日報社	
46	專論	1992.2.28	陳芳明	望向田野另一端	民眾日報			高雄：民眾日報社	
47	專論	1992.2	阮美姝	永不褪色的畫家——陳重光追思父親陳澄波	尋訪二二八散落的遺族—幽暗角落的泣聲		頁201-204	臺北：前衛出版社	
48	報導	1992.2		臺灣美術全集首冊隆重出版　陳澄波作品展暨新書發表會同時舉行	藝術家	第201期	頁188-189	臺北：藝術家雜誌社	
49	專論	1992.2	顏娟英	《臺灣美術全集1 陳澄波》出版序言	藝術家	第201期	頁192-193	臺北：藝術家雜誌社	
50	專論	1992.2	顏娟英	勇者的畫像——陳澄波	藝術家	第201期	頁194-213	臺北：藝術家雜誌社	
51	專論	1992.2	口述／陳重光、文／王貞文	打破美感的禁忌——懷念父親陳澄波	藝術家	第201期	頁217-221	臺北：藝術家雜誌社	○
52	報導	1992.4.15	吳啟基	為畫家"塑像"的壯舉——臺灣出版美術全集	聯合早報			新加坡：聯合早報	
53	專論	1992.4	陳源建	雜寫陳澄波	現代美術	第41期	頁90-91	臺北：臺北市立美術館	
54	專論	1992.4	陳重光	先父陳澄波的一篇文章	現代美術	第41期	頁92	臺北：臺北市立美術館	
55	報導	1992.4	藝術家雜誌社	臺灣美術全集新書發表會	藝術家	第203期	頁232-235	臺北：藝術家雜誌社	
56	專論	1992.5.30	謝里法	臺灣早期美術運動　歐多桑的時代　七星山和波麗路	中國時報	第27版／人間周刊		臺北：中國時報社	

No.	類別	日期	作者	標題	出處	卷期/版次	頁數	出版者	收錄
57	專論	1992.8.1	林惺嶽	臺灣美術全集推出的感慨與憧憬　美術全集一小步　美術歷史一大步	藝術家	第207期	頁308-327	臺北：藝術家雜誌社	
58	報導	1992.8.26	肇瑩如	藝術熱　吹拂收藏家的荷包　九月底開始有八檔拍賣、展覽會在臺港與大陸舉行	經濟日報	第18版／消費		臺北：經濟日報社	
59	報導	1992.9.9	賴素鈴	拍賣畫・攀高價　嘉義公園　預估值千萬	民生報	第1版／焦點新聞		臺北：民生報社	
60	報導	1992.10.11	李奕興	拍賣會影響力不小　本季「蘇富比」粗估陳澄波〔嘉義公園〕為一千二百萬元　油畫吃香喝辣　水墨畫價長黑	中國時報	第22版／影視文化新聞		臺北：中國時報社	
61	報導	1992.10.15	崔慈悌	蘇富比拍賣會　周日登場	青年日報	第1版／生活新聞		臺北：青年日報社	
62	報導	1992.10.16	賴素鈴	蘇富比港臺拍賣　預展　合併舉行	民生報	第14版／文化新聞		臺北：民生報社	
63	報導	1992.10.16	黃寶萍	整理珍藏　蘇富比　再辦臺北拍賣　前輩畫作　交流時機到	民生報	第14版／文化新聞		臺北：民生報社	
64	報導	1992.10.19	賴素鈴	二拍兩成五流標　拍賣官也感驚奇　蘇富比不想遷就市場　蒐羅方向還不會改變	民生報	第14版／文化新聞		臺北：民生報社	
65	專論	1992.11.1	高尚義	「五大天王」「三大買伯」行情竄升傳奇——第一代本土畫家行情暴起暴落的迷思	典藏藝術	第2期	頁161-163	臺北：典藏雜誌社	
66	專論	1993.1.17	張瓊慧	陳澄波〔清流〕永存人間	中國時報	第37版／藝術生活		臺北：中國時報社	
67	專論	1993.2.11	陳春玲	夏日街頭	自立晚報	第19版／副刊		臺北：自立晚報社	
68	報導	1993.2.21	鄭乃銘	本土第一代畫家陳澄波、畫家廖德政尊翁廖進平受難　二二八紀念美展　淡化悲情基調　消弭省籍裂痕	自由時報	第24頁		臺北：自由時報社	○
69	報導	1993.2.21	鄭乃銘	首屆「二二八紀念美展」揭幕　吳伯雄認真觀賞作品	自由時報	第18頁		臺北：自由時報社	
70	報導	1993.2.23	林勝興	228紀念美展	自立早報			臺北：自立早報社	
71	報導	1993.2.28	徐彩媚	228罹難者陳澄波精神不死　專訪遺孤陳重光姊弟，憶往事不禁動容	民眾日報	第13版		高雄：民眾日報社	
72	報導	1993.2.28	陳銘城	每一筆油彩，都是痛苦的記憶	自立晚報	第19版／本土副刊		臺北：自立晚報社	
73	專論	1993.2	訪問／許雪姬、江淑玲；紀錄／許雪姬	陳重光先生訪問紀錄	口述歷史	第4期	頁311-320	臺北：中央研究院近代史研究所	已收錄至14卷
74	報導	1993.3.2	林春元	228　嘉義畫壇永遠的痛　追思畫家陳澄波　嘉市文化中心邀其後代塑像供瞻仰	中國時報	第13版／雲嘉南焦點		臺北：中國時報社	
75	報導	1993.3.30	胡永芬	蘇富比下月三度拍賣　陳澄波淡水叫價最高	中時晚報	第8版／新影藝		臺北：中時晚報社	
76	專論	1993.3		人才輩出，獨步畫壇——嘉義人以擁有眾多藝術大師為榮	嘉市藝文	第9期		嘉義：嘉義市政府文化局	
77	報導	1993.4.19	肇瑩如	藝術品拍賣　收藏家展現功力　蘇富比昨在臺三度舉行拍賣會　成交64幅畫作	經濟日報	第18版／消費		臺北：經濟日報社	
78	報導	1993.4.19	胡永芬	蘇富比三度拍賣現象解析　景氣深陷　市場作手技窮　好畫家　好作品　獲共鳴	中時晚報			臺北：中時晚報社	
79	報導	1993.4.24	張朝福	陳澄波遺孀　陳張捷老太太去世　未能在生前目睹二二八事件平反　一大憾事	自由時報			臺北：自由時報社	
80	報導	1993.4.24		二二八受難者陳澄波遺孀　陳張捷老夫人辭世	民眾日報			高雄：民眾日報社	
81	報導	1993.4.29	陳銘城	陳澄波遺孀陳張捷女士四月廿二日辭世　未能目睹二二八事件平反與道歉　生前最大遺憾	自立早報	第12版		臺北：自立早報社	○
82	報導	1993.5.14		公子陳重光感謝為二二八公義奔波　陳澄波遺作　贈給蔡同榮	民眾日報			高雄：民眾日報社	
83	報導	1993.5.15	張美淘	撫平二二八傷痕　請陪張捷走完最後一段路　文化工作陣籲市民主動參與公祭	太平洋日報			高雄：太平洋日報社	
84	報導	1993.5.17		陳澄波遺孀自二二八的寒冬　一人挑起家庭重擔　陳張捷揮別人間走入歷史	民眾日報			高雄：民眾日報社	
85	專論	1993.5.29	陳長華	陳澄波繪裸女　簡約線條淡掃人體　速感量感勁道十足	聯合報	第18版／文化廣場		臺北：聯合報社	

No.	類別	日期	作者	標題	出處	卷期/版次	頁數	出版者	收錄
86	報導	1993.7.13		文化中心 週年饗宴 藝術大餐 燒噴噴！ 名家邀請展及陶藝雕刻聯展，連日來吸引眾多愛好藝術者欣賞、品鑑，廣獲好評。	民眾日報	嘉義新聞		高雄：民眾日報社	
87	專論	1993.8	黃金俊	二二八事件之爆發與衝突	嘉義市文獻	第9期	頁15-34	嘉義：嘉義市政府	
88	報導	1993.10.18	鄭乃銘	陳澄波黃昏淡水 破紀錄！ 1017萬落槌！ 創蘇富比拍賣中國油畫最高價 臺灣秋拍成交率達91.9% 常玉、朱沅芷作品「搶搶」滾	自由時報	第18頁／影視新聞		臺北：自由時報社	
89	報導	1993.10.18	賴素鈴	〔黃昏淡水〕價值連城 陳澄波畫作成交價逾千萬元 蘇富比中國油畫拍賣寫新高	民生報	第1版／焦點新聞		臺北：民生報社	
90	報導	1993.10.18	賴素鈴	臺灣藝市表現非凡 蘇富比 昨天拍賣 創佳績	民生報	第14版／文化新聞		臺北：民生報社	
91	報導	1993.10.18	徐嘉檣	蘇富比拍賣會 本土畫作 再破千萬元大關 前輩畫家陳澄波〔黃昏淡水〕以一千零十七萬元成交	聯合報	第18版／消費理財		臺北：聯合報社	
92	報導	1993.10.18	李維菁	陳澄波黃昏淡水賣了上千萬 創蘇富比拍賣華人油畫最高紀錄	中國時報	第38版／影視文化新聞		臺北：中國時報社	
93	報導	1993.10.19	黃啟璋	〔黃昏淡水〕為陳澄波添殊榮 家屬明年將為其開畫展	中時晚報	第5版		臺北：中時晚報社	
94	報導	1993.10.20		二二八罹難畫家陳澄波終揚眉吐氣 創蘇富比拍賣華人油畫最高紀錄 嘉義決明年舉辦百年祭畫展	臺灣時報	第13版／雲嘉南焦點新聞		高雄：臺灣時報社	
95	報導	1993.10.28	黃寶萍	明年 陳澄波百歲紀念 嘉義、北市美擬辦大展	民生報	第14版／文化新聞		臺北：民生報社	
96	專論	1993.12	胡懿勳	突破數字的迷宮——陳澄波作品千萬身價分析	典藏藝術	第15期	頁174-177	臺北：典藏雜誌社	
97	專論	1993.12	倪再沁	悲慘的革命代價	藝術貴族	第48期	頁76-77	臺北：藝術貴族雜誌社	
98	專論	1993.12	倪再沁	悲劇英雄——陳澄波	藝術貴族	第48期	頁78-83	臺北：藝術貴族雜誌社	
99	專論	1993.12	林銓居	悲情藝術英雄——陳澄波：無情槍聲中結束熱情一生的臺灣前輩畫家	典藏藝術	第15期	頁164-173	臺北：典藏雜誌社	
100	專論	1993.12	蕭瓊瑞	建立在史料上的詮釋——詳讀顏娟英的〈勇者的畫像——陳澄波〉	藝術家	第223期	頁272-277	臺北：藝術家雜誌社	
101	報導	1994.1.20	林福財	美術家陳澄波百年紀念展 二月廿六日起推出系列包括雲門舞集演出陳澄波紀念舞展、雕像奠基典禮及紀念音樂會等。	太平洋日報			高雄：太平洋日報社	
102	報導	1994.1.20	林春元	陳澄波紀念展 有遺珠之憾？ 售價最高兩幅作品 文化中心考慮安全問題不一定展出	中國時報	第16版／雲嘉南綜合新聞		臺北：中國時報社	
103	報導	1994.1.20	林春元	「十五萬元保險費出不起？」 陳澄波兩幅遺作可能無法展出 林懷民不敢置信	中國時報	第16版／雲嘉南綜合新聞		臺北：中國時報社	
104	報導	1994.1.20	張文一	蘇富比拍賣會中創下千萬天價的本土畫家畫作將展出 市府卻付不起保全費…… 讓市民一睹千萬名畫 林懷民發起募款	臺灣新聞報	第9版／雲嘉南焦點		高雄：臺灣新聞報社	
105	報導	1994.1.20	洪長榮	保全費闕如 淡水早晨黃昏 畫作難展現 嘉市文化中心辦陳澄波百年祭特展 籲請各界捐款十五萬解決問題	臺灣時報	第13版／雲嘉南焦點新聞		高雄：臺灣時報社	
106	報導	1994.1.20	葉長庚	暌違十五年回故鄉 為全國文藝季畫展暖身 陳澄波百年祭 雲門舞「國殤」	聯合報	第16版／嘉義縣市新聞		臺北：聯合報社	
107	報導	1994.1.20	葉長庚	陳澄波百幅畫將展出 十五萬保險費無著落	聯合報	第16版／嘉義縣市新聞		臺北：聯合報社	
108	報導	1994.1.20	林福財	雲門演國殤 紀念美術大師	太平洋日報			高雄：太平洋日報社	
109	報導	1994.1.22	李奕興	陳澄波百年祭 嘉義人林懷民返鄉跳「國殤」	中國時報	第38版／娛樂星新聞		臺北：中國時報社	
110	報導	1994.1.31	劉易	諸羅巨人陳澄波百年紀念大展	臺灣新生報	第20版／美的盛宴		臺北：臺灣新生報社	
111	報導	1994.2.1	黃寶萍	五十七年前的夢想 美術變成百年祭 紀念陳澄波 嘉義有盛會	民生報	第14版		臺北：民生報社	
112	報導	1994.2.1	賴以潔	八十三年度全國文藝祭 展出臺灣畫壇前輩舊作 陳澄波百年祭 嘉義展真蹟	大成報	第8版		臺北：大成報社	
113	報導	1994.2.1	林福財	雲門舞熱陳澄波百年祭 舞集揭開文藝季序幕 省交管樂團將陸續登場	太平洋日報			高雄：太平洋日報社	
114	報導	1994.2.1		林懷民關切陳澄波畫展 呼籲市民捐款籌措十五萬元保險費	中國時報	第14版		臺北：中國時報社	

No.	類別	日期	作者	標題	出處	卷期/版次	頁數	出版者	收錄
115	報導	1994.2.1	張文一	臺灣畫壇第一人陳澄波百年祭紀念展　嘉市文化中心籌不出十五萬元保險費　兩幅千萬名作淡水黃昏淡水早晨嘉市民恐無緣觀賞　雲門舞集創辦人林懷民盼嘉市人捐款贊助使紀念展更完美	臺灣新聞報	第9版		高雄：臺灣新聞報社	○
116	報導	1994.2.6	Ulysses Strong	Chiayi celebrates the centennial of native son Chen Cheng-po	The China News			Taipei: The China News	
117	專論	1994.2.10	張文英	向陳澄波先生致敬	陳澄波·嘉義人		頁9	嘉義：嘉義市立文化中心	
118	專論	1994.2.10	余建新	臺灣百年的文化省思	陳澄波·嘉義人		頁12	嘉義：嘉義市立文化中心	
119	專論	1994.2.10	賴萬鎮	「陳澄波百年紀念展」執行報告	陳澄波·嘉義人		頁15	嘉義：嘉義市立文化中心	
120	專論	1994.2.10	陳重光	陳澄波：嘉義人	陳澄波·嘉義人		頁18	嘉義：嘉義市立文化中心	
121	專論	1994.2.10	李松泰	陳澄波藝術風格變異略述	陳澄波·嘉義人		頁21-23	嘉義：嘉義市立文化中心	
122	專論	1994.2.10	蕭瓊瑞	陳澄波作品中的空間表現及其相關問題	陳澄波·嘉義人		頁28-31	嘉義：嘉義市立文化中心	○
123	報導	1994.2.19	李珮芸	犁頭店思古　元宵節開鑼　嘉市將展示國寶陳澄波百年冥誕畫作	臺灣新生報	第8版		臺北：臺灣新生報社	
124	報導	1994.2.20		陳澄波　遺作引人思古	中國時報	第14版		臺北：中國時報社	
125	報導	1994.2.21	林英喆	嘉義別出心裁　紀念傑出人物　陳澄波　藝境重現	民生報	第14版／文化新聞		臺北：民生報社	
126	報導	1994.2.23	李維菁	他是畫家，他很浪漫……　蒲浩明為外公陳澄波塑像	中國時報	第22版／影視文化新聞		臺北：中國時報社	
127	報導	1994.2.24	李維菁	追尋陳澄波的足跡　請一起來回味六十年前嘉義市街景	中國時報	第22版／影視文化新聞		臺北：中國時報社	
128	報導	1994.2.24	葉長庚	「陳澄波　嘉義人」　探尋大師藝術心靈	聯合報	第15版		臺北：聯合報社	
129	報導	1994.2.24		文藝巡禮專車受理報名	中國時報	第14版		臺北：中國時報社	
130	報導	1994.2.24	胡永芬	嘉義市文藝季　推出紀念美術大師的系列活動　陳澄波百年祭26日揭幕	中時晚報			臺北：中時晚報社	
131	報導	1994.2.24	黎珍珍	二二八紀念畫展期待化悲情為發展新契機	中央社				
132	報導	1994.2.25	陳長華	走入歷史時空　探索悲劇的痛　含悲時代畫說二二八	聯合報	第25版／文化廣場		臺北：聯合報社	
133	報導	1994.2.25	黃寶萍	時代與心靈的見證　紀念228臺灣畫展　有些作品初亮相	民生報	第14版／文化新聞		臺北：民生報社	
134	報導	1994.2.25	李維菁	嘉義人以他為榮　陳澄波百年祭系列活動明揭幕	中國時報	第22版／影視文化新聞		臺北：中國時報社	
135	報導	1994.2.26	林福財	二二八事件　陳澄波在車站飲恨犧牲　他以魂牽夢縈嘉義街景入畫　一生亦無聲無息中消失於嘉義市街	太平洋日報	第15版		高雄：太平洋日報社	
136	報導	1994.2.26	吳志明	文藝季開鑼　縣市活動大會串　陳澄波百年祭眾所矚目　舞鳳軒主演北管戲曲　新港老照片展覽頗具看頭	中國時報			臺北：中國時報社	
137	報導	1994.2.26	張文一	陳澄波的歷史　具多項第一名銜是臺灣畫壇第一人　48件真品油畫　54件膠粉、水彩、素描、書法是其作品最完整展出	臺灣新聞報	第9版		高雄：臺灣新聞報社	
138	報導	1994.2.26	張文一	全國文藝季重頭戲　嘉市陳澄波百年紀念畫展登場	臺灣新聞報	第9版		高雄：臺灣新聞報社	
139	報導	1994.2.26	葉長庚	全國文藝季活動　今起「畫都」登場　陳澄波紀念展　追尋畫家足跡	聯合報	第15版		臺北：聯合報社	
140	報導	1994.2.26	于劍興	全國文藝季　藝術盛宴好戲開鑼　陳澄波百年紀念展是重頭戲	臺灣時報	第16版		高雄：臺灣時報社	
141	報導	1994.2.26		陳澄波紀念展今揭幕　共展出一百零二件真品　作品相當完整	民眾日報	第15版		高雄：民眾日報社	
142	報導	1994.2.26	賴維平	"陳澄波·嘉義人" 今天登場　展出百幅真蹟及50幅複製畫	民生報	第21版		臺北：民生報社	
143	報導	1994.2.26	曾麗容	《陳澄波百年祭》　懷想陳澄波，嘉義人今天想念最多「田園樂府」假中正公園演出「歷史的腳步聲」	自立早報	第13版		臺北：自立早報社	

No.	類別	日期	作者	標題	出處	卷期/版次	頁數	出版者	收錄
144	報導	1994.2.26	文誠	陳澄波百年紀念展　今起在嘉市文化中心展出	中央日報	第14版		臺北：中央日報社	○
145	報導	1994.2.26		「陳澄波百年紀念展」系列活動今揭幕　首次將其生平畫作完整呈現世人面前　本報特於今日推出「嘉義專刊」深入報導	中國時報	第5版		臺北：中國時報社	
146	報導	1994.2.26	葉長庚	保險費差額市民籌出　〔淡水早晨〕順利展出	聯合報	第15版		臺北：聯合報社	
147	專論	1994.2.26	陳重光	陳澄波半百人生——一腔熱血灑故土	中國時報	第46版／嘉義專刊		臺北：中國時報社	
148	專論	1994.2.26	蔣勳	艱難時代中的美麗畫境——陳澄波時代美學	中國時報	第46版／嘉義專刊		臺北：中國時報社	
149	報導	1994.2.26	林福財	陳澄波百年紀念展今登場　申學庸、張文英共同主持文藝季及陳澄波雕像奠基儀式	太平洋日報	第15版		高雄：太平洋日報社	
150	報導	1994.2.27	洪長榮	「蒙塵」多年作品，今見陽光	臺灣時報			高雄：臺灣時報社	
151	報導	1994.2.27	李維菁	鑼聲三響　陳澄波百年祭活動揭開序幕　申學庸盼藉此機會將嘉義的文化資源讓全國都看得到	中國時報	第6版／綜合新聞		臺北：中國時報社	
152	報導	1994.2.27	洪長榮	陳澄波用「畫」道盡二二八　申學庸主持雕像奠基　活動正式開鑼	臺灣時報			高雄：臺灣時報社	
153	報導	1994.2.27	林春元	陳澄波系列活動昨揭幕　陳澄波雕像也舉行奠基儀式　另有兩幅名作展出	中國時報	第14版／嘉義縣市新聞		臺北：中國時報社	
154	報導	1994.2.27	林福財	陳澄波雕像奠基式掀高潮	太平洋日報	第15版		高雄：太平洋日報社	
155	報導	1994.2.27	陳世英、蔡玉村	嘉市文藝季開鑼　申學庸參觀陳澄波畫作	中華日報			臺南：中華日報社	
156	報導	1994.2.27	張朝福	嘉市文藝季開鑼　以陳澄波百年紀念展為主體　文建會主委強調藉此重建一充滿文化氣息社會	自由時報	第7頁／雲嘉南焦點新聞版		臺北：自由時報社	
157	報導	1994.2.27	鄧蔚偉	嘉義市人的驕傲　陳澄波百年紀念展揭幕	聯合報	第25版／文化廣場		臺北：聯合報社	
158	報導	1994.2.27		申學庸、張文英主持陳澄波雕像奠基大典	民眾日報	第13版		高雄：民眾日報社	
159	報導	1994.2.27	陳茂松	嘉縣推「親近新港」系列活動　嘉市舉辦「陳澄波百年紀念展」　全國文藝季　嘉義熱鬧展開	自立早報			臺北：自立早報社	
160	報導	1994.2.27	賴以潔	撫慰蒙冤的心靈　追思巨匠的身影　嘉義有個陳澄波　百年紀念畫展　昨與嘉義文藝季系列活動隆重揭幕	大成報			臺北：大成報社	
161	報導	1994.2.27	張文一	敲響文藝鑼　文藝季正式開鑼　文建會主委申學庸昨為陳澄波雕像主持奠基儀式	臺灣新聞報			高雄：臺灣新聞報社	
162	報導	1994.2.27	洪長榮	陳澄波之子道出二二八家屬痛楚	臺灣時報	第16版		高雄：臺灣時報社	
163	報導	1994.2.28	葉長庚	兩幅鉅作在蘇富比拍賣場創千萬元高價　贏得「臺灣畫壇第一人」定位　陳澄波畫作蒙塵近半世紀　令人讚歎　也叫人唏噓	聯合報	第16版／高屏澎東新聞		臺北：聯合報社	
164	報導	1994.2.28	葉長庚	「陳澄波，嘉義人」紀念展轟動　作畫地點巡禮　昨天開出文化列車　掀起一波波熱潮	聯合報	第16版／高屏澎東新聞		臺北：聯合報社	
165	報導	1994.2.28		陳澄波畫展參觀者眾　嘉義文化中心展期至三月十三日	中國時報	第5版／綜合新聞		臺北：中國時報社	
166	報導	1994.2.28	洪長榮	「歷史的腳步聲」　風雨中的響起　懷念陳澄波　紀念音樂會在寒風細雨中上演　象徵畫壇鉅擘隕落	臺灣時報			高雄：臺灣時報社	
167	報導	1994.2.28	葉娜慧	生命終結，藝術不死——追悼陳澄波	民眾日報	第21版／鄉土		高雄：民眾日報社	
168	報導	1994.2.28		陳澄波百年紀念展幕後「小」功臣　黃淨（瀞）誼個子嬌小辦活動可不輸人	太平洋日報			高雄：太平洋日報社	
169	專論	1994.2	張炎憲	臺灣人抗爭精神史的重建——嘉義二二八事件的思考	嘉義北回二二八		頁8-18	臺北：自立晚報社文化出版部	
170	專論	1994.2		護育莊嚴神彩——陳澄波百年祭的省思	雄獅美術	第276期	頁14-15	臺北：雄獅美術月刊社	
171	專論	1994.2	雄獅美術編輯部	「嘉義人——陳澄波百年祭」的反思	雄獅美術	第276期	頁34	臺北：雄獅美術月刊社	
172	專論	1994.2	陳重光	回首竟百年——「嘉義人——陳澄波百年祭」紀念展有感	雄獅美術	第276期	頁35-45	臺北：雄獅美術月刊社	

No.	類別	日期	作者	標題	出處	卷期/版次	頁數	出版者	收錄
173	專論	1994.2	李敏勇	殞落的星——陳澄波——世紀的追悼與臺灣美術的某些反思	雄獅美術	第276期	頁46-51	臺北：雄獅美術月刊社	
174	報導	1994.2	弘文	臺灣前輩畫家作品展	藝術家	第224期	頁406-407	臺北：藝術家雜誌社	
175	報導	1994.3.1	林福財	陳澄波學術論文研討明舉行　紀念最值得驕傲的嘉義人　三學者將發表精闢論文	太平洋日報	第15版		高雄：太平洋日報社	
176	報導	1994.3.1		文化中心陳澄波作品討論會	出處不詳				
177	報導	1994.3.1	陳志誠	陳澄波百年紀念展值得觀賞	臺灣公論報	第12版		雲林：臺灣公論報社	
178	報導	1994.3.1	賴維平	陳澄波紀念畫展　掀熱潮　嘉義人的驕傲　展出首日盛況空前	民生報	第20版		臺北：民生報社	
179	報導	1994.3.5	王靖媛	嘉義文藝季　名畫、交趾陶、老照片齊放光芒	兒童日報	第10版/藝術版		臺北：國語日報社	
180	報導	1994.3.5	林春元	李總統林洋港觀賞陳澄波畫展　欣見多幅「淡水風光」畫作　總統暢談當年景物	中國時報	第5版/綜合新聞		臺北：中國時報社	
181	報導	1994.3.5	林春元	李登輝、林洋港「同時」嘉義行　是否傳達總統選舉某些訊息　耐人尋味	中國時報	第16版		臺北：中國時報社	
182	報導	1994.3.5	龔芳代	參觀陳澄波紀念畫展　懷舊情懷油然而生　淡水風景畫　總統感觸深	臺灣時報			高雄：臺灣時報社	
183	報導	1994.3.5		李總統參觀陳澄波畫展	中國時報	第1版/要聞		臺北：中國時報社	
184	報導	1994.3.5	林福財	李登輝參觀陳澄波紀念畫展　司法院長林洋港隨後亦前往　但兩人並未謀面	太平洋日報			高雄：太平洋日報社	
185	報導	1994.3.5	陳俊佑	李總統參觀陳澄波百年紀念展	臺灣日報			臺中：臺灣日報社	
186	報導	1994.3.5	劉惠貞	李登輝宋楚瑜抵嘉市　參觀陳澄波先生畫展	臺灣公論報	第12版		雲林：臺灣公論報社	
187	報導	1994.3.5	鄧麗貞	總統參觀陳澄波紀念展　淡水街景畫作勾起學生時代回憶	中華日報	第2版		臺南：中華日報社	
188	報導	1994.3.5	殷延泉	李總統觀賞陳澄波畫展　熟悉畫中景物　暢談少年趣事	民生報			臺北：民生報社	
189	報導	1994.3.5		總統參觀陳澄波紀念展　淡水街景作品勾起無限回憶　頻向隨從解說	民眾日報			高雄：民眾日報社	
190	報導	1994.3.5	黃金看	李總統參觀陳澄波百年紀念畫展　在〔淡水黃昏〕畫作前駐足良久追憶昔時	青年日報	第2版		臺北：青年日報社	
191	報導	1994.3.5	葉長庚	一個前腳出　一個後腳進　李總統林院長　同處賞畫　好巧！	聯合報	第4版/焦點新聞		臺北：聯合報社	
192	報導	1994.3.5	張朝福	李總統、林洋港　先後蒞臨陳澄波畫展　時間相差不到二小時　但雙方並未碰面　兩位總統熱門人選不約而同赴嘉義　應非刻意安排	自由時報	第4頁		臺北：自由時報社	
193	報導	1994.3.5	張朝福	淡水寫生　總統欣賞良久　畫家之一陳敬輝　為李氏就讀淡中老師	自由時報			臺北：自由時報社	
194	報導	1994.3.5	吳菁華	李總統參觀「陳澄波百年紀念展」　對多幅以淡水為主題畫作特別有感情	中央日報	第3版/國內要聞		臺北：中央日報社	
195	報導	1994.3.5	陳茂松	前後腳訪嘉　李登輝、林洋港也來一齣　兩人昨午先後參觀陳澄波紀念展　但未謀面	自立早報	第2版/萬眾焦點			
196	報導	1994.3.5	陳茂松	李總統參觀陳澄波紀念展　被認具宣慰二二八家屬意義	自立早報	第2版/萬眾焦點			
197	報導	1994.3.6	陳永順	民藝陣頭漂亮演出　觀眾千餘人　陳澄波百年畫展　參觀人次逾一萬三千　包括李登輝、林洋港及宋楚瑜	聯合報	第16版		臺北：聯合報社	
198	報導	1994.3.6	張文一	大師聯手畫作　引人駐足觀賞	臺灣新聞報			高雄：臺灣新聞報社	
199	報導	1994.3.6	陳俊佑	追隨陳澄波足跡　畫出嘉義風光　國小學童水彩寫生賽今登場	臺灣日報	第16版		臺中：臺灣日報社	
200	報導	1994.3.6	林福財	全國文藝季　陳澄波百年紀念繪畫　盛況空前　親近新港壓軸登場	太平洋日報			高雄：太平洋日報社	
201	專論	1994.3.6-12	謝金蓉	從「陳澄波百年紀念展」學術研討會看臺灣美術評論史觀的困境：每個人都拿著一枝彩筆「畫」臺灣美術史	新新聞周刊	第365期	頁70-74	臺北：新新聞周刊雜誌	
202	報導	1994.3.7	陳志誠	全國文藝季迴響熱烈　親子寫生賽掀高潮	臺灣公論報	第14版		雲林：臺灣公論報社	

No.	類別	日期	作者	標題	出處	卷期/版次	頁數	出版者	收錄
203	報導	1994.3.7	賴維平	嘉義掀起陳澄波熱 數百名小朋友競畫於春陽下	民生報	第20版		臺北：民生報社	
204	報導	1994.3.7	張文一	陳澄波百年祭畫展現場 小朋友追尋大師足跡 嘉市中山公園水彩寫生	臺灣新聞報			高雄：臺灣新聞報社	
205	報導	1994.3.7	黃金看	重整嘉義「畫都」美譽 陳澄波百年紀念展掀起高潮	青年日報			臺北：青年日報社	
206	報導	1994.3.7	張文一	千萬巨著	臺灣新聞報			高雄：臺灣新聞報社	
207	報導	1994.3.7	林福財	李總統和林院長先後蒞臨觀賞「陳澄波百年紀念畫展」市立文化中心生輝不少 澄波先生推動臺灣美術 功不可沒	太平洋日報			高雄：太平洋日報社	
208	報導	1994.3.7	葉長庚	陳澄波熱 未減 小朋友參與作畫 頗具薪火相傳意義	聯合報	第16版／高屏澎東新聞		臺北：聯合報社	
209	報導	1994.3.9	曾麗容	畫家筆下的老淡水 陳澄波、李永沱畫作欣賞	自立早報			臺北：自立早報社	
210	報導	1994.3.9	文誠	嘉市將陸續推出23場藝文活動	中央日報	第14版		臺北：中央日報社	
211	報導	1994.3.10	葉長庚	「藝文小巨人」 的確有二把刷子 黃瀞誼策劃陳澄波紀念展 傑出表現獲肯定	聯合報	第6版		臺北：聯合報社	
212	報導	1994.3.10		「陳澄波‧嘉義人」系列活動 參觀人潮創紀錄 負責企劃的黃瀞誼,其功不可沒	臺灣新聞報	第13版		高雄：臺灣新聞報社	
213	報導	1994.3.10	林福財	觀賞陳澄波真蹟 嘉義人流連忘返	太平洋日報			高雄：太平洋日報社	
214	報導	1994.3.10	廖素慧	吸引近二萬人次參觀 國內外人士爭睹遺作 夫子教學活教材 陳澄波百年祭畫展 震撼嘉義	中國時報	第16版		臺北：中國時報社	
215	報導	1994.3.10		陳澄波紀念展回響熱烈	中華日報			臺南：中華日報社	
216	報導	1994.3.10	賴維平	觀賞大師真蹟 把握機會 陳澄波畫展 周日結束	民生報	第20版		臺北：民生報社	
217	報導	1994.3.10	葉長庚	百年難得的饗宴 十三日畫句點 陳澄波畫展近尾聲 鄉親把握	聯合報	第15版		臺北：聯合報社	
218	報導	1994.3.10	劉惠貞	陳澄波百年紀念展周日將下檔	臺灣公論報	第12版		雲林：臺灣公論報社	
219	報導	1994.3.10	黃義順	觀賞陳澄波畫展 民眾開眼界	臺灣日報	第16版		臺中：臺灣日報社	
220	報導	1994.3.10	黃金看	陳澄波百年紀念展掀高潮 嘉義人大開眼界收獲多	青年日報	第12版		臺北：青年日報社	
221	報導	1994.3.10	林春元	陳澄波 天妒才子	中國時報	第16版		臺北：中國時報社	
222	報導	1994.3.11	黃義順	陳澄波紀念展帶動觀畫人潮 文化中心有信心推出玉山獎新秀作品	臺灣日報			臺中：臺灣日報社	
223	報導	1994.3.11	葉長庚	嘉市文化中心 籌設「玉山獎」 再造畫都美譽 重賞栽培新秀 盼望各界支持	聯合報	第15版		臺北：聯合報社	
224	報導	1994.3.11	林福財	陳澄波百年祭展出成功 「諸羅風情」風再現古	太平洋日報	第15版		高雄：太平洋日報社	
225	報導	1994.3.11		陳澄波百年紀念展熱力不減 參觀人潮直逼二萬掀起嘉市文藝展旋風	中華日報	第24版		臺南：中華日報社	
226	報導	1994.3.11	張朝福	陳澄波畫展 參觀人數將破兩萬 李總統、林洋港親臨觀賞 堪稱國內世紀大展 文化中心盼再造嘉義畫都美譽	自由時報	第9版		臺北：自由時報社	
227	報導	1994.3.11	張文一	仕紳熱心贊助 促使畫風鼎盛 陳澄波百年展中,從泛黃的照片令人追思當年的盛況	臺灣新聞報			高雄：臺灣新聞報社	
228	報導	1994.3.11	葉長庚	天鵝白鶴不知去向 鳳凰木也倒了…… 嘉義公園 畫中美景不再	聯合報			臺北：聯合報社	
229	報導	1994.3.12	黃金看	努力創造嘉義新文化,建設「藝術之都」 兩萬民眾瞻賞陳澄波畫作	青年日報			臺北：青年日報社	
230	報導	1994.3.12	葉長庚	諸羅景物顏色故 甲子畫作留風情 六十幾年的變遷使嘉義改頭換面 畫中情景小朋友「相見不相識」	聯合報			臺北：聯合報社	
231	報導	1994.3.12	林福財	觀賞陳澄波畫展 嘉義人意外收獲多	太平洋日報	第15版		高雄：太平洋日報社	
232	報導	1994.3.12	張文一	嘉市選出兒童優良畫作 明起在文化中心展出	臺灣新聞報	第14版		高雄：臺灣新聞報社	

No.	類別	日期	作者	標題	出處	卷期/版次	頁數	出版者	收錄
233	報導	1994.3.12	張文一	陳澄波畫下歷史痕跡	臺灣新聞報			高雄：臺灣新聞報社	
234	報導	1994.3.12	李維菁	「陳澄波百年祭」明落幕　別錯過欣賞畫家作品全貌的最後機會	中國時報	第42版		臺北：中國時報社	
235	報導	1994.3.13	廖素慧	參觀人數三萬餘　冠蓋雲集　紀念物被搶購一空　陳澄波畫展　嘉市文化中心風光	中國時報			臺北：中國時報社	
236	報導	1994.3.13		陳澄波百年紀念畫展　轟動　市立文化中心主任希望藉此活動奠基　再重塑嘉義「畫都」美譽	民眾日報	第15版		高雄：民眾日報社	
237	報導	1994.3.13		陳澄波畫展　冠蓋雲集	中國時報	第16版		臺北：中國時報社	
238	報導	1994.3.13	葉長庚	參觀陳澄波百年畫展　自行買票進場　郝伯村賞畫　作風平民化	聯合報	第16版		臺北：聯合報社	
239	報導	1994.3.13	林福財	陳澄波百年紀念展　一幅畫三千萬元　值得一看　今日最後一天展出　請把握最後良機	太平洋日報	第15版		高雄：太平洋日報社	
240	報導	1994.3.13	葉長庚	陳澄波畫展　今天閉幕　一幅名畫三千萬　未看民眾請把握	聯合報	第15版		臺北：聯合報社	
241	報導	1994.3.13	黃義順	陳澄波紀念展最後一天　尚未觀賞者請把握機會	臺灣日報	第16版		臺中：臺灣日報社	
242	報導	1994.3.13		紀念畫展今落幕　歡迎民眾把握機會	民眾日報	第15版		高雄：民眾日報社	
243	報導	1994.3.14	劉惠貞	陳澄波紀念展圓滿落幕	臺灣公論報			雲林：臺灣公論報社	○
244	報導	1994.3.14	賴維平	陳澄波百年展　閉幕　展出期間　人潮洶湧　冠蓋雲集	民生報	第20版		臺北：民生報社	
245	報導	1994.3.15	林福財	陳澄波紀念畫展閉幕　參觀人次破兩萬大關	太平洋日報			高雄：太平洋日報社	
246	報導	1994.3.15		藝文小巨人	聯合報			臺北：聯合報社	
247	專論	1994.3	彭素華	畫筆難敵槍桿子　二二八受難者陳澄波的悲情藝術人生	美華報導	第278期	頁72-73	臺北：美華報導雜誌社	
248	專論	1994.4.10	楊明鍔	從放射到螺旋——陳澄波繪畫線條的演進	醫望雜誌	第1期	頁92-94	臺北：臺灣醫界聯盟基金會	
249	報導	1994.6.17	李人岳、江凱榆、邱士純	悲情畫家英雄——陳澄波	協同青年	第35期	頁14-22	嘉義：私立協同中學	
250	專論	1994.7.23	林惺嶽	祖母慈顏　雋永長存	中國時報	第43版/藝術欣賞		臺北：中國時報社	
251	報導	1994.8.2	李維菁	兩位百歲畫家‧一生際遇不同　北美館八月六日舉行　陳澄波劉錦堂百年展	中國時報	第33版/藝文焦點		臺北：中國時報社	
252	報導	1994.8.5	李維菁	陳澄波、劉錦堂百年展　今晚酒會　明天揭幕	中國時報	第34版/藝文焦點		臺北：中國時報社	
253	報導	1994.8.6	李維菁	臺北市立美術館與本報等單位主辦　陳澄波劉錦堂百年紀念畫展今揭幕　在北市美術館展至10月16日　昨舉行開幕酒會　多位美術界文化界名人與會參觀	中國時報	第5版/生活新聞		臺北：中國時報社	
254	報導	1994.8.6	李維菁	明珠蒙塵半世紀　光彩終於再現　對父親畫作獲推崇展出　陳劉兩畫家第二代感到安慰	中國時報	第5版/生活新聞		臺北：中國時報社	
255	報導	1994.8.6	曾麗容	陳澄波、劉錦堂紀念展今日開幕　臺灣第一代畫家的百年盛事	自立早報	第14版/綜藝頻道		臺北：自立早報社	
256	報導	1994.8.6		生命如朝露　藝術若磐石　陳澄波、劉錦堂百年　北市美展畫禮讚	民生報	第14版/藝術新聞		臺北：民生報社	
257	專論	1994.8.6	蔣勳	劉錦堂‧陳澄波的一八九五和一九九五　悲情雙生子　映照百年史	中國時報	第41版/劉錦堂‧陳澄波百年紀念展專刊		臺北：中國時報社	
258	專論	1994.8.6	黃光男	百年對「畫」‧百年省思	中國時報	第43版/劉錦堂‧陳澄波百年紀念展專刊		臺北：中國時報社	
259	專論	1994.8.6	口述／陳重光、撰文／王昭文	畫框外的父親　陳澄波	中國時報	第44版/劉錦堂‧陳澄波百年紀念展專刊		臺北：中國時報社	
260	報導	1994.8.7	李維菁	陳澄波、劉錦堂百年展開始　北美館擠進了陽光，還有攜家帶眷及成群結隊的參觀民眾	中國時報	第33版/藝文焦點		臺北：中國時報社	

No.	類別	日期	作者	標題	出處	卷期/版次	頁數	出版者	收錄
261	報導	1994.8.7	鄭乃銘	兩幅油畫原以為已入火海　卻因自由時報而尋出　雖來不及參展　美術館中仍保留席位…… 趕上百年列車　陳澄波油畫浴火重生	自由時報	第28版／藝術文化·影視資訊		臺北：自由時報社	○
262	報導	1994.8.13		愛鄉熱情寫意入畫　陳澄波、劉錦堂百年紀念展	民眾日報	第23頁／文化		高雄：民眾日報社	
263	專論	1994.8	黃光男	序	典藏品研究特展2　陳澄波—新樓		頁2	臺北：臺北市立美術館	
264	專論	1994.8	鄭惠美	由教育愛到民族愛——陳澄波的生命終極關懷	典藏品研究特展2　陳澄波—新樓		頁4-13	臺北：臺北市立美術館	
265	專論	1994.8	鄭惠美	由教育愛到民族愛——陳澄波的生命終極關懷	現代美術	第55期	頁35-41	臺北：臺北市立美術館	
266	專論	1994.8	鄭惠美	絢麗化歸塵土——熱血漢陳澄波的性格與藝術	典藏品研究特展2　陳澄波—新樓		頁14-21	臺北：臺北市立美術館	
267	專論	1994.8		附錄	典藏品研究特展2　陳澄波—新樓		頁22-32	臺北：臺北市立美術館	
268	專論	1994.8	林育淳	陳澄波「臺展、府展」入選作品賞析	現代美術	第55期	頁42-48	臺北：臺北市立美術館	
269	專論	1994.8	黃光男	序	陳澄波百年紀念展		頁4-6	臺北：臺北市立美術館	
270	專論	1994.8	顏娟英	陳澄波繪畫風格的形成	陳澄波百年紀念展		頁10-14	臺北：臺北市立美術館	
271	專論	1994.9.1	黃明山總編輯	二二八事件——熱心公益的畫家	中國兒童大百科全書42		頁10-15	嘉義：明山書局	
272	報導	1994.9	編輯部	國巨的陳澄波收藏品曝光！	典藏藝術	第24期	頁141	臺北：典藏雜誌社	
273	報導	1994.9		陳澄波、劉錦堂「百年」大展	典藏藝術	第24期	頁140	臺北：典藏雜誌社	
274	報導	1994.11	李曬西	百年後的相逢——記陳澄波、劉錦堂百年紀念展	交流	第18期	頁17-21	臺北：財團法人海峽交流基金會	
275	報導	1994.12.1		劉錦堂·陳澄波作品展	臺北畫刊	第323期	頁22-26	臺北：臺北市政府新聞處	
276	專論	1994.12	莊永明	彩筆衝破二二八：陳澄波	People（時人雜誌國際中文版）	第24期	頁210-215	臺北：樺榭國際文化事業股份有限公司	

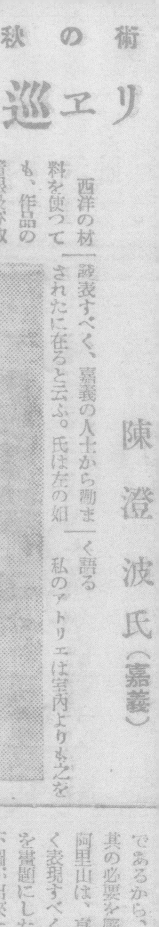

論評
Comments

陳澄波雕像　揭幕

【記者余雪蘭／嘉市報導】二二八受難畫家陳澄波的雕像，昨天在他的三代子孫、朋友、地方首長及民代等人觀禮下揭幕，親友獻上鮮花，臺灣人公共事務會（FAPA）訪問團也特地趕來參加。

由陳澄波的外孫蒲浩明花費一年才完成的陳澄波雕像，為嘉義市立文化中心三週年慶的一大獻禮，它的特殊在於全臺陳澄波雕像僅此一座，也是第一位二二八受難者的雕像。

陳澄波雕像揭幕典禮與文化中心三週年慶的嘉義嘉年華會、蒲添生及蒲浩明父子雕塑聯展開幕茶會同時進行。由林清玄所唱「阮若打開心內的門窗」的音樂伴隨著活動的進行，襯托出平和又溫馨的氣氛。

陳澄波的五位兒女除第二個女兒因病無法到場外，幾乎是全家大小一起出動，其中還有陳澄波的曾孫，四代共聚一堂。

地方藝術界人士、關心的市民、立委蔡同榮及FAPA訪問團約二、三百人與會。

市長張文英在會中推崇陳澄波犧牲奉獻的精神值得學習。陳澄波的女婿蒲添生致詞時提及二二八事件，顯得有點激動，他說現在他們應該知道臺灣人不是如此可欺的了，不過以後環境會如何轉變也不知道，但要記取教訓，有所覺悟，已經憨過一次，不要再憨一次。

陳澄波的兒子陳重光對於社會各界對其父親的關心支持表示感謝，隨後並捐出一張陳澄波的畫作〔木材工廠〕給文化中心，該作品所寫繪的木材工廠即現今的文化中心所在。

覆著紅布的陳澄波雕像隨後由張文英市長、立委蔡同榮、蒲添生、陳重光等人共同掀開，接著親人擁上，在陳澄波雕像的四周獻滿鮮花，並不停的照像留念，場面熱鬧、溫馨動人。

—原載《自由時報》第6頁／綜合新聞版，1995.2.26，臺北：自由時報社

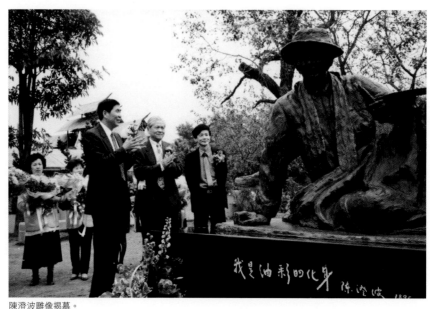

陳澄波雕像揭幕。

走出悲情──228家屬系列報導（三）
陳重光　悲情昇華關照社會

記者　林靜君

　　受傷，有人，一輩子在舔舐傷口，泅游於痛苦的情境，有人經過痛徹的逆境後，鍛練出更清澄的人生觀，伸出雙臂擁抱同樣受傷的人，在二二八受難家屬中，陳重光就是一位這樣一位昇華二二八悲情，轉為關照社會的仁者。

　　陳重光是二二八受難者畫家陳澄波的兒子，二二八事件發生當時陳重光是師範大學學生，見證了二二八事件的發生，也因為二二八事件嘗到失怙之痛。帶走陳澄波生命的槍聲，改變了陳家命運，小時候，陳澄波（重光）被教育要做一位遠離政治的「順民」然而，三十年後，陳重光踏上父親為民請命的路，戮力率眾為二二八受難者平反。

　　雖然經過五十年，在嘉義二二八紀念館展示父親血衣時，陳重光眼睛仍然濕濡，父子之情是永遠的，但在嘉義二二八受難家屬眼中，陳重光就像他們的父親一樣，本身也是二二八受難家屬的蘇美南，跟隨陳重光為二二八共事六年，蘇美南說，陳重光對二二八受難家屬，於私就像一位父親，於公則是一位社會公平聖使。

　　蘇美南回憶，在二二八事件還是社會的禁忌時，陳重光以高中教師身分無懼地帶領受難者家屬到當時槍決處，也就是現在的嘉義火車站附近祭祀燒冥紙，蘇美南說，當時連他兄姊都還不敢出面祭祀，而在二二八賠償條例立法過程中，陳重光帶著受難家屬清晨六點，從嘉義到臺北中央機關請命，即使後來二二八基金會成立，為了協助受難家申請補償，及 嘉義二二八紀念館事宜，已經退休的陳重光仍然繼續南來北往奔波，當初為了籌組二二八關懷協會，陳重光還賣了父親的畫。

　　因發放補償金和二二八家屬接觸最密切的二二八事件處理基金會人員，談到陳重光時也一致推崇他是一位有風範、理性的長者，對事情客觀理智，為照顧家屬不遺餘力。

　　嘉義市今天舉行二二八紀念儀式，從二月一日開始到四月五日一系列追思紀念活動，前前後後都有陳重光勞心勞力的身影，然而，最難能可貴的是，在陳重光的帶領之下，嘉義二二八關懷協會已經走出二二八悲情侷限，將關懷的熱誠擴展到被壓迫社會角落，化悲情為力量不是件容易的事，陳重光做來從容大度，展現了臺灣人尊嚴典型。

──原載《自立晚報》第2版，1997.2.26，臺北：自立晚報社

陳澄波與陳碧女　父女紀念畫展

「陳澄波與陳碧女父女紀念畫展」12月13～28日尊彩藝術中心

文／余彥良

　　在民國八十三年十月，臺北市立美術館以「陳澄波百年紀念展」為題，舉辦了一次大型展覽，在當時獲得廣大的迴響，能看見多幅油畫真跡共聚一堂，的確讓我震撼不已，而自己所經營的畫廊宗旨，也努力朝向舉辦類似大展為期許，向臺灣本土前輩畫家貢獻一分心力。

　　一直有感於陳澄波對臺灣與祖國山河的熱愛，但他卻犧牲於不平的時代，實為世人感慨。在一次偶然的機會中，有緣認識了陳澄波的家屬，對於陳氏家族有了更深層的瞭解，而在拜訪家屬過程裡，意外的（地）發現陳澄波的次女陳碧女的油畫作品，在她當時的創作內涵中，遠超過她實際年齡所能表達的穩重灑脫卻又不失天真無邪，而父女兩人均徜徉在藝術生命裡的無限熱情，所包含的藝術性與思想性，常引人深深入畫，也讓人一覽無遺，不必再深入挖掘探究，就能感受其隱含的深沉情感和偉大胸懷。而畫作的筆觸相似，可發現兩人情感至深及個性皆為剛烈，難怪當時有報章評論陳氏父女的作品，而道出「虎父與虎女」的口號，實為貼切。

　　尊彩此次展出內容，包括陳澄波的九件油畫和兩件淡彩，陳碧女的九件油畫和二件素描，其中含尊彩向陳澄波家屬購買的五件油畫，另外四件由收藏家所提供，展出現場當日起，將播放一九七九年十二月，在春之藝廊所展出陳澄波遺作展會場的實況錄影，希望能喚起當時遺留下的珍貴回憶。而陳澄波原本有意送女兒至日本習畫深造，卻因環境變故而無法成行，若能以此次的展覽因緣，讓社會大眾認識陳碧女的畫作，相信能安慰陳澄波早年未能達成的心願，也能補足臺灣美術史上曾被遺忘的美好痕跡。

—原載《藝術家》第271期，頁581，1997.12，臺北：藝術家雜誌社

難得露面　老畫精采
臺灣亮眼聚焦　大陸一新耳目

記者／鄭乃銘（日本採訪報導）

　　四月十日起，正式對外開放的「東亞油畫的誕生與開展」展覽，靜岡縣立美術館到底商借到什麼「寶貝」？

　　先以臺灣前輩畫家的作品來說，靜岡縣立美術館委託臺北市立美術館擔任臺灣部分的策展人，臺灣這次「出線」的前輩畫家名單是：倪蔣懷、陳澄波、郭柏川、廖繼春、李梅樹、藍蔭鼎、顏水龍、陳植棋、陳慧坤、李石樵、楊三郎、廖德政等二十二位畫家共三十七件畫

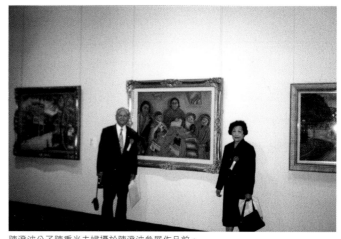

陳澄波公子陳重光夫婦攝於陳澄波參展作品前。

作。而陳澄波的公子陳重光、李梅樹的公子李景光、藍蔭鼎的公子藍高津亦專程前往參加揭幕式。

　　作品方面，陳澄波的〔夏日街景〕、〔我的家庭〕，李梅樹〔黃昏〕難得露臉，藍蔭鼎一九二四年的〔夜店〕水彩畫作，更是十分精采的畫作，另外，李石樵的〔田園樂〕油畫、洪瑞麟一九三三年〔日本貧民窟〕油畫，都是現場注意的焦點。

　　除臺灣方面的作品備受大會肯定外，中國這次所提供的作品（中國前輩畫家的作品，最主要是由靜岡縣立美術館挑選），也頗亮眼。徐悲鴻的〔簫聲〕、〔田橫五百士〕、〔月夜〕都出籠了，劉海粟美術館所提供的〔北京前門〕、〔夫人像〕、〔南京夫子廟〕三件油畫，讓人一改以往對劉海粟甜膩畫風的印象。

　　還有一點不得不提，臺灣現階段藝術市場相當流行的顏文梁、余本、胡善餘、沙耆作品，在這次展出的畫作，亦一掃過去在臺灣所見的泛泛之作印象。當然，韓國、日本的作品亦絲毫不弱，只是，臺灣向來對於韓國的藝術並不那麼熟悉，但從作品的多樣性及現代性來看，這場由日本所「挑惹」起的東亞油畫誕生與開展，還真是一場前輩藝術家們在世紀末「硬碰硬」的「拚面子」之爭呢！

—原載《自由時報》第39版／藝術特區，1999.4.17，臺北：自由時報社

我所知道的前輩油畫家二三事（節錄）

文／陳景容

　　日據時代，由日本派來臺灣有很多位優秀的建築家、人類學者以及各界傑出人士。石川雛先以翻譯官身份（分）來臺，可是其水彩造詣很高，在臺北師範培育的畫家相當多，自倪蔣懷開始，有陳澄波、郭柏川、陳植棋、王白淵、廖繼春、李梅樹、李澤藩、楊啟東、葉火城、李石樵等。在他私人畫室中培育出來的有藍蔭鼎、洪瑞麟、張萬傳、陳德旺等人。[1]

　　後來他們大部分到日本留學，回國之後都成為臺灣第一代畫家。除了大部分改畫油畫之外，倪蔣懷、藍蔭鼎及李澤藩是以水彩為主。李澤藩則曾任教於師大、藝專及新竹師院等校美術系，認真教學，作品亦充分表現濃厚的臺灣鄉土風味；其公子之一為中研院院長李遠哲。（中略）

　　第一代赴日留學的老畫家中，除了楊三郎就學於關西美術學院，劉啟祥就學於文化學院之外，相當多人就讀於東京美術學校（現在的東京藝大）。這所美術學校的教育可說相當成功，由臺灣來的學生一進此校，畢業後一回到臺灣，大都是臺灣畫壇的重要畫家，而且每個畫家均有其獨特的風格。

　　光復前最後一位1946年畢業於東京美術學校的油畫家為廖德政；直到光復後我在1967年畢業於東京藝大之前，有二十多年的斷層。這也是第一代前輩老畫家與第二代中堅畫家之間，較少有出色畫家存在的原因之一吧！

　　為什麼東京美術學校有這麼好的教育成果呢？因為它是日本最好的美術學校，大約一百人才錄取二個人，競爭十分激烈。例如李石樵便考了三年才考取；張義雄則考了六年也沒考取。也因為難考，只好在美術補習班苦練素描，反而奠定了他們優異的素描基礎。所謂「川端繪畫研究所」及「本鄉繪畫研究所」便是專為準備考美術學校的補習班。而李石樵之後，取消對殖民地的臺灣、韓國留學生優待，所以特別難考。

　　從1915年開始，雕刻家黃土水考入東京美術學校後，接著有劉錦堂、張秋海，1922年顏水龍也考入西洋畫科，這一屆是該校有史以來出了很多名畫家的一個班級，有顏水龍、牛島憲之、荻須高德、加山四郎、小磯良平、中西利雄、山口長男、豬熊弦一郎、岡田謙三、高野二三男等人，可說人才濟濟。同一年畢業的圖畫師範科則有陳澄波、廖繼春，也都十分出色，人才之盛可見一斑。其後較著名的則有陳植棋、陳慧坤、郭柏川、李梅樹、李石樵、廖德政。

　　顏水龍曾經告訴我：「因為東京美術學校的教授岡田三郎助較不會歧視臺灣學生，所以臺灣來的都選他作指導老師。」顏水龍也曾經對我說：「光復後，有一天我和陳澄波一起吃飯，我勸告他，現在局勢不好，不要參與政治。」講到這裡，顏水龍還比著喝酒的手勢，說：「陳澄波豪邁的喝一大口酒，說：『我就是偏偏要！』沒想到後來就發生了二二八的慘事，他也這樣犧牲了生命。」是否如此，因為顏水龍描述得十分生動，姑且信之。顏水龍除了受教於岡田三郎助之外，也受教於藤島武二，1929年赴法留學，作品曾入選秋季沙龍多次，回國後深覺保存臺灣文化的重要性，於是負起推展臺灣工藝之重大責任，對於山地、鄉村之人物作為其重要題材，其作品富有鄉土氣息，原住民少女側面像則受到藤島武二的作品影響甚多。另外，顏水龍也有大理石嵌畫製作，於中山北路路邊，圓山飯

店山腳下的擋土牆上及花蓮慈濟醫院；都是相當大的作品。顏水龍在法國留學時，曾經在坎城巧遇著名的畫家梵唐元（Kees Van Donggn），跟他學畫。顏水龍告訴我，梵唐元教他畫油畫時，筆觸像用畫筆敲打畫布似地作畫。我聽了覺得頗有道理，因為大久保作次郎也曾經告訴我，這樣畫顏料附著力較好；而安格爾有一幅未完成的作品，亦有像點描似的筆觸。

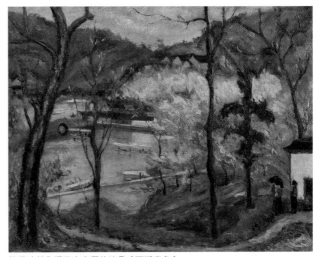

陳澄波曾入選日本帝展的油畫〔西湖春色〕。

有一天，廖繼春老師帶我們到阿里山寫生旅行。第一天我們住在嘉義，傍晚廖老師帶我們到當地望族林良明家，參觀林家所收藏陳澄波的「西湖」，這幅作品曾入選日本帝展，被視為他的代表作之一。後來這幅畫在地震時掉落受損，我也曾經修復過此畫。第二天到阿里山，晚餐後大家圍著廖老師閒談。老師說：「陳澄波是我的同班同學，他比我高大很多，一起出門時人家都笑說是七爺八爺，當時的油畫教授田邊至[2]，看我的頭髮留的（得）很長，以為是沒錢理髮，便給我們錢。其實田邊老師給的比理髮的錢多很多，理髮後我們還可以去吃一頓豐盛的晚餐，很有人情味。當時的日本同學有點瞧不起我們是來自臺灣的學生，但是陳澄波是班上第一個入選帝展的，消息傳到班上日本同學都叫他『老師、老師』顯的（得）十分恭敬，讓我們感到很光榮。」接著廖老師又提到：「二二八事件時，陳澄波只因為去當翻譯就被槍殺，真是很可憐。」大家聽到這段話，沈默片刻。在白色恐怖時期，很多人都不願意提到二二八，以免惹禍上身，可是廖老師並不忌諱這些關乎生命危險的話題，十分嚴肅地介紹陳澄波的生平和繪畫，可說需要相當大的勇氣。老師談完後，從他的眼神可以看出些微的哀愁，表情也顯現出一種耶穌般的神聖光彩，令人印象深刻。

楊三郎老師也曾告訴我，每年臺陽展時，陳澄波都住在楊家，也常以楊家為根據地，再到淡水或臺北近郊寫生，直到展出的作品有人購買才回嘉義，因為賣了作品後才能維持生計。在當時，身為一個專業畫家，賣畫機會不多，楊老師也常幫忙他銷售作品。陳澄波的作品看來十分純樸，真情流露，相當感人。

—原載《現代美術》第90期，頁15-32，2000.7，臺北：臺北市立美術館

1. 據1985年芳蘭美展第九回紀念特刊有如此記載，但石川於1917年回國，1924年再度來臺之間，如郭柏川、王白淵、李梅樹與廖繼春，則在石川不在臺灣的期間內畢業於臺北師範。
2. 田邊至是當時從巴黎留學回來，受塞尚影響的名畫家。

1995-2000論評總目錄

No.	類別	日期	作者	標題	出處	卷期/版次	頁數	出版者	收錄
1	報導	1995.2.22	鄭乃銘	音樂會、美展一同紀念二二八　南畫廊推出「在幸福裡看一段悲劇」　紀念音樂會要唱出人民的聲音	自由時報			臺北：自由時報社	
2	報導	1995.2.24	余雪蘭	嘉市文化中心陳澄波雕像　明天揭幕　雕像高一七五公分以銅鑄成重達八百公斤	自由時報			臺北：自由時報社	
3	報導	1995.2.24	葉長庚	我是油彩的化身　陳澄波雕像　明剪綵揭幕	聯合報			臺北：聯合報社	
4	報導	1995.2.24	蔡佳芬	陳澄波雕像運抵嘉市	民眾日報			高雄：民眾日報社	
5	報導	1995.2.24	呂素麗	畫家陳澄波故居將闢紀念館　雕像戶外陳列　創全省先例　廿五日揭幕	中國時報			臺北：中國時報社	
6	報導	1995.2.26	呂素麗	「我是油彩的化身」　嘉市新指標	中國時報			臺北：中國時報社	
7	報導	1995.2.26	呂素麗	文化中心三年慶　藝術饗宴　陳澄波雕像揭幕　中心廣場設攤賣文物	中國時報			臺北：中國時報社	
8	報導	1995.2.26	呂素麗	陳澄波畫作〔木材工廠〕　陳重光贈嘉市文化中心典藏	中國時報			臺北：中國時報社	
9	報導	1995.2.26	林世芬	FAPA臺灣訪問團造訪嘉義　除參加文化中心三週年慶開鑼與陳澄波雕像揭幕儀式　並在立委蔡同榮服務處召開記者會	民眾日報			高雄：民眾日報社	
10	報導	1995.2.26	蔡佳芳	陳澄波紀念雕像揭幕　市長張文英、立委蔡同榮及親友都上前獻花致敬　場面溫馨感人	民眾日報			高雄：民眾日報社	
11	報導	1995.2.26	余雪蘭	228亡魂錄　陳澄波被槍決　親人頓感「天黑一邊」　陳重光指父親的屍體被擺在火車站示眾，他無法靠近，連出殯時，他也無法去送……。	自由時報	第6頁／綜合新聞版		臺北：自由時報社	
12	報導	1995.2.26	余雪蘭	陳澄波雕像　揭幕	自由時報	第6頁／綜合新聞版		臺北：自由時報社	○
13	報導	1995.2.26	葉長庚	鑼敲三響　嘉市文化中心慶三週年　藝術界人士齊聚一堂陳澄波雕像前置滿鮮花	聯合報			臺北：聯合報社	
14	報導	1995.2.26	蔡佳芬	豎立雕像仍不足以彌補二二八事件造成的傷口　陳重光盼能儘早公佈真相並公開道歉	民眾日報			高雄：民眾日報社	
15	專論	1995.2	陳重光	序二	嘉義驛前二二八		頁4-6	臺北：財團法人吳三連臺灣史料基金會	
16	專論	1995.2	張炎憲	徘迴於抗爭與和平解決之間的悲劇	嘉義驛前二二八		頁1-13	臺北：財團法人吳三連臺灣史料基金會	已收錄至14卷
17	專論	1995.2	採訪／張炎憲、高淑媛；記錄／高淑媛	陳澄波（畫家、市參議員，死難者）第一部分	嘉義驛前二二八		頁157-173	臺北：財團法人吳三連臺灣史料基金會	已收錄至14卷
18	專論	1995.2	採訪／張炎憲、王逸石、高淑媛；記錄／王昭文	陳澄波（畫家、市參議員，死難者）第二部分	嘉義驛前二二八		頁174-196	臺北：財團法人吳三連臺灣史料基金會	已收錄至14卷
19	報導	1995.3.1	呂素麗	陳澄波雕像豎起　子女的驕傲　「政治短暫　藝術永遠」四十八年前二二八事件父親悲愴遭遇的烙印漸褪　陳重光殷盼悲劇遠颺	中國時報			臺北：中國時報社	
20	專論	1995.3.1	Wang Fei-yun	Nostalgia in oils - Chen Cheng-po's paintings portray and idyllic Taiwan of fifty years ago	Free China Review	第45卷第3期	頁62-73	Taipei：Kwang Hwa Publish Co.	
21	報導	1995.3.3	葉長庚	陳澄波雕像　精神在人間	聯合報	第34版／鄉情		臺北：聯合報社	
22	專論	1995.3.19	文／王白淵、譯／陳才崑	一篇五十餘年前的畫評　如今依舊擲地有聲　關於臺籍畫家「府展雜感」怎麼說	大成報	第23版／消費生活		臺北：大成報股份有限公司	
23	專論	1995.5	張振宇	騷動不安的靈魂——陳澄波	典藏藝術	第32期	頁154-162	臺北：典藏雜誌社	
24	專論	1995.7.6	何婉言	那個，跨越歷史鴻溝的時代	自由時報	第29版／自由副刊		臺北：自由時報社	
25	專論	1995.7.10	莊永明	陳澄波	德碁心橋	第31期	頁40-41	新北：德碁半導體	
26	專論	1995.8	劉太乃	陳澄波——引進大陸美術思潮的前輩畫家	統領雜誌	第121期	頁91-92、94、96	臺北：統領雜誌社	

No.	類別	日期	作者	標題	出處	卷期/版次	頁數	出版者	收錄
27	專論	1995.12		陳澄波與持傘少女	臺灣畫	第20期	頁8	臺北：臺灣畫雜誌社	
28	學位論文	1995	廖佳玲	美國藝術社會學理論探討及實證研究以畫家陳澄波為例	國立政治大學社會學系碩士論文				
29	報導	1996.2.2	謝震南	二二八受難者和藝術家回顧事件展望	中央社				
30	報導	1996.2.3	張柏順	追溯歷史軌跡 省思未來 二二八紀念美展 明天起北美館登場	聯合報	第35版／文化廣場		臺北：聯合報社	
31	報導	1996.2.3	洪麗明	228紀念美展 走出悲情 北美館特邀八位當年受害畫家共襄盛舉 賢志室內樂今起演出一系列臺灣民謠	中華日報	第18版／影藝		臺南：中華日報社	
32	報導	1996.2.4	李維菁	陳澄波‧蒲添生‧廖德政…… 二二八紀念美展 北美館今開展	中國時報	第22版／文化藝術		臺北：中國時報社	
33	報導	1996.2.29	江俊亮	228悲痛傷痕 可以寬恕不能遺忘 非常故事（一）陳澄波血淋淋的見證 冤死後血流不止 長輩拒讓屍首進門	中國時報	第14版／焦點新聞		臺北：中國時報社	
34	報導	1996.3.5	藤原秀人	台湾の底流 総統直選 ④ 悲しみの街 弾圧事件の亀裂今も	朝日新聞				
35	專論	1996.3	採訪‧整理／吳慧芳	「今日的經典‧明日的國寶」——第一代美術家代表作知多少（上）	炎黃藝術	第75期	頁94-103	高雄：炎黃藝術雜誌編輯委員會	
36	專論	1996.6.30	林育淳	夢想的國度——日治時期畫家筆下的淡水	北縣文化	第49期	頁11-18	臺北：臺北縣文化局	
37	專論	1996.12	葉倫炎	油彩的化身——陳澄波	中國文物世界	第136期	頁94-95	臺北：香港商郭良蕙新事業有限公司臺灣分公司	
38	報導	1997.2.22	呂素麗	塵封50年 陳澄波受難遺物首度展出 血衣兩個彈孔觸目驚心 臨刑遺書字字血淚令人鼻酸	中國時報	第3版／焦點新聞		臺北：中國時報社	
39	報導	1997.2.26		走出悲情——228家屬系列報導（三） 陳重光 悲情昇華關照社會	自立晚報	第2版		臺北：自立晚報社	○
40	報導	1997.2.28	許雅靜	受難者家屬希望政府勿再隱瞞部份真相	中央社				
41	報導	1997.2.28	佐伯聰士	台湾「2‧28事件」から50週年 一部遺族、補償を拒否 当局の「再評価」は進むが	讀賣新聞	第12版			
42	報導	1997.2.28	佐伯聰士	台湾「2‧28事件」から50週年 補償優先、遺族に不滿も 当局の「再評価」は進むが	讀賣新聞	第13版			
43	報導	1997.3.1	林世芬	宋楚瑜在陳澄波銅像前，與陳澄波家屬們合影留念	臺灣時報			高雄：臺灣時報社	
44	報導	1997.3.1	余雪蘭	宋省長兩處獻花 來去匆匆	自由時報			臺北：自由時報社	
45	報導	1997.3.1	黃義順	陳澄波犧牲 省長向銅像致敬	臺灣日報			臺中：臺灣日報社	
46	報導	1997.3.1	鄧麗貞、王明、曾厚銘、石正堂、陳來盛	面對歷史悲情 走出二二八陰影 宋楚瑜抵嘉市向受難者與陳澄波雕像獻花致敬 盼記取教訓以更多關懷和無私的愛化解仇恨	中華日報	第24版／中部新聞		臺南：中華日報社	
47	報導	1997.4.1	楊文琳	千萬元名畫府城亮相	中華日報	第32版／臺南文教		臺南：中華日報社	
48	報導	1997.4	黃茜芳	〔淡水〕油畫大作迭創高價——陳澄波畫作流向及市場現況	典藏藝術	第55期	頁173-176	臺北：典藏雜誌社	
49	專論	1997.4	黃茜芳	兒女心中最後的伊甸園——談陳澄波三〇年代作品〔我的家庭〕	典藏藝術	第55期	頁221-223	臺北：典藏雜誌社	
50	報導	1997.5.9	蔡慧貞	回首來時路 她們驚入心	自立晚報	第4版／綜合新聞		臺北：自立晚報社	
51	專論	1997.5	張尤娟	玉山積雪——陳澄波臨終之作	新觀念	第103期	頁74	臺北：新觀念雜誌社	
52	報導	1997.6.16	李維菁	傳家春季拍賣 陳澄波作品高價成交	中國時報	第23版／文化藝術		臺北：中國時報社	
53	報導	1997.7	胡永芬	陳澄波〔西湖中山公園〕一號72萬 創下華人西畫單價最高記錄	CANS藝術新聞		頁106-107	臺北：華藝文化事業有限公司	
54	報導	1997.7	胡永芬	傳家六月拍賣 演出噴出行情	CANS藝術新聞		頁108	臺北：華藝文化事業有限公司	

No.	類別	日期	作者	標題	出處	卷期/版次	頁數	出版者	收錄
55	專論	1997夏		向陳澄波致敬	臺灣美學文件季刊	第2期	頁34-39	臺北：臺北美學國際文化事業公司	
56	專論	1997.11	蕭瓊瑞	建立在史料上的詮釋——詳讀顏娟英的〈勇者的畫像——陳澄波〉	島嶼色彩——臺灣美術史論		頁261-274	臺北：東大圖書股份有限公司	
57	專論	1997.11	蕭瓊瑞	陳澄波作品中的空間表現及其相關問題	島嶼色彩——臺灣美術史論		頁328-355	臺北：東大圖書股份有限公司	
58	報導	1997.12.10	黃寶萍	歷史的遺憾　摧折藝術的生命　陳澄波父女紀念展　揭露傷痕	民生報	第19版／藝文新聞		臺北：民生報社	
59	專論	1997.12.25	顏娟英	A Courageous Painter of a Pioneering Age——Chen Cheng-p'o (1895-1946)	The Chinese Pen	第25卷第4期	頁106-120	臺北：中華民國筆會	
60	專論	1997.12	秦雅君	愈琢磨愈亮的鑽石——廖繼春和陳澄波是本土前輩藝術家多頭指標	典藏藝術	第63期	頁157-161	臺北：典藏雜誌社	
61	專論	1997.12	余彥良	陳澄波與陳碧女　父女紀念畫展	藝術家	第271期	頁581	臺北：藝術家雜誌社	○
62	專論	1997.12	白雪蘭	藝術夢・夢難圓　記陳澄波之女——陳碧女的繪畫	陳澄波與陳碧女紀念畫展		頁6-7	臺北：尊彩國際藝術有限公司	
63	報導	1998.2	編輯部	收藏家鼎力相助——尊彩舉行「陳澄波與陳碧女紀念畫展」	典藏藝術	第65期	頁108	臺北：典藏雜誌社	
64	報導	1998.12	新屋藝術中心	臺灣美術巨匠系列（2）——陳澄波	藝術家	第47卷第6期	頁534	臺北：藝術家雜誌社	
65	學位論文	1998	林鴻濱	陳澄波風景畫研究	國立成功大學藝術研究所碩士論文				
66	報導	1999.1.19	張伯順	臺灣前輩畫家作品　大規模放洋	聯合報	第14版／文化		臺北：聯合報社	
67	報導	1999.2.22	徐彩媚	勇敢走出二二八陰霾　陳澄波家屬：希望悲劇永不再發生	自立晚報	第7版		臺北：自立晚報社	
68	報導	1999.3.8	張伯順	李梅樹代表作　東瀛借展　〔黃昏〕、〔紅衣〕將赴日巡展，日本投保鉅額保險，畫中人物也將參加開幕盛會	聯合報	第14版／文化		臺北：聯合報社	
69	報導	1999.4.8	許湘欣	東亞油畫展　臺灣入列　由於大陸打壓，過去臺灣一直受到日本忽視，此次前輩畫家作品能在官方合作下參加，是藝術界一大突破。	臺灣日報	第12版		臺中：臺灣日報社	
70	報導	1999.4.9	黃寶萍	東亞油畫　靜岡美術館大展　空前探索　林曼麗發表論文	民生報	第19版／藝文新聞		臺北：民生報社	
71	報導	1999.4.9	李維菁	臺灣前輩畫家作品靜岡展出	中國時報	第11版／文化新聞		臺北：中國時報社	
72	報導	1999.4.17	鄭乃銘	展品介紹　難得露面　老畫精采　臺灣亮眼聚焦　大陸一新耳目	自由時報	第39版／藝術特區		臺北：自由時報社	○
73	專論	1999.5	林曼麗	臺灣「新美術」的萌芽及其發展　22位臺灣前輩畫家、37件作品赴日本靜岡美術館展出	CANS藝術新聞	第21期	頁73-77	臺北：華藝文化事業有限公司	
74	專論	1999.5	鄭乃銘	4/9靜岡縣立美術館世紀企圖大展　『東亞油畫的誕生與展開』揭幕	CANS藝術新聞	第21期	頁84-86	臺北：華藝文化事業有限公司	
75	專論	1999.7	謝佩霓	決瀾社與三〇年代的上海——兼寫中國美術現代化第一期的歷程	臺灣美術	第12卷第1期	頁79-84	臺中：國立臺灣美術館	
76	專論	1999	林曼麗	台灣地区「新美術」の萌芽とその發展	Oil Painting in the East Asia─Its Awakening and Development		頁69-75	日本：靜岡縣立美術館	
77	專論	2000.1	陳瑞文	廿世紀的臺灣美術及其風格演變	臺灣美術與社會脈動		頁14-17	高雄：高雄市立美術館	
78	專論	2000.2.27	渡也	清澄的水波　獻給二二八罹難畫家陳澄波	中國時報	第37版／人間副刊		臺北：中國時報社	
79	專論	2000.2.28	向陽	寫給陳澄波　嘉義街外	中國時報	第37版／人間副刊		臺北：中國時報社	
80	專論	2000.2	林金標	激越與超越——談蘇丁的外放與陳澄波的內蘊	現代美術	第88期	頁29	臺北：臺北市立美術館	

No.	類別	日期	作者	標題	出處	卷期/版次	頁數	出版者	收錄
81	專論	2000.4	陳重光	為臺灣而死的陳澄波	悲慟中的堅毅與昇華：228受難者及家屬藝文特展		頁16-17	臺北：臺北228紀念館	
82	專論	2000.4	蒲浩明	陳澄波銅像與顏水龍銅像	悲慟中的堅毅與昇華：228受難者及家屬藝文特展		頁56-57	臺北：臺北228紀念館	
83	報導	2000.5	新屋藝術中心	臺灣美術巨匠系列之（2）——陳澄波	藝術家	第50卷第5期	頁518-519	臺北：藝術家雜誌社	
84	專論	2000.6	林曼麗	臺灣「新美術」的萌芽極其發展	東亞油畫的誕生與開展		頁12-17	臺北：臺北市立美術館	
85	專論	2000.6	蕭瓊瑞	臺灣第一代油畫家的文化思考	東亞油畫的誕生與開展		頁224-231	臺北：臺北市立美術館	
86	專論	2000.7	陳景容	我所知道的前輩油畫家二三事	現代美術	第90期	頁15-32	臺北：臺北市立美術館	○ 節錄
87	報導	2000.9.22	林春元	陳澄波遺畫拍賣　真跡起疑　其子陳重光表示不曾看過這幅作品　是否真品須進一步鑑定證實	中國時報			臺北：中國時報社	
88	報導	2000.9.22	余雪蘭	陳澄波畫作　兒子難辨真偽　〔驟雨之前〕現身拍賣會　陳重光指未曾看過　盼能以科學鑑定年代	自由時報			臺北：自由時報社	
89	專論	2000.12.6	渡也	一顆子彈貫穿襯衫　紀念二二八罹難畫家陳澄波先生	聯合報	第37版／聯合副刊		臺北：聯合報社	
90	專論	2000	莊永明	臺灣第一位油畫家——陳澄波	臺灣百人傳		頁95-120	臺北：時報文化	

陳澄波主題展　嘉義公園揭幕

阿公、阿媽觀畫話今昔　小朋友進行寫生比賽　象徵藝術傳承

　　【記者王鈺鈴／嘉市報導】陳澄波嘉義公園主題展二十五日上午揭幕，九幅由二二八罹難知名畫家陳澄波彩繪嘉義公園的複製畫重現創作地點，文建會等中央部會官員南下剪綵，園內還有小藝術家寫生比賽，象徵藝術傳承，讓嘉義公園再現「畫都」風華。

　　昨日為陳澄波逝世五十四週年祭（忌）日，同時也是嘉義公園主題展揭幕典禮，陳澄波為臺灣第一位以西畫入選日本帝國美術展的畫家，帶動臺灣早期美術創作功不可沒，其偏愛以故鄉—嘉義為創作主題，本土意識濃厚，二二八事件中不幸罹難，昨日在小提琴悠揚樂聲中揭幕。

　　九幅複製油畫作散布園區，吸引不少民眾駐足對照今日園景，阿公、阿媽們戴起老花眼鏡，看著畫作回憶年輕時代的印象，小朋友則由爸媽解說，瞭解公園一草一木變遷。

　　昨日並同步舉辦小小藝術家寫生比賽，小朋友專注地描繪風景，埋下文化創作的種子，邁開藝術傳承腳步。

—原載《自由時報》第13頁／雲嘉新聞版，2001.3.26，臺北：自由時報社

陳重光要求設立國家級二二八紀念館

　　【中央社記者江俊亮嘉義市二十八日電】財團法人二二八事件紀念基金會董事、同時也是二二八事件受難者家屬代表陳重光，今天在嘉義市二二八紀念公園致詞時表示，二二八事件受難者家屬有四個心願：追求真相、設立國家級二二八紀念館、二二八紀念日放假一天、財團法人二二八事件紀念基金會應永久存在。

　　陳重光是嘉義市二二八事件受難者陳澄波的兒子，五十五年前爆發二二八事件，當時擔任嘉義市參議員的畫家陳澄波，以參議員的身份（分）進入水上機場與國民軍談判，卻不幸被以謀反罪名處死，讓嘉義市損失一位傑出的畫家、參議員。

　　陳重光今天以受難者家屬代表致詞表示，政府在為二二八事件平反之後，先後公佈了道歉文、舉行追思禮拜，更突破了以往的禁忌，公開遊行、公開祭拜；五十五年前執政者發生的錯誤，造成十萬個家庭過著悲慘的日子，希望子子孫孫記取歷史的教訓，千萬不要重蹈覆轍。

　　他說，「前事不忘，後事之師」，記憶是學習的基礎，二二八事件受難者家屬有四個心願：第一，追求真相，因為有反省能力的政府，才是進步的政府。第二，國家級的二二八紀念館應該單獨設立。第三，二二八紀念日應該放假一天。第四，為了執行二二八各項有關的活動，財團法人二二八事件紀念基金會應永久存在，以完成歷史任務。

　　財團法人二二八事件紀念基金會董事長胡正勝也表示，嘉義市是臺灣的民主聖地，五十五年前的二二八事件死傷最為慘重，為了追求真相，政府已經推動二二八事件檔案的開放，讓後代子孫客觀地了解歷史，他認為「愛」與「互信」是最重要的，希望大家記取歷史的教訓，建立起人文的臺灣。

—原載《中央社》2002.2.28

歷史名家創新價
——陳澄波〔嘉義公園〕[1]刷新拍賣紀錄

　　原本應是春寒料峭的四月時節，竟然有著
縟（溽）暑之高溫，連帶的也為華人的藝術市場
帶來熱絡的買氣。佳士得（CHRISTIE'S）公司首
度自臺北移師香港，所舉辦的「廿世紀的中國藝
術」春季拍賣會，臺灣前輩畫家陳澄波的油畫作
品〔嘉義公園〕，創下了臺灣歷年來本土畫家作
品的最高成交價格新紀錄。

　　這一場激烈的競標，吸引了臺灣、香港、
大陸、東南亞各地的美術館和專家踴躍參與，幾
經爭奪拉據（鋸），陳澄波的這一幅作品，最後
由一位東南亞收藏家透過電話，以超出預估價
將近四倍的金額得標，成交價為五百七十九萬
四千一百港幣，約合新臺幣兩千六百萬元。

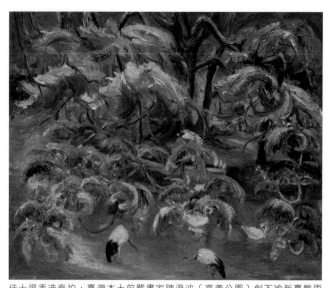

佳士得香港春拍，臺灣本土前輩畫家陳澄波〔嘉義公園〕創下逾新臺幣兩
千六百萬元的成交天價。

　　〔嘉義公園〕乃是臺灣美術前輩大師陳澄波（1895-1947）的諸多作品當中，眾所公認的經典之
作。創作於一九三七年的這幅作品，構圖與色彩豐富大膽，一棵造形獨特的鳳凰木，枝葉蜿蜒交纏，
綿密覆蓋，守護著公園最蔭涼的一角。白色鶴鳥在清澈湛藍的池水裡，優游自在，帶出林木深處或隱
若現的紅瓦涼亭。熱鬧華麗的故鄉美景，流露出畫家對這片土地和人民的情感，同時也是他創作技法
上，從單一元圓弧構圖，轉變為繁複多元構圖的分水嶺。

　　佳士得此次香港盛會，開拍之前，便被視為臺灣的藝術作品能否與國際市場同步接軌的最佳指
標，而其豐碩的成果，已然顯現出臺灣本土前輩畫家的身價，得以與海外華人、大陸前輩畫家並駕齊
驅。然而，在對這次臺灣畫家作品的表現感到雀躍之餘，許多藝術市場觀察者、美術館研究員、畫廊
負責人、藝品收藏家，均認為這樣的結果，必然會為臺灣的藝術市場帶來不小的衝擊，將來在評估臺
灣藝術家的作品時，必定納以是否為國際接受為標準；藏家不再限於臺灣市場一地的操作，同時，華
人藝術的整合正悄悄地開始。

—原載《藝術家》第325期，頁131，2002.6，臺北：藝術家雜誌社

---

1. 編註：此作現名〔嘉義公園（鳳凰木）〕。

陳澄波作品　畫作郵票首選

〔夏日街景〕郵票面值五元　周五發行　另有畫輯明信片　嘉義郵局限量供應

【記者陳永順／嘉義報導】交通部郵政總局六日首度發行「臺灣近代畫作郵票」，嘉義市已故畫家陳澄波的〔夏日街景〕油畫列為首選。他的兒子陳重光昨天表示，父親一生投入臺灣本土藝術創作終獲肯定，嘉義郵局將同步限量發行「陳澄波畫輯」明信片。

嘉義郵局局長陳仁傑指出，「臺灣近代畫作郵票」精選臺灣近代新美術啟蒙與發展有卓著貢獻的本土畫家畫作為主題，包括陳澄波的〔夏日街景〕、李梅樹的〔白衣小姐〕、廖繼春的〔有香蕉樹的院子〕，郭柏川的〔日出〕，作品由臺北市立美術館館藏。

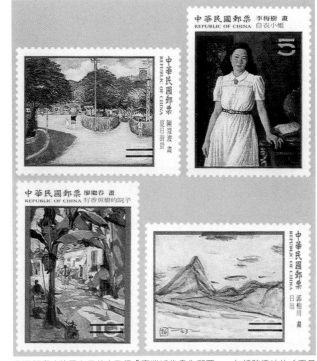

交通部郵政總局六日首度發行「臺灣近代畫作郵票」，包括陳澄波的〔夏日街景〕、李梅樹的〔白衣小姐〕、廖繼春的〔有香蕉樹的院子〕，郭柏川的〔日出〕。

其中，〔夏日街景〕郵票面值五元，以臺北中山堂[1]周邊景致構圖，筆直的電線桿挺立畫面正中間，打破三個半圓形灌木叢所圍成的規律空間，構圖引人入勝，大片黃土地傳達乾爽炎熱氣息。

陳澄波的〔嘉義公園〕油彩畫作今年四月由香港佳士得國際拍賣公司以五百七十九萬港元（約新臺幣二千六百萬元）的天價賣出，刷新臺灣前輩畫家作品成交紀錄後，〔夏日街景〕一畫即將發行郵票，陳澄波的兒子陳重光昨天顯得興奮，也替父親高興。

陳重光說，父親在西元一九二六年參加日本帝國美術院第七回美術展覽會，以〔嘉義街外〕一畫入選，是臺灣人第一個入選的油畫作品，一九二七年再度入選的〔夏日街景〕，是【現存】臺灣人入選帝展的最早作品，頗具歷史意義。

陳重光指出，父親在民國廿一（十八）年擔任全國美展的西洋畫部審查委員，並獲選為當代十二位代表畫家之一[2]，民國卅六年三月廿五日因二二八事件遇難逝世。如今〔夏日街景〕發行郵票讓他一生對繪畫的努力回歸藝術面，更有助於臺灣文化藝術的發揚光大。

嘉義郵局也請陳重光提供陳澄波的十一張畫作，限量印製一千套「陳澄波畫輯」明信片，六日起在嘉義集郵中心購買四百元以上票品，就可獲贈一套。

—原載《聯合報》第17版／嘉義焦點，2002.12.4，臺北：聯合報社

---

1. 編註：近年研究證實〔夏日街景〕描繪的地點是在嘉義噴水圓環周邊。
2. 編註：以上經歷出自陳澄波履歷表，然目前尚未找到史料證實。

陳澄波文物　嘉博館展出

文化局感念其成就　闢專區紀念　家人將畫架、畫筆、皮箱及手稿公諸於世

　　【記者陳永順／嘉義報導】嘉義出身的著名畫家陳澄波於五十七年前因二二八事件罹難，嘉義市文化局感念他的美術成就，在新建博物館三樓開闢陳澄波紀念區，家人毫不藏私的捐出陳澄波生前所有文物，保存完整的畫架、畫筆、皮箱及手稿等，都是首次公諸於世。[1]

　　市立博物館九日下午將由總統陳水扁剪綵開幕，一樓地質廳、二樓化石、交趾陶、石猴等特展外，三樓美術廳開闢全國著名畫家陳澄波紀念區，博物館開幕首展還有總統府文物展、諸羅精神圖像場域的經典藝術區。

　　陳澄波的兒子陳重光得知嘉義市文化局在博物館開闢專區，追念他父親的美術成就後，毫不藏私的整理出父親生前文物，包括明信片、信件、書畫作品、帝展資料，還有生前使用的畫架、畫筆、畫刀、皮箱、帽子、素描手稿等，總計二千八百卅二件。

　　文化局長賴萬鎮說，陳澄波豐富文物史料無法一次展出，捐贈文物將定期更換，讓民眾從陳澄波的生平事蹟、繪畫歷程、畫風等，進而了解臺灣早期的西洋美術史演變過程。

　　陳重光說，他父親是開創臺灣近代西洋美術史的畫家主流領袖，一生創作的轉變歷程都可以在這些遺物中找出脈絡。這些遺物雖然是陳家的稀世珍寶，但也是國家社會的重要文化資產，家人雖有萬般不捨，但仍有必要公諸於世，更樂見他父親文物得以保存展放在自己的故鄉，讓大家了解他父親在畫界獲得高度評價的原因。

—原載《聯合報》第B2版／嘉義縣市新聞，2004.3.4，臺北：聯合報社

---

1. 編註：該批陳家捐贈之文物已於2016年轉捐贈給中央研究院臺灣史研究所和國立臺灣歷史博物館典藏。陳澄波紀念專區也於2017年撤除。

2001-2005論評總目錄

No.	類別	日期	作者	標題	出處	卷期/版次	頁數	出版者	收錄
1	學位論文	2001.1	李淑珠	描繪出「サアムニーグSomething」——陳澄波（1895-1947）畫風形成的考察	日本京都大學大學院文學研究科美學美術史碩士論文				
2	專論	2001.2.26	嚴忠政	在和平的長廊讀畫——讀陳澄波先生	臺灣日報	臺灣副刊		臺中：臺灣日報社	
3	專論	2001.2	翁惠菁	出外與歸來——試擬畫家陳澄波的外出與回歸	airiti	第6期	頁18-19	臺北：華藝數位藝術股份有限公司	
4	報導	2001.3.24	陳永順	陳澄波揮彩筆 早年嘉義公園留影 生前所繪三〇、四〇年代景點八幅油畫複製畫與自畫像永久展出	聯合報	第17版／嘉義新聞		臺北：聯合報社	
5	報導	2001.3.24	鄒清朗	陳澄波畫作輝映嘉義公園 八幅複製品將安置公園內 明舉行揭幕式	中國時報	第20版／嘉義新聞		臺北：中國時報社	
6	報導	2001.3.24	余雪蘭	陳澄波 與你相約嘉義公園	自由時報	第13頁／嘉義縣市新聞版		臺北：自由時報社	
7	報導	2001.3.24	張朝福	陳澄波嘉義公園主題展 明登場 希望透過活動推動 讓嘉市成為藝術之都的目標早日實現	民眾日報	第19版／雲嘉南鄉鎮		高雄：民眾日報社	
8	報導	2001.3.26	龔俊鳴	昨天嘉義公園很浪漫 有畫有音樂更有無限懷念 紀念陳澄波 畫作風景同步呈現	民眾日報	第20版／雲嘉新聞		高雄：民眾日報社	
9	報導	2001.3.26	蔡長庚	陳澄波主題展揭幕 六幅複製畫擺於昔日作畫地點展出 供民眾憑弔大師畫風及公園今昔美景 嘉義公園今昔風華 相互輝映	中國時報	第19版／生活焦點		臺北：中國時報社	
10	報導	2001.3.26	王鈺鈴	陳澄波主題展 嘉義公園揭幕 阿公、阿媽觀畫話今昔 小朋友進行寫生比賽 象徵藝術傳承	自由時報	第13頁／雲嘉新聞版		臺北：自由時報社	○
11	專論	2001.5	蘇意茹	陳澄波、林玉山眼中的臺灣風景	幼獅文藝	第569期	頁28-29	臺北：幼獅文化事業股份有限公司	
12	專論	2001.10	蘇意茹	陳澄波、顏水龍眼中的臺灣風景	幼獅文藝	第574期	頁26-27	臺北：幼獅文化事業股份有限公司	
13	專論	2002.1	鄭惠美	觀音山的夕照——陳澄波的淡水	源雜誌	第37期	頁47-49	臺北：促進電力開發協助金審議委員會	
14	報導	2002.2.28	江俊亮	陳重光要求設立國家級二二八紀念館	中央社				○
15	報導	2002.3.29	丁榮生	官方主導 228事件檔案彙編叢書出版 阿扁親手致贈受難者家屬 有人紅著眼 有人低語：總統給你平反了	中國時報	第14版／藝術人文		臺北：中國時報社	已收錄至14卷
16	報導	2002.3.29	楊珮欣	國史館出版《二二八事件檔案彙編》 陳總統：透過官方資料讓歷史事實日漸清晰	自由時報			臺北：自由時報社	
17	報導	2002.3.29	廖瑞祥	官版二二八檔案發表	自由時報	第4頁／綜合新聞版		臺北：自由時報社	
18	報導	2002.3.29	曹銘宗	二二八檔案及畫冊出書 陳水扁贈給受難者家屬	聯合報	第14版／文化		臺北：聯合報社	
19	報導	2002.3.29	溫貴香	二二八檔案資料大曝秘辛 人民保母 刑警隊成屠殺幫兇 林茂生、吳伯雄二叔等社會精英罪名欄空白 死因不明	臺灣日報	第3頁／焦點新聞		臺中：臺灣日報社	
20	報導	2002.4.29	李維菁	陳澄波油畫 香港佳士得春拍最高價 〔嘉義公園〕以臺幣兩千六百萬成交 另位前輩華人畫家朱沅芷作品亦列居第二 展現臺灣藝術市場與國際接軌的樂觀面	中國時報	第13版／藝術人文		臺北：中國時報社	
21	報導	2002.4.29	中央社	陳澄波嘉義公園高價拍出 佳士得五八〇萬港元成交 高出估價四倍	中央日報	第7版		臺北：中央日報社	
22	報導	2002.4.29	趙慧琳	陳澄波嘉義公園 拍賣飆新高 臺灣前輩畫家作品昨以兩千五百多萬新臺幣賣出 同主題畫作有四幅 一幅現藏國美館	聯合報	第14版／文化		臺北：聯合報社	
23	報導	2002.4.29	黃寶萍	陳澄波油畫嘉義公園拍賣創新紀錄 成交價約臺幣2600萬 創臺灣前輩畫家新高 在華人西畫中居次	民生報	第A6版／文化新聞		臺北：民生報社	
24	報導	2002.4.29	中央社	佳士得拍賣 陳澄波作品最高價 拍賣約150幅畫作 創下八項畫家作品最高成交世界紀錄	臺灣日報	第6版／財經社會綜合		臺中：臺灣日報社	
25	報導	2002.4.29	楊珮欣	高出佳士得預期四倍 陳澄波〔嘉義公園〕拍出580萬港幣	自由時報	第34版／藝術特區		臺北：自由時報社	

No.	類別	日期	作者	標題	出處	卷期/版次	頁數	出版者	收錄
26	報導	2002.4.29		亞洲藝術精品供競投　臺灣陳澄波油畫成交價居首位	大公報	第B11版／文化		臺北：大公報社	
27	報導	2002.4.29	中央社	陳澄波畫作拍賣　創新高　高出估價四倍　〔嘉義公園〕在香港以580餘萬港幣成交	中華日報	第5版／社會脈動		臺南：中華日報社	
28	報導	2002.4.29	中央社	陳澄波嘉義公園　賣580多萬港幣　佳士得拍賣　創陳氏作品成交價世界紀錄	臺灣時報	第6版		高雄：臺灣時報社	
29	報導	2002.4.29	中央社	臺灣畫作拍出世紀價	中國晨報	第1版		臺北：中國晨報社	
30	報導	2002.4.29		陳澄波名畫600萬勝過徐悲鳴	蘋果日報	第A9版／港聞		香港：蘋果日報有限公司	
31	報導	2002.4.29		〔嘉義公園〕580萬成交	太陽報	第A10版／港聞		香港：東方報業集團	
32	報導	2002.4.29		名畫拍賣	東方日報			香港：東方報業集團	
33	報導	2002.4.29		佳士得畫作拍賣創紀錄　〔嘉義公園〕以近六百萬港元成交	文匯報	香港新聞		香港：香港大公文匯傳媒集團	
34	報導	2002.4.29		〔嘉義公園〕近600萬成交	都市日報	第3版／港聞		香港	
35	報導	2002.4.29		陳澄波遺作成交創紀錄	香港商報			香港	
36	報導	2002.4.30	黃國芳	陳澄波畫作　嘉義公園展示　大師228事件中喪生　基金會設置畫架　希望雅俗共賞	臺灣日報	第15版／雲嘉新聞		臺中：臺灣日報社	
37	報導	2002.4	張禮豪	佳士得「20世紀華人藝術」香港首拍——徐悲鴻、陳澄波、朱沅芷、蔡國強聯手出擊	今藝術	第115期	頁154-155	臺北：典藏藝術家庭股份有限公司	
38	報導	2002.5		華人西畫走出臺灣　正式進入香港時代　陳澄波〔嘉義公園〕579萬港元　徐悲鴻〔自畫像——躍起的雄獅〕205萬港元　朱沅芷〔歡樂節慶的百老匯〕290萬港元　蔡國強爆破計劃冊頁　全部拍出	CANS藝術新聞	第54期	頁20-21	臺北：華藝文化事業有限公司	
39	專論	2002.5	鄭惠美	異國的祕境——木下靜涯、陳澄波的淡水	藝術家	第324期	頁264-265	臺北：藝術家雜誌社	
40	報導	2002.6		歷史名家創新價——陳澄波〔嘉義公園〕刷新拍賣紀錄	藝術家	第325期	頁131	臺北：藝術家雜誌社	○
41	專論	2002.6	胡永芬	陳澄波——美術史與大歷史交會的座標人物	今藝術	第117期	頁46-48	臺北：典藏藝術家庭股份有限公司	
42	專論	2002.6	徐嘉卉	二二八英雄，身後佳士得殊榮　陳澄波勾紅嘉義公園的鳳凰花開	遠見雜誌	第192期	頁296-299	臺北：天下遠見出版股份有限公司	
43	報導	2002.6		藏稿後新聞　臺南收藏家城維隆買了陳澄波〔嘉義公園〕	CANS藝術新聞	第55期	頁16	臺北：華藝文化事業有限公司	
44	專論	2002.8.10	グレゴリ青山	電信柱の画家の街その1	旅行人	No.127（2002年8月號）	頁28-33	東京：有限会社旅行人	
45	專論	2002.9.10	グレゴリ青山	電信柱の画家の街その2	旅行人	No.128（2002年9+10月號）	頁40-45	東京：有限会社旅行人	
46	報導	2002.10.1	陳雅雯	廖繼春、陳澄波、趙無極、徐悲鴻千萬拍品領軍——兩岸三地2002年秋拍10月起陸續登場	今藝術	第121期	頁134	臺北：典藏藝術家庭股份有限公司	
47	報導	2002.10.1	陳雅雯	拍立得2002秋拍　余承堯巨幅彩墨現身	今藝術	第121期	頁135-136	臺北：典藏藝術家庭股份有限公司	
48	報導	2002.10.1	陳雅雯	景薰樓2002秋拍　綜觀當代華人藝術	今藝術	第121期	頁137-138	臺北：典藏藝術家庭股份有限公司	
49	報導	2002.10.1	陳雅雯	佳士得2002秋拍　探源華人前輩藝術	今藝術	第121期	頁139-140	臺北：典藏藝術家庭股份有限公司	
50	報導	2002.10.3	楊珮欣	佳士得秋拍港台預展　趙無極、陳澄波畫作備受矚目	自由時報	第40版／藝術特區		臺北：自由時報社	

No.	類別	日期	作者	標題	出處	卷期/版次	頁數	出版者	收錄
51	報導	2002.10.3	賴廷恆	佳士得秋拍 廿世紀中國藝術 估價最高拍品 首推趙無極三聯作〔66・4・1〕	中國時報	第14版／藝術人文		臺北：中國時報社	
52	報導	2002.10.7	楊珮欣	景薰樓二十世紀當代華人藝術秋拍 陳澄波〔玉山遠眺〕期待拍高價	自由時報	第36版／藝術特區		臺北：自由時報社	
53	報導	2002.10.21	康俐雯	拍立得與景薰樓秋拍 余承堯〔大江憶寫圖〕拍出三千多萬元	自由時報	第36版／藝術特區		臺北：自由時報社	
54	報導	2002.11.27	楊國棠	百年臺灣 文學特展 嘉義作家 文學歸鄉 中正大學展出 陳重光捐出家傳珍貴文史	自由時報	第12頁／雲嘉焦點版		臺北：自由時報社	
55	報導	2002.12.4	陳永順	陳澄波作品 畫作郵票首選 〔夏日街景〕郵票面值五元 周五發行 另有畫輯明信片 嘉義郵局限量供應	聯合報	第17版／嘉義焦點		臺北：聯合報社	○
56	報導	2002.12.4	李維菁	郵局將發行臺灣近代畫作郵票	中國時報	第14版／藝術人文		臺北：中國時報社	
57	報導	2002.12.4	康俐雯	首批臺灣近代畫作郵票發行 北美館同步展出畫作 現場提供紀念戳便利民眾集郵	自由時報	第40版／藝術特區		臺北：自由時報社	
58	報導	2002	Wang Fei-yun	Nostalgia in oils - Chen Cheng-po's paintings portray and idyllic Taiwan of fifty years ago	Impressions of Beauty - Contemporary Painters of Taiwan		頁1-5	Publisher: Coucil for Cultural Affairs	
59	報導	2003.1.4	郭孟君	嘉義公園 鮮活典藏藝術風	自由時報	第35版／休閒旅遊		臺北：自由時報社	
60	報導	2003.2.26	江俊亮	嘉義市二二八事件因史料逐漸還原走出悲情	中央社				
61	報導	2003.3.26	黃小娟	第七屆228紀念創作展 追思陳澄波受難日	臺灣日報	第12版／文化臺灣		臺中：臺灣日報社	
62	報導	2003.3.26	余雪蘭	二二八藝術家的吶喊 藝術昇華悲情 二二八紀念創作展在嘉義開幕	自由時報	第18頁／雲嘉綜合		臺北：自由時報社	
63	專論	2003.3	李淑珠	陳澄波（1895-1947）年表的重編——以三份履歷表為主要依據	今藝術	第126期	頁108-120	臺北：典藏藝術家庭股份有限公司	
64	報導	2003.4.4	康俐雯	春拍在香港疫區登場 佳士得考慮以視訊轉播舉行	自由時報	第45版／藝術文化		臺北：自由時報社	
65	報導	2003.5.16	周美惠	藝術拍賣 春拍變秋拍 疫情蔓延 大陸今年拍賣市值將大幅滑落 有人轉赴歐美、日、星等地發展	聯合報	第B6版／文化		臺北：聯合報社	
66	專論	2003.5.30	グレゴリ青山	電信柱の画家の街	グ印亞細亞商會		頁152-175	東京：有限会社旅行人	
67	報導	2003.6.30	陳俊吉	臺灣近代畫作——陳澄波畫輯明信片	中華原圖集郵協會會刊	第10期	頁40-41	臺北：中華原圖集郵協會	
68	報導	2003.11.1		羅芙奧二〇〇三年秋季拍賣會——落槌聲響亮	藝術家	第57卷第4期	頁221-223	臺北：藝術家雜誌社	
69	報導	2004.2.28	余雪蘭	陳澄波遺物根留家鄉 嘉市博物館細數珍寶	自由時報	第12頁／嘉義焦點		臺北：自由時報社	
70	報導	2004.2.28	蔡宗勳	宗師撒手 躺門板回家 遭槍決身亡 家人收屍借不到擔架 只好拆家中門板搬屍	自由時報	第12頁／嘉義焦點		臺北：自由時報社	
71	報導	2004.3.4	鄒清朗	陳澄波文物 市博館完整呈現	中國時報	第C3版／嘉義新聞		臺北：中國時報社	
72	報導	2004.3.4	黃小娟	父親陳澄波 收藏二千多件珍貴文物 陳重光 捐文物給嘉市博物館	臺灣日報	第22版／雲嘉新聞		臺中：臺灣日報社	
73	報導	2004.3.4	陳永順	陳澄波文物 嘉博館展出 文化局感念其成就 闢專區紀念 家人將畫架、畫筆、皮箱及手稿公諸於世	聯合報	第B2版／嘉義縣市新聞		臺北：聯合報社	○
74	報導	2004.3.4	蔡宗勳	陳澄波紀念區 進駐市博 兩千餘件遺物落腳 文化局長稱將成臺灣近代西洋美術史研究重鎮	自由時報			臺北：自由時報社	
75	報導	2004.3.10	蔡宗勳	畫都添藝文 市長爭取美術館 陳總統指示文建會專款補助 市博館揭幕 總統送好禮 同意興建美術館 建議命名「陳澄波紀念美術館」	自由時報	第12頁／嘉義焦點		臺北：自由時報社	
76	報導	2004.3.9	陳永順	市博館 總統今天剪綵開幕 陳重光、薛文吉昨天捐贈陳澄波文物、化石 豐富館藏	聯合報	第B2版／嘉義縣市新聞		臺北：聯合報社	
77	報導	2004.3.9	蔡長庚	市博開館 總統今揭幕 一樓首展總統府文物 三樓有諸羅精神圖像場域特展 歡迎民眾到場分享喜悅	中國時報	第C3版／嘉義新聞		臺北：中國時報社	
78	報導	2004.3.10	蔡長庚	市博物館啓用 總統稱讚	中國時報	第C3版／嘉義新聞		臺北：中國時報社	

No.	類別	日期	作者	標題	出處	卷期/版次	頁數	出版者	收錄
79	報導	2004.3.10	黃國芬	市博物館開幕　陳總統剪綵　嘉義藝術空間同時推出「諸羅精神圖像場域」特展	臺灣日報	第22頁／雲嘉新聞		臺中：臺灣日報社	
80	報導	2004.3.13	余雪蘭	漫畫家李俊龍執筆讀物　榮獲新聞局劇情漫畫獎　油彩精靈漫遊陳澄波一生	自由時報	第14頁／雲嘉綜合		臺北：自由時報社	
81	報導	2004.3.18	凌美雪	臺灣近代畫作郵票反應熱烈　最後一期《田園樂》等四張下週發行	自由時報	第49版		臺北：自由時報社	
82	報導	2004.3.19		《油彩精靈陳澄波》　臺灣美術菁英的生命傳奇	臺灣日報	第16版／文化台灣		臺中：臺灣日報社	
83	專論	2004.3	陳徵毅	陳澄波——殞落於二二八事件中的藝壇慧星	藝術家	第58卷第3期	頁246-253	臺北：藝術家雜誌社	
84	專論	2004.3	黃圻文	映照南國風土的多情彩光——談陳澄波生命際遇與繪畫表現	典藏今藝術	第138期	頁138-139	臺北：典藏藝術家庭股份有限公司	
85	報導	2004.4.22	王鈺鈴	複製畫遭槍擊　彈痕累累　嘉義公園兩幅陳澄波畫作　疑遭BB彈攻擊　強化玻璃全碎	自由時報	第12頁／嘉義焦點		臺北：自由時報社	
86	報導	2004.10.26	陳玲芳	陳澄波大作長榮女中學生宿舍　11/7景薰樓秋季拍賣會上現蹤	臺灣日報	第12版／文化台灣		臺中：臺灣日報社	
87	報導	2004.10	蘇怡如	陳澄波領軍，華人精品盡出　景薰樓秋拍「20世紀當代油畫、水彩、雕塑」	典藏今藝術	第145期	頁186-187	臺北：典藏藝術家庭股份有限公司	
88	報導	2004.12		景薰樓2004秋拍回顧　景薰樓秋拍總成交金額為73,051,750萬臺幣	CANS藝術新聞	第83期	頁55	臺北：華藝文化事業有限公司	
89	專論	2004	陳重光	藉由藝術重新探索臺灣人民的未來	繪我價值，寫我尊嚴：齊心審視228，合力掌舵好未來		頁9	基隆：海洋臺灣出版社	
90	學位論文	2004	劉長富	論陳澄波的繪畫理念與特色	華梵大學工業設計系碩士論文				
91	專論	2005.1	余彥良	尊彩的後花園	藏寶圖　肆——陳澄波作品集		頁3	臺北：尊彩國際藝術有限公司	
92	專論	2005.1	鄭乃銘	在綠色的騷動、土地的怯生生中，路；要通往哪裡呢？　陳澄波——最擅長以作品來說故事的藝術家	藏寶圖　肆——陳澄波作品集		頁5-7	臺北：尊彩國際藝術有限公司	
93	專論	2005.1	李欽賢	陳澄波之上海風華	藏寶圖　肆——陳澄波作品集		頁28-29	臺北：尊彩國際藝術有限公司	
94	專論	2005.1	陳曼華	狂狷奔放的心靈——談陳澄波的人物畫	藏寶圖　肆——陳澄波作品集		頁38-40	臺北：尊彩國際藝術有限公司	
95	專論	2005.1	陳惠黛	臺北橋・淡水河	藏寶圖　肆——陳澄波作品集		頁86-88	臺北：尊彩國際藝術有限公司	
96	專論	2005.1	顏娟英	陳澄波繪畫風格——長榮女中校園	藏寶圖　肆——陳澄波作品集		頁96-97	臺北：尊彩國際藝術有限公司	
97	專論	2005.1	鄭功賢	臺灣本土藝術作品的市場指標　陳澄波作品的媚力何在？	藏寶圖　肆——陳澄波作品集		頁108-110	臺北：尊彩國際藝術有限公司	
98	專論	2005.2	渡也	一顆子彈貫穿襯衫——紀念二二八罹難畫家陳澄波先生	國民文選・現代詩卷III		頁93-95	臺北：玉山社出版事業股份有限公司	
99	學位論文	2005.2	李淑珠	「サアムシニーグSomething」を描く——陳澄波（1895～1947）とその時代	日本國立京都大學美學美術史學博士論文				
100	專論	2005.2	陳曼華	狂狷奔放的心靈——談陳澄波的人物畫	CANS藝術新聞	第85期	頁46-48	臺北：華藝文化事業有限公司	
101	專論	2005.3.25	李渝	二枕記	聯合報	第E7版／聯合副刊		臺北：聯合報社	
102	專論	2005.3	鄭乃銘	在綠色的騷動、土地的怯生生中，路；要通往哪裡呢？　陳澄波——最擅長以作品來說故事的藝術家	CANS藝術新聞	第86期	頁90-91	臺北：華藝文化事業有限公司	

No.	類別	日期	作者	標題	出處	卷期/版次	頁數	出版者	收錄
103	專論	2005.3	林育淳	燃燒熱情與愛的畫家——陳澄波	小典藏	第7期	頁22-27	臺北：典藏雜誌社	
104	專論	2005.4	吳明憲	我是油彩的化身—陳澄波	諸羅行腳	第6頁／藝文觀光		嘉義：嘉義市政府	
105	專論	2005.10	李伯男	日治時期的畫都嘉義	真心・古意・諸羅城		頁18-23	嘉義：嘉義市政府文化局	
106	專論	2005.11.15	李淑珠	日本戰時体制下の臺灣畫壇——陳澄波〔雨後淡水〕（1944）を例に	鹿島美術研究年報	第22號別冊	頁44-56	日本：鹿島美術財團	
107	專論	2005.11	李賢文	美術大山的導覽 打開記憶長卷——臺灣美術中的五十座山岳 熱情的火山——陳澄波	臺灣美術中的五十座山岳		頁10&12	臺北：文建會	
108	專論	2005.11		油彩・熱情 陳澄波（1895～1947）	臺灣美術中的五十座山岳		頁56-57	臺北：文建會	
109	報導	2005.12.2	陳盈珊	北美館藏1916~45呼應美好年代	中國時報	第D8版／文化藝術		臺北：中國時報社	
110	專論	2005.12.15	林釗	將生命畫作油彩之藝術家	帝展油畫第一人——陳澄波		頁5	臺北：正因文化事業有限公司	
111	專論	2005.12.15	陳其南	獨樹一格的油畫大師	帝展油畫第一人——陳澄波		頁6	臺北：正因文化事業有限公司	
112	專論	2005.12.15	蕭瓊瑞	溫熱與芬香——陳澄波畫中的土地與情感	帝展油畫第一人——陳澄波		頁7-9	臺北：正因文化事業有限公司	
113	專論	2005	徐敏思	油彩背後——致陳澄波妻張捷女士	臺灣之顏		頁63-65	臺北：耕莘文教基金會	

陳澄波畫展　斗六展真品

【記者余雪蘭／嘉市報導】陳澄波文教（化）基金會與臺灣創價學會在228前夕於雲林縣斗六景陽藝文中心舉辦「帝展油畫第一人—陳澄波」畫展，展出46幅陳澄波的真品，這是繼1994年嘉市文化中心舉辦陳澄波百年紀念展之後，最盛大的展覽。

陳澄波是臺灣入選日本最高美術競賽「帝展」的第一人[1]，不幸在228事件中，代表與軍方進行和平談判時遭槍殺，1994年，嘉義市文化中心舉辦陳澄波百年紀念展，嘉義鄉親才得以全面欣賞到這位推動臺灣西畫先驅的油畫大師精彩之作，多達4萬餘人前來參觀，後來移師臺北市立美術館，1個月內更有高達11萬人參觀，之後，陳澄波的油畫作品屢在國際拍賣會上創下華人藝術畫作的新高。

陳澄波的兒子陳重光指出，陳澄波百年紀念展結束之後，所有陳澄波的油畫回到原有收藏人手中，而陳澄波文化館目前所展出的都是複製畫，很多人想欣賞真畫卻無法如願，直到今年初，臺灣創價學會推展創造優質人生，決定贊助，即日起至3月26日止，在雲林縣斗六市北平路的景陽藝文中心展出，並預定4月8日移師到臺北市中山北路錦州藝文中心。

—原載《自由時報》第B7版／嘉義焦點，2006.2.21，臺北：自由時報社

---

1. 編註：此指陳澄波是第一位以油畫入選帝展的臺灣人。

獨排眾議
李淑珠看陳澄波　非學院素人

京都大學博士　研究陳6年

【記者余雪蘭／嘉市報導】日本京都大學美學美術史學博士李淑珠，深入研究臺灣帝展第一人陳澄波長達6年，嘉市文化局24日出版李淑珠的《陳澄波畫風形成的考察》論文，李獨排眾議指出，陳澄波並非「學院素人」。

《陳澄波畫風形成的考察》發表會，昨天上午在市立博物館舉行，陳澄波的兒子陳重光指出，李淑珠協助整理捐給市立博物館的2800多件陳澄波文物，對其父親的了解非常完整，且臺灣西洋美術發展源自日本，李淑珠具有深厚的日文能力，而能深入研究。

陳重光表示，李淑珠的研究態度嚴謹，對陳澄波每1幅畫作的解析都有所依據，甚至發覺錯誤，例如陳澄波有張自畫像，畫冊上登載為1927年所作，但李淑珠察覺有異，經她仔細查看畫作，果然有誤，應是1928年所作。

李表示陳畫作　受帝展影響

李淑珠表示，過去美術學者認為陳澄波畫作無日本學院派的寫實風格，而為他貼上「學院素人」的標籤，但她研究認為，「日本洋畫之父」黑田清輝提倡日本學院派的自由精神，陳澄波顯然受其影響，以隨心所欲的自由形式作畫，且陳澄波完整收藏每屆帝展的彩色明信片，這些珍貴圖片，在日本已很難找到，顯示他深受帝展影響。

陳重光表示，其父有生之年，每年一定參觀帝展，有1年其作品入選帝展，卻缺乏旅費而悶悶不樂，嘉義才女張李德和於是拿了1條金項鍊，資助他成行，當時媒體報導了這件事。

而文化局這次出版《陳澄波畫風形成的考察》一書，並舉辦「認識陳澄波」的有獎徵答活動。

—原載《自由時報》第B8版／嘉義新聞，2006.3.25，臺北：自由時報社

帝展油畫第一人
陳澄波座談會

紀錄整理／郭婉玲、曾期星、周之維、孫碧璟、黎玥岑

文化是民眾生活的大地！為讓社會大眾更瞭解學會推動「文化尋根　建構臺灣美術百年史」之系列展覽，學會於2006年4月9日邀集藝術教育界的專家學者，在錦州會館師弟會堂舉辦「帝展油畫第一人——陳澄波座談會」，本刊特摘錄座談重點，與讀者共同分享精彩之座談內容。

時　　　間：2006年4月9日
主　持　人：林釗／台灣創價學會理事長
出席代表：（以發言順序）

　　　　　　　陳重光／陳澄波【文化】基金會董事長
　　　　　　　王秀雄／國立臺灣師範大學名譽教授
　　　　　　　顏娟英／中研院歷史語言所研究員
　　　　　　　李欽賢／美術學者
　　　　　　　蒲浩明／文化大學美術系教授
　　　　　　　劉永仁／臺北市立美術館助理研究員

講　　　題：一、陳澄波藝術的一生
　　　　　　　二、陳澄波對臺灣美術啟示作用
　　　　　　　三、陳澄波與臺陽美協
　　　　　　　四、30年代初陳澄波與上海畫壇關係
　　　　　　　五、陳澄波與決瀾社

林理事長：今天舉辦「帝展油畫第一人——陳澄波座談會」，主要是探討「臺展」與陳澄波的關係。

　　1926年，陳澄波以描繪南臺灣家鄉景色的油畫作品〔嘉義街外〕入選「帝國美術展覽會」（簡稱「帝展」），是臺灣美術史上第一個以油畫作品入選日本最高的美術權威——「帝展」的臺灣人。

　　此項殊榮引起臺灣文化界的極大關注，進而呼籲臺灣能夠籌組大型的美展。此項建議，獲得在臺的日籍畫家：石川欽一郎、鹽月桃甫、鄉原古統、木下靜涯等人的支持，並很快地獲總督府文教處的首肯與鼓勵。因此，1927年創辦了「臺展」，開啟了臺灣繪畫史上重要的序幕。

　　陳澄波以謙虛努力的研究態度，積極投入創作，留下豐富不朽的作品，更以古道熱腸的胸襟提攜後進。同時，他無私無悔地協助推動「臺陽美術協會」等各項美術活動，堪稱是臺灣第一代前輩畫家中的典範。

陳澄波先生逝世至今近60年，今天很榮幸能邀請到大家共聚一堂，來重新回顧陳澄波先生的藝術成就及他對臺灣美術發展的貢獻。

陳重光董事長：我想從三方面，來談談我父親陳澄波生活的點滴：

第一、父親是愛好大自然的畫家。他的畫作皆以自然寫生為主，尤其1933年從上海回臺後，一年當中幾乎只有3個月左右在家，其他時間都在外畫畫或舉辦畫展，因此父親經常說：「我的畫室就在大自然。」

第二、父親除了在戶外寫生外，也常在城市街頭作畫，他的畫作中甚至會出現「電線桿」，以美學的觀點通常避免將其入畫，我認為這是他想要真實地展現當時的街景。例如，他獲獎作品──〔嘉義街景（外）〕，畫面中就有一排電線桿，卻不會顯得不搭調。他以獨特的色彩及構圖，獲得審查委員肯定，成為他獨特的風格。因此，父親被一位日本畫家稱讚是：「電線桿畫家」。

另一個特色，就是在他的街頭畫作中，經常會畫許多人物或動物。我曾問父親說：為什麼畫那麼多人物？父親回答：這就是我的特色，這樣不僅可以使畫面呈現熱鬧的氣氛，也可以作為歷史的見證。

第三、父親常與民眾打成一片。父親無論在街頭或戶外作畫時，都有一大群人圍觀，但他能夠全神貫注，不受外界影響。休息時，就會與周圍的人閒聊，問他們對於他畫作的看法。在畫展時，他會不厭其煩地為觀眾導覽解釋，從不會認為別人看不懂。當時也有聽過他的解說後，成為畫家的。例如，張義雄、張炳南等人皆因受到父親的鼓勵開始從事藝術創作。

接著，就我父親三個時期畫風之轉變進行說明：第一個時期是東京留學時期、第二個時期是上海教書時期，第三個時期是1933年回到臺灣後。

在東京留學時期，他的畫作表現出學院派，構圖嚴謹、用色謹慎的特色，其第七回、第八回的「帝展」作品，〔郊外（嘉義街外）〕、〔夏日街景〕、〔日本二重橋〕都是學院派的構圖與筆觸。

在上海教書時期，父親受到石川欽一郎的鼓勵，學習國畫的筆觸與構圖，例如第十回、第十五回帝展作品〔早春〕及〔西湖春色〕，都具有國畫的畫風。

第三時期是回到臺灣後，他的繪畫奔放、自由發揮，已達成熟、顛峰的時期，留下不少的作品。

最後的晚年時期，因二二八事件而受難，很惋惜看不到他第四時期的作品。

王秀雄教授：今天從二項觀點來談：一是日據時期藝術氛圍與陳澄波作品的關係。二是陳澄波作品對臺灣畫壇的啟示。

首先，從陳澄波在日本留學時來做探討。由於當時正值日本大正民主思潮時期，對東京的藝術發展有很大的影響。例如在東京成立了第一座東京市美術館，開始舉辦大型展覽會。「帝展」等大型美展，就在這樣的氛圍下產生。

　　當時高村光太郎在日本美術具有影響力的雜誌上發表題目為〈綠色太陽〉的文章，內容強調，藝術家不是為自然服務，而是為自己服務，並不只是忠於自己眼睛所見的一切，而是表達自己內心的感受，對美術界帶來很大的衝擊。

　　大正時期除了帝展促成美術蓬勃發展外，從日本到歐洲學習回國的藝術家，梅原龍三郎、安井曾太郎等對官辦美展的審查標準不滿，就組成了反官辦美展的「二科會」，更有主張表現自我個性與保留日本特色的「草土社」、「春陽會」等新銳美術團體相繼成立。一時之間，畫壇百家齊鳴，這些對於美術的新主張，影響到後來的「帝展」與臺灣的「臺展」。

　　第二、陳澄波對臺灣畫壇的啟示。我從兩方面談起，陳澄波是很有組織力的人，不僅成立「臺陽美術協會」，其作品在日本「帝展」的獲獎，對於臺灣美術界有激勵的作用。例如他的同學廖繼春，受到他獲獎的刺激，1928年以〔有香蕉樹的庭院〕之畫作入選日本第九回帝展。

　　另一方面是陳澄波對於臺灣藝術界有警戒的作用，因為陳澄波在二二八事件中遭到槍決後，就進入了戒嚴及白色恐怖時期，當時傾向社會寫實、具有批判性的畫家，就不再畫這方面的題材，改畫一些較不具爭議性的靜物寫生作品。

　　陳澄波這位熱愛臺灣這片土地的人，他的畫作以風景寫生居多，例如〔嘉義公園〕、〔嘉義街外〕、〔長榮女中的宿舍〕等作品，我們能夠從他畫臺灣的景色、農村風光及民眾樸拙可愛的感覺，獲得感動。

　　由於陳澄波的一生如梵谷般充滿悲劇與故事性，引起大眾的同情，讓大家更想再深入去瞭解其藝術，這也是使他的名聲，高於同時期臺灣前輩藝術家的原因之一。

顏娟英研究員：陳澄波對臺灣美術有四方面的啟示：首先，陳澄波可說是連接清代保守社會與現代文明社會的象徵。由於陳澄波父親為清末的知識分子，且他在年幼時期受過私塾教育，學習漢學，加上後來留學東京美術學校，這樣的成長與求學經驗，對他造成相當程度的影響，呈現融合傳統與現代文明的特徵。

　　尤其，陳澄波於上海任教期間，結識當代活躍於上海的畫家，並開始思考亞洲美術的發展，他的國際觀逐漸發芽，擴大了原來僅止於臺灣本土的思維。

　　其次，陳澄波樹立了優秀畫家的典範。他的個性謙虛、坦率且認真學習，非常樂意與人互動。他希望每個人皆能看懂他的作品。因此，喜歡在寫生時，隨意詢問旁人的意見。

　　此外，他熱中致力於臺灣的美術活動，經常往返嘉義、臺北，參加「臺陽美協」的活動。對於後

輩更是無怨無悔教導，甚至願意回到家鄉，培育許多傑出的畫家。

我認為在日據時期，一個畫家並非只有在展覽會上得獎而有名，事實上，他在社會上負起了教導年輕一輩的責任，這樣認真的態度使人感動，因此，擁有崇高的社會地位。

再者，陳澄波將傳統的人情倫理帶進現代畫中。他的畫作裡一定有人物，而且他們就是平時出現在生活裡熟悉的人物。他把對於土地及親友的感情，活潑地表現富有現代生活韻律的圖像裡，忠實地顯現出他對於倫理的尊重及對於人情的熱愛，這是他的一大特色。

陳澄波是個極富社會責任的畫家，為了這份正義感，使他捲入了二二八的歷史悲劇。他的犧牲對臺灣畫家而言相當痛心，也因此迫使臺灣第一代畫家提早成熟。他們變得保守，不再恣意表現個人情感於畫作中，甚至撇開個人情感，僅以客觀的態度記錄風景或是靜物。因此事件對臺灣畫家造成的創傷，經過一段很長的時間才慢慢恢復。等到臺灣的美術再進入另一個發展的巔峰期，已經到了八〇年代。

李欽賢老師：接續王秀雄教授的「社會學觀點」，王教授是以「日本社會」為論點，我則談論當時的「臺灣社會」情形。

陳澄波是在日本政府統治下培養出來的第一批藝術家。1924年陳澄波到日本留學，正值日本大正民主時代，這對當時日本殖民地的臺灣有很大影響。最重大的改變就是從「武官總督」變成「文官總督」。這意味著以將軍、武官統治鎮壓的時局，轉變為經濟文化的文官主政的政策，其「文化向上」的政策可說為其代表。

此時臺灣的「都市計畫」差不多定型，在陳澄波的畫作裡有許多「電線桿」出現，而「電線桿」代表的就是近代化的象徵。都市型態定型，接著都市計畫陸續開展，像是商店街、官廳等建築逐漸完成，隨著硬體設備的建設，教育體制也逐漸奠定。像陳澄波喜歡畫學校的景物，包括：臺南的學校、日本留學時畫東京美術學校的校舍等，都反映當時社會上這股建設教育、發展教育的方向。

隨著都市近代化發展，臺灣的產業、運輸業也逐漸蓬勃發展，蓬萊米、蔗糖，及嘉義阿里山地區的木業都是臺灣的產業，這些近代的風景、景觀都在陳澄波的作品中留下真實的紀錄。

1926年陳澄波的作品入選「帝展」，這件事在當時《【臺灣】日日新報》（日本治臺時期，發行量最大、延續時間最長的報紙）被大幅報導，一時聲名大噪。

這件事引起當時臺灣的知識分子及文化人士的關注，於是召集了石川欽一郎、《【臺灣】日日新報》主筆及當時頗負盛名的尾崎秀真等人舉行座談會，針對當時臺灣已有這麼多人關心美術教育的發展，探討臺灣舉辦大型展覽之可行性，後來總督府也加入籌備的陣容。

於是，陳澄波首度入選帝展的隔年，1927年10月揭開臺灣第一回臺灣美術展的序幕，這就是催生「臺展」的歷史。從這段歷史可知，1926年陳澄波入選帝展，所引起巨大的迴響，可說是直接催生「臺展」的因素之一，更是影響臺灣美術的重要力量。

蒲浩明教授：我想兩方面來談我所認識的陳澄波。

一、從他使用的素材——西洋油彩方面：西元1940年時，陳澄波於臺灣藝術雜誌刊載一篇文章，描寫油畫原料——西洋油彩的製造過程，透過文章中感受到他對油彩喜愛的程度，實在讓人動容。我想可以用一句話形容陳澄波的一生：「我是油彩的化身。」

油彩是西洋畫中重要的表現素材，與中國水墨畫素材一樣，有著漫長且悠久的歷史傳統。對東方的臺灣而言，對於初次接觸到西洋素材油彩，內心充滿著興奮及深切的期盼。陳澄波為臺灣第一位以西洋素材——油彩，創作並入選帝展，其成就給予臺灣藝術家自信及鼓舞。除了塑造陳澄波個人形象，也創造了臺灣美術的歷史。

二、從身為藝術工作者的感受來談：1926年陳澄波入選帝展的作品，顛覆以往，其作品是描寫他熟悉與熱愛的土地——臺灣。因為要對土地有感情，才能感動人心；要對環境熟悉，才能夠描寫深刻。他敏銳抓住臺灣未開發、百廢待興的時代脈動，從中可感受到他對油彩及對這塊土地的熱愛。

此外，他的作品具有大膽構圖的冒險精神，因此畫面一點都不會平淡無味。他在1933（1932）年《【臺灣】新明（民）報》訪談時，提到自己的創作態度有三：1. 表現自然與物體形象存在；2. 反覆推敲，捕捉值得描寫的瞬間；3. 具Something（內容）。

德國溫克爾曼描述古代希臘美術特質為「高貴的單純、靜穆的偉大。」亦可代表陳澄波的作品風格。除了勇於表現，學校教育給予適當寬容及尊重，他在藝術上的特質，是普遍性加上強烈的個別性，這從現代藝術的眼光來看，是非常珍貴的。其藝術純度來自個性的純真、無雜質及對生命的熱愛，透過西洋的油彩表現出來而產生的力量。

劉永仁研究員：陳澄波的藝術可分為兩個層面。第一、就是陳澄波在上海參與「決瀾社」畫會，與在上海的藝術活動。第二、是直接面對作品，如何瞭解陳澄波繪畫中的視覺語言。

若以陳澄波的作品而言，他的繪畫基本上是具象的，陳澄波的藝術從寫生到變形，基本上還是在具象的範圍，他從外在自然的形象中提煉並將情感投射在物象上，透過不斷的探索，產生了他獨特的「視覺語言」。

另一個部分就是，他從東京學成之後前往上海，從1929年到1933年間在上海的藝術活動。當時上海的現代藝術氛圍出現逐漸萌芽的趨勢，特別是當時有幾位倡導現代藝術運動的畫家，例如留法的龐薰琴（琹）及留日的倪貽德，他們組織了「決瀾社」，「決瀾社」可以說是當時現代藝術運動很重要的團體。

陳澄波很幸運地在當時與畫友舉辦了展覽，並且在新華藝專西畫科、昌明的藝專藝教科，及「決瀾社」成員王濟遠邀請下，於藝術學院繪畫研究所等三地任教。

當時陳澄波不但與畫會有密切的往來，足跡也遍及了上海、西湖及蘇州，經由旅行寫生滋潤繪畫

的內涵，雖然僅有4到5年短短的時間，但這段期間的歷練，不但拓展了國際觀，也使他日後的藝術創作從開闊格局中去探索自身的視覺語言。

陳澄波羈旅上海期間，他曾以水彩畫了系列人體素描，筆法靈活生動，展現其視覺觀點逐漸蛻變，亦即造形與動態的深化。觀看陳澄波的藝術創作特質，從他所使用的筆法、線條與氛圍烘托，尤其是圓弧形的結構及皴擦的表現手法，明顯可辨識其視覺語言。

由於他曾在創作自述中談及，受到中國繪畫傳統中文人畫的影響頗深，其中明代倪瓚「折帶皴」及明末八大山人的皴擦筆法受到較多啟示，雖文人畫表現逸筆草草、不求形似，但卻體現創作者的主觀意念與涵養。陳澄波以油彩融入濃郁的文人意識，畫面表現相當強烈東方情感及真誠自我的藝術語彙。

林理事長：非常感謝各位文化界的先進、學者專家共同參與此次的座談會及提出許多寶貴的意見。43年前的今天（4月9日），是創價學會因被政府誤解而遭勒令解散的日子。正如陳重光董事長所說，政治是冷酷、一時的，藝術才是永恆的，要超越歷史的悲情，惟有靠文化、教育的力量。

2005年，正值第二次世界大戰終戰60週年，池田SGI會長有鑑於人類雖經歷二次世界大戰的浩劫，造成許多悲慘與不幸，但人類卻無法從中覺醒，世界各地仍不時爆發流血衝突與動亂。

於是他撰寫專文投稿至日本第一大英文報紙《日本時報》（Japan Times）。文中提及，他的長兄因被送上緬甸戰場而捐軀時，他的母親悲痛過度而抽搐哭泣的背影，讓他留下了永難抹滅的傷痛，這也成為他矢志消除戰爭，推動和平運動的緣起。因此，在1975年於關島成立「國際創價學會」（SGI）時，池田先生即期勉所有會員要將和平與幸福的種子傳播到世界各個角落。

同樣地，要除去歷史悲情，就是要將和平與幸福的種子，散播在臺灣這塊土地上，為此，正需要文化與教育的力量！這也是今日舉辦陳澄波畫展及座談會的意義。希望我們今天所邁出的一小步，能拋磚引玉，成為社會前進的一大步，謝謝各位！

—原載《創價藝文》第3期，頁94-101，2006.12.10，臺北：正因文化事業有限公司

2007臺灣十大視覺藝術新聞（節錄）

4.陳澄波〔淡水夕照〕創臺灣畫家油畫拍賣紀錄

香港佳士得秋拍推出陳澄波於1935年創作的油畫〔淡水夕照〕，預估價4500萬至5500萬港元，最後以5072萬多港元成交，合新臺幣約2.1億元。此價格不但超越之前其作品〔淡水〕創下3600萬港元的成交紀錄，也刷新臺灣畫家油畫拍賣最高紀錄。

〔淡水夕照〕的結構與色彩有獨特的呈現。就線條而言，陳澄波以不同的線形縱軸互相搭配，來建構畫面的秩序和節奏。就畫面肌理與筆觸上，利用油畫顏料所具備的黏稠和延展性，以厚塗著色而讓畫筆藉由擠壓顏料來留下筆觸，一方面讓筆觸連續且呈弧形進行，一方面運筆畫過濃厚的顏料產生筆觸的痕跡，使其具擦筆的效果，又能使線條隱約的存在。圓潤的筆觸大量運用在樹木的呈現上，錯落四周的樹叢將紅瓦屋團團圍住，線條的使用僅用來勾勒物形，不再具有獨立性質，紅瓦牆面以平塗方式呈現，屋簷配合著樹叢蜷曲的行進也以弧形相對，整張畫面結構堅實而不失動態。〔淡水夕照〕也融入了中國繪畫空間結構所強調的「平、遠、深、靜」，利用不同視點的方式來重組空間變化，使得俯視角度的畫面具有較大的空間容量，以及更為寬闊的平坦前景，並與平視的視點結合。陳澄波轉化中國水墨畫中河岸層疊推移的手法，從立於左下角的高處平台下俯視景物，房舍延續河岸的曲線不斷堆疊形成「S」形的空間推進。在此種構圖方式的結合下，在畫面上產生急遽的空間收縮，呈現出如舞台劇場效果及布幕式背景的印象。

—原載《藝術家》第392期，頁134-141，2008.1，臺北：藝術家雜誌社

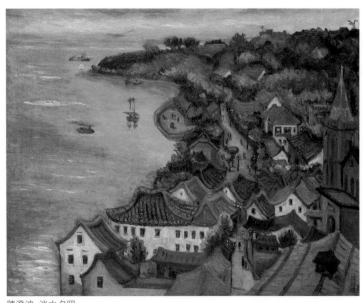

陳澄波 淡水夕照

臺灣油畫之父　陳澄波　以圓或橢圓構圖

作品中常見以此作為畫面視覺中心　在人物畫裡尤其明顯　用來安定畫面、控制畫面

文／劉長富

　　最近應臺灣嘉義市政府的邀請，回老家開個展，也因此又與昔日任職嘉義女中的老同事陳重光先生碰面。

　　陳重光先生即是臺灣油畫之父陳澄波先生之長子，雖說是同事，實際上是我最尊敬的長者，我很佩服他的毅力能走出最悲情的那一段日子，想當初二二八的時代，少許擁有陳澄波畫作的人，私下把它燒毀、破壞掉，這種行為當真是毀滅國寶或人類的文化資產。

　　現在的陳重光先生致力於二二八基金會及陳澄波文教（化）基金會的各項活動，並舉辦許多藝術展覽活動，鼓勵後進不餘遺（遺餘）力。

　　個人藉著回臺展覽籌劃期間，隨機的發表陳澄波先生作品的一些特色給加拿大的朋友分享。

一、以「圓」或「橢圓」為基本形的構圖

　　在陳澄波先生的作品中許多是用圓形及橢圓來構成畫面或當成畫面的視覺中心，這也是其構圖的特色之一，如1928年的〔自畫像〕[1]、1929年的〔清流〕、1931年的〔我的家庭〕、1930年的〔祖母像〕及〔自畫像〕[2]、1931年的〔小弟弟〕（陳澄波之長公子陳重光先生）、1932年的〔上海碼頭〕[3]、1937

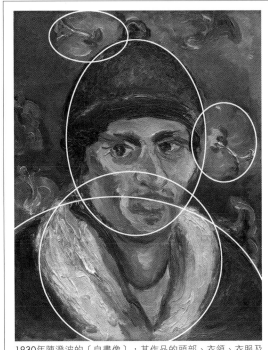

1930年陳澄波的〔自畫像〕，其作品的頭部、衣領、衣服及背景的扶桑花呈圓與橢圓之造形，只是把人物的眼線拉高，大小配置與拉遠拉近的手法也是一樣的。

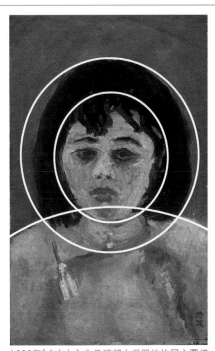

1932年[4]〔少女〕作品頭部由很單純的同心圓構成，緊接的肩膀是由大圓邊緣的弧線構成，這是一幅乾脆及簡單的圓形組合。

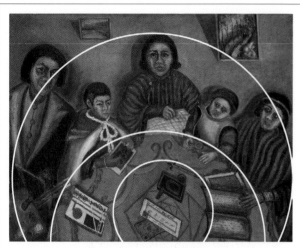

1931年〔我的家庭〕是陳澄波在上海時期的群像作品,這種作品還是有很明顯的高俯視的構圖。〔我的家庭〕是用背景壁面的兩幅大小不等的風景畫來平衡畫面,右邊較輕就掛大幅的作品。

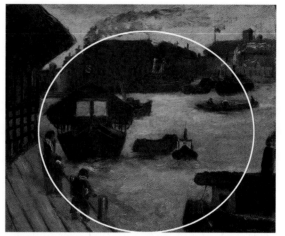

陳澄波的人物畫大都有「圓」及「橢圓」的構圖,在風景畫中其實也常出現有如此類似「圓」的圓弧狀構圖。此幅〔上海碼頭〕在左側由人物到泊舟亭的柱列及遮雨棚均形成一感覺的弧線與右側的近景,遠處的煙團形成一大圓形的構圖這是畫面的主軸。

年的〔嘉義公園〕……等,尤其在人物畫的作品特別明顯。

　　以康丁斯基的「定向的張力」來說「圓」是由圓心往外擴張,它是較安定的、穩重的。所以許多作品是靠「圓」來安定畫面、來控制畫面。

(一)　　　　　　　　　　　　　　　　　　　　　　　　　　　　　　　　(寄自臺灣嘉義)

—原載《世界日報》第B8版/藝文采風,2010.4.19,溫哥華:世界日報社

---

1. 編註:此作現已更名為〔自畫像(一)〕。
2. 編註:此作現已更名為〔自畫像(二)〕,年代修正為「約1929-1933年」。
3. 編註:此作現已更名為〔上海渡口〕,年代修正為「約1929-1933年」。
4. 編註:〔少女〕年代現已修正為「年代不詳」。

2006-2010論評總目錄

No.	類別	日期	作者	標題	出處	卷期/版次	頁數	出版者	收錄
1	報導	2006.1.4	余雪蘭	陳澄波名畫　躍上房地產廣告	自由時報	第B8版／嘉義新聞		臺北：自由時報社	
2	專論	2006.1.11	蕭瓊瑞	帝展油畫第一人——陳澄波	和樂新聞	第480期，第8版／藝文·生活		臺北：正因文化事業有限公司	
3	報導	2006.2.10	段鴻裕	帝展油畫第一人　陳澄波畫展	聯合報	第C2版／雲林縣新聞		臺北：聯合報社	
4	報導	2006.2.21	余雪蘭	陳澄波畫展　斗六展真品	自由時報	第B7版／嘉義焦點		臺北：自由時報社	○
5	報導	2006.2.22	趙清端	2006年「文化尋根、建構臺灣美術百年史」首季展覽　在全國5個藝文中心熱烈展出　推動藝術　為社區注入嶄新活力	和樂新聞	第1版／要聞		臺北：正因文化事業有限公司	
6	報導	2006.2.22	凌美雪	福岡亞洲美術館亞洲近代美術系列　七月展出臺灣美術作品25件	自由時報	第E5版／藝術文化		臺北：自由時報社	
7	報導	2006.2.22	凌美雪	作品成就與賣價皆受注目　留日前輩畫家寫臺灣美術史奇蹟	自由時報	第E5版／藝術文化		臺北：自由時報社	
8	專論	2006.3.1	何芳美	綻放熱力與光芒——陳澄波的藝術生命	福運雜誌	第210期	頁70-75	臺北：正因文化事業有限公司	
9	報導	2006.3.25	余雪蘭	獨排眾議　李淑珠看陳澄波　非學院素人	自由時報	第B8版／嘉義新聞		臺北：自由時報社	○
10	報導	2006.3		陳澄波、林玉山……等25件臺灣早期美術作品　將為7月日本福岡亞洲美術館亞洲近代美術系列鋪陳出臺灣主題	當代藝術新聞	第14期	頁28	臺北：華藝文化事業有限公司	
11	專論	2006.3	蕭瓊瑞	變異與飛揚　臺灣繪畫四百年掠影	新活水	第5期	頁83-89	臺北：中華文化復興運動總會	
12	報導	2006.4.7	陳玲芳	帝展油畫第一人——陳澄波　創價文化藝術系列臺北錦州藝文中心登場	臺灣日報	第12版／文化臺灣		臺中：臺灣日報社	
13	專論	2006.4.15	曹永洋	陳澄波與〔自畫像〕	臺灣文學評論	第6卷第2期	封面裡	臺南：私立真理大學（麻豆校區）、臺灣文學資料館	
14	專論	2006.5.7	陳銘竹	母親的容顏　臺灣藝術家畫筆下的媽媽	國語日報	第9版／藝術教室		臺北：國語日報社	
15	專論	2006.5	李欽賢	四、臺灣風光入選帝展	再現臺灣	第70期	頁20-23	臺中：莎士比亞文化事業股份有限公司	
16	專論	2006.1	渡也	一顆子彈貫穿襯衫——紀念二二八罹難畫家陳澄波先生	臺灣現代文選——新詩卷		頁249-251	臺北：三民書局	
17	報導	2006.8.5	余雪蘭	陳澄波油畫觀光畫架　盼認養	自由時報	第B7版／嘉義焦點		臺北：自由時報社	
18	報導	2006.8.30		陳重光董事長、黃才松教授致贈畫作給學會典藏　推動文化無遠弗屆	和樂新聞	第513期		臺北：正因文化事業有限公司	
19	報導	2006.9.19	周美惠	陳澄波畫作　蘇富比上看8千萬　顛峰作〔淡水〕　在中國當代藝術部分價居第一　擠下大陸藝術家張曉剛	聯合報	第C6版／文化		臺北：聯合報社	
20	報導	2006.10.10		陳澄波〔淡水〕賣近1.5億	蘋果日報	第A5版／要聞		臺北：蘋果日報社	
21	報導	2006.10.10		華人油畫拍賣創天價　陳澄波淡水 1.4億賣出	中國時報	第D2版／影藝新聞		臺北：中國時報社	
22	報導	2006.10.10	中新社	臺灣前輩畫家陳澄波的〔淡水〕油畫作品，9日在蘇富比香港秋季拍賣會上，以3484萬港元成交，創下華人油畫世界拍賣紀錄。這幅畫預估價為2000萬港元。陳澄波的〔嘉義公園〕，也曾於2002年寫下華人拍賣的紀錄。	民生報	第A9版／藝文新舞台		臺北：民生報社	
23	報導	2006.10	張禮豪	陳澄波〔淡水〕·香江聚焦——香港蘇富比2006秋拍	典藏今藝術	第169期	頁238-239	臺北：典藏藝術家庭股份有限公司	
24	報導	2006.11.1	胡永芬	從大型主流拍賣會看藝術投資大趨勢　頂級作品漲幅最嚇人	財訊	第296期	頁300-302	臺北：財訊雜誌社	

No.	類別	日期	作者	標題	出處	卷期/版次	頁數	出版者	收錄
25	報導	2006.11	張禮豪	香港蘇富比亮麗收槌‧陳澄波〔淡水〕破紀錄	典藏今藝術	第170期	頁302-303	臺北：典藏藝術家庭股份有限公司	
26	報導	2006.11	謝恩	億來億去！——華人油畫再創紀錄	典藏今藝術	第170期	頁297-299	臺北：典藏藝術家庭股份有限公司	
27	報導	2006.11		陳澄波〔淡水〕以34,840,000港元成交 創下中國油畫拍賣史上最高價紀錄	當代藝術新聞	第22期	頁44	臺北：華藝文化事業有限公司	
28	報導	2006.11	李鳳鳴	驚爆新高點　香港蘇富比秋拍創佳績	藝術家	第63卷第5期	頁275	臺北：藝術家雜誌社	
29	報導	2006.11		羅芙奧2006年秋季拍賣會精品盡出　總預估價超過4億5仟萬臺幣　華人大師經典雲集　趙無極、朱德群、林風眠、廖繼春、陳澄波、常玉	當代藝術新聞	第22期	頁66、69	臺北：華藝文化事業有限公司	
30	報導	2006.11	孫曉彤	趙無極大作現身‧羅芙奧秋拍上看6億	典藏今藝術	第170期	頁307-309	臺北：典藏藝術家庭股份有限公司	
31	專論	2006.12.10		綻放熱力與光芒　陳澄波的藝術生命	創價藝文	第3期	頁38-43	臺北：正因文化事業有限公司	
32	專論	2006.12.10	紀錄整理／郭婉玲、曾期星、周之維、孫碧璟、黎玥岑	帝展油畫第一人　陳澄波座談會	創價藝文	第3期	頁94-101	臺北：正因文化事業有限公司	○
33	報導	2007.1	孫曉彤	羅芙奧、景薰樓秋拍‧成交額開新頁	典藏今藝術	第172期	頁204-206	臺北：典藏藝術家庭股份有限公司	
34	報導	2007.1	朱庭逸	2006年華人西畫市場TOP20　八件作品破億‧徐悲鴻蟬聯榜首	典藏今藝術	第172期	頁186-187	臺北：典藏藝術家庭股份有限公司	
35	報導	2007.2.25	江俊亮	見證歷史　嘉義市畫家陳澄波二二八遭槍殺	中央社				
36	報導	2007.2.27	蘇孟娟	陳澄波繪出臺灣風情　國美館「臺灣美術溯源」特展	自由時報	第B10版／藝術文化		臺北：自由時報社	
37	報導	2007.2.27	江俊亮	陳總統代表政府　向二二八受難者家屬道歉	中央社				已收錄至14卷
38	報導	2007.2.28	謝銀仲、王貝林、吳幸樺	追思228　扁獻花　蘇釘永罪碑	自由時報	第A3版／焦點新聞		臺北：自由時報社	
39	報導	2007.2.28	賴素鈴	陳澄波之子　尋歷史真相　陳重光：設立紀念館　教育下一代	聯合報	第A13版／專題		臺北：聯合報社	
40	專論	2007.2	謝恩	冷熱兩極，前輩畫家行情分道揚鑣	典藏今藝術	第173期	頁144-147	臺北：典藏藝術家庭股份有限公司	
41	報導	2007.3.1	丁偉杰	神遊淡水　追憶陳澄波　嘉市228事件60週年影像文物資料展	自由時報	第B12版／藝術文化		臺北：自由時報社	
42	專論	2007.5	王德育	八里‧巴黎——從顏水龍的〔淡水晨曦〕論日本殖民地時期臺灣畫家對巴黎的縈思夢繫	現代美術學報	第13期	頁11-45	臺北：臺北市立美術館	
43	專論	2007.6.30	林明賢	新美術的萌芽——淺析日治時期由「寫生」「地方色彩」所建構的臺灣美術風貌	藝域長流——臺灣美術溯源		頁24-43	臺中：國立臺灣美術館	
44	報導	2007.11.9	周美惠	淡水夕照　陳澄波　挑戰2.2億天價王　〔淡水〕去年刷新華人油畫價　之後被吳冠中、徐悲鴻超越　月底拍賣會再一搏	聯合報	第A8版／生活		臺北：聯合報社	
45	報導	2007.11.15	吳垠慧	香港佳士得秋拍　陳澄波〔淡水夕照〕上看2億	中國時報	第A14版／文化新聞		臺北：中國時報社	
46	報導	2007.11.26		陳澄波〔淡水夕照〕拍2.1億天價　佳士得秋季拍賣 臺畫家再寫新高　拍價僅次於徐悲鴻作品	蘋果日報	第A6版／要聞		臺北：蘋果日報社	
47	報導	2007.11.26	周美惠	拍爆3.9億　當代藝術蔡國強稱霸　〔為APEC所作的畫〕秋拍超越徐悲鴻　陳澄波〔淡水夕照〕也刷新個人紀錄	聯合報	第A8版／生活		臺北：聯合報社	
48	報導	2007.11.26	陳怡靜、楊桂華	華人大師　拍賣僅次於徐悲鴻作品	蘋果日報	第A6版／要聞		臺北：蘋果日報社	
49	專論	2007.11	李欽賢	第四章 傳統文教重鎮的轉型／二、新興木材之都嘉義——陳澄波、吳梅嶺、林玉山	臺灣美術之旅		頁69-73	臺北：雄獅圖書股份有限公司	

No.	類別	日期	作者	標題	出處	卷期/版次	頁數	出版者	收錄
50	學位論文	2007	簡秀枝	臺灣前輩油畫家市場之研究——以陳澄波、廖繼春、李梅樹、楊三郎、李石樵之油畫市場行情為例	國立臺灣師範大學美術學系在職進修碩士班論文				
51	報導	2008.1	編輯部	2007臺灣十大視覺藝術新聞	藝術家	第392期	頁134-141	臺北：藝術家雜誌社	○ 節錄
52	報導	2008.5.25	吳垠慧	曾梵志「面具」改寫亞洲拍賣紀錄	中國時報	第A14版／文化新聞		臺北：中國時報社	
53	報導	2008.5	本刊訊	香港佳士得拍賣亞洲當代及中國20世紀藝術	藝術家	第396期	頁236	臺北：藝術家雜誌社	
54	報導	2008.6.22		陰宅高品味　李世聰　要在墓園設美術館	經濟日報	第A5版		臺北：經濟日報社	
55	專論	2008.6	盧玄玉	油彩的化身　陳澄波——炙熱的熱情‧樸拙的浪漫	Sunrise玉見	第3期	頁60-65	臺北：玉山銀行	
56	專論	2008.9	曹慧如	同化政策教育的縮影——陳澄波〔岡〕1936	議藝份子	第11期	頁201-220	桃園：國立中央大學藝術學研究所學生會	
57	學位論文	2008	黃耿垣	嘉義市觀光畫架展示效應探討——以嘉義市國華街合作金庫壁面陳澄波〔琳瑯山閣〕複製畫展示為例	南華大學美學與藝術管理研究所碩士論文				
58	報導	2009.1.4	吳垠慧	大師畫作搶手貨　喊價飆破億元	中國時報	第A7版／名人家族故事		臺北：中國時報社	
59	專論	2009.1.4		DNA傳承四代　藝術創作不歇	中國時報	第A7版／名人家族故事		臺北：中國時報社	
60	報導	2009.2	吳華	亞洲藝術品拍賣十大天價　廿世紀中國藝術　趙無極4,546萬港元〔杜甫頌〕居首　十大排行有六件　顯見趙無極畫作市場的抗跌性	《CANS藝術新聞》第133期&《當代藝術新聞》第49期（合刊）		頁168-174	臺北：華藝文化事業有限公司	
61	報導	2009.3.10		陳澄波〔西湖春色〕　龍巖新竹會館展出　龍巖也將邀請世界建築大師安藤忠雄　於三芝鄉打造26公頃藝術墓園	聯合晚報			臺北：聯合晚報社	
62	專論	2009.3	高淑媛	慘死二二八的畫家陳澄波	人本教育札記	第237期	頁57-65	臺北：人本教育基金會出版部	
63	專論	2009.10.1	李淑珠	寫意與寫生——論陳澄波和莫內的「撐傘人物」	臺灣美術	第78期	頁4-27	臺中：國立臺灣美術館	
64	報導	2010.1.11	蔡宗勳	陳澄波遺失雪景重現	自由時報	第A6版／生活新聞		臺北：自由時報社	
65	專論	2010.1.24	李筱峰	陳澄波、歐陽文師生的悲劇	自由時報	第A15版／自由廣場		臺北：自由時報社	
66	報導	2010.1.26	凌美雪	聯邦文教基金會深植藝術　培育臺灣本土人才	自由時報	第D8版／藝術文化‧上班一族		臺北：自由時報社	
67	報導	2010.2.9	凌美雪	美術史上留典範　陳澄波彰顯土地情懷	自由時報	第D8版／藝術文化‧上班一族		臺北：自由時報社	
68	報導	2010.2.10		詠懷油彩的化身——陳澄波追思紀念會	龍吟事記		頁25-26	桃園：龍巖人本服務股份有限公司	
69	專論	2010.2.22-28	蕭瓊瑞	以愛和關懷殉身的本土畫家陳澄波	臺灣教會公報	第3026期第14-15版／藝文走廊		臺南：臺灣教會公報社	
70	報導	2010.2.28	邱紹雯	受難畫家陳澄波　遺書首度曝光	自由時報	第A6版／政治新聞		臺北：自由時報社	
71	專論	2010.4.19	劉長富	臺灣油畫之父　陳澄波　以圓或橢圓構圖　作品中常見以此作為畫面視覺中心　在人物畫裡尤其明顯　用來安定畫面、控制畫面	世界日報	第B8版／藝文采風		溫哥華：世界日報社	○
72	專論	2010.10.16	森美根子	陳澄波　二‧二八事件で斃れた画家	台湾を描いたち　日本統治時代　画人系列		頁48-53	東京：株式会社産経新聞	
73	專論	2010.10	江婉綾	家‧國‧童話——論陳澄波〔嘉義公園〕（1937）象徵意涵	臺灣美術	第82期	頁40-61	臺中：國立臺灣美術館	

No.	類別	日期	作者	標題	出處	卷期/版次	頁數	出版者	收錄
74	專論	2010.11	李淑珠	陳澄波圖片收藏與陳澄波繪畫	藝術學研究	第7期	頁97-182	桃園：國立中央大學藝術學研究所	
75	專論	2010.11.20	莊孟學	原生的力量──藝氣相挺，臺灣最美　藝術品義賣展	原生的力量──藝氣相挺，臺灣最美		頁8-9	臺北：無穹藝術空間	
76	報導	2010.12		12/4陳澄波與廖繼春英雄會　開幕展　陳澄波1931〔我的家庭〕首度在畫廊亮相	當代藝術新聞	第71期	頁57	臺北：華藝文化事業有限公司	
77	專論	2010.12	莊紫蓉	從圖像探索畫家的內心世界──重新發現陳澄波座談會記實	臺灣史料研究	第36號	頁156-173	臺北：財團法人吳三連臺灣史料基金會	
78	學位論文	2010	吳佩穎	劉錦堂、陳澄波、郭柏川民族油畫風格之探研	國立屏東教育大學視覺藝術學系碩士論文				

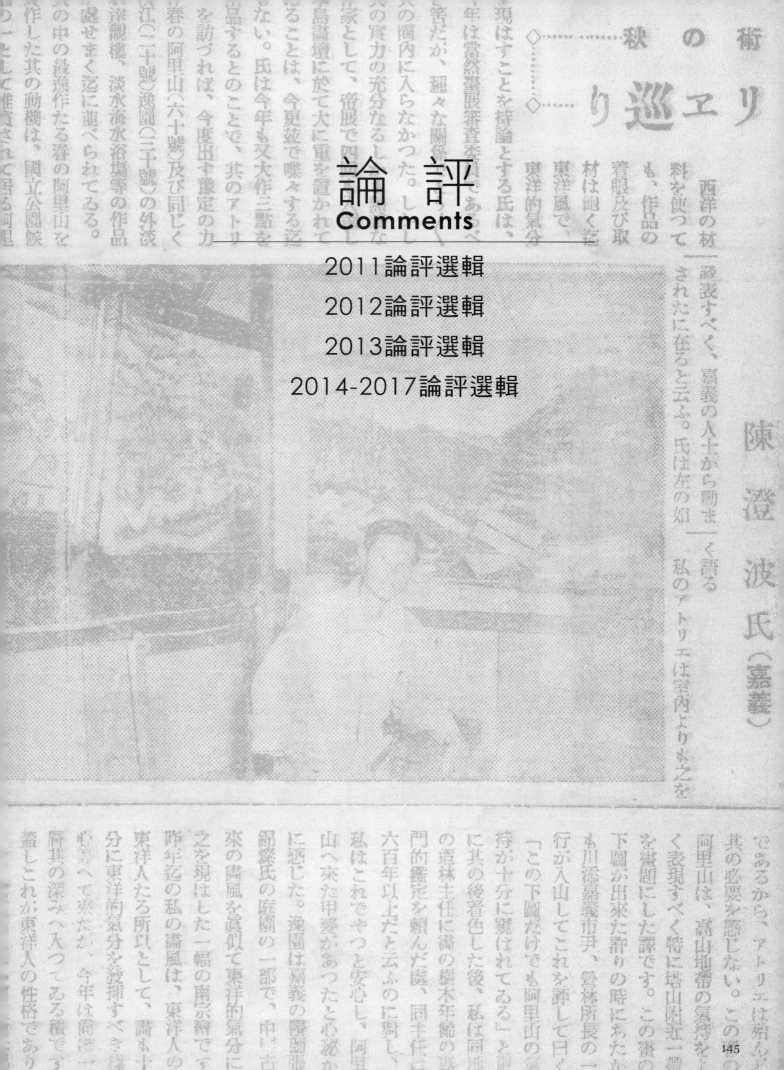

論評
Comments

陳澄波文物資料特展　開鑼

【記者丁偉杰／嘉市報導】「陳澄波文物資料特展」昨天起至十一月六日在嘉義市立博物館展出，市府邀請陳澄波長子陳重光、外孫蒲浩志及承辦特展的師大副教授白適銘等人參加開幕活動；陳重光說，父親的文物是大家的資產，捐給公部門，就是希望發揮到最大的功能。

開幕活動由副市長李錫津主持，李錫津說，七年前，市立博物館啟用時，市府在三樓規劃陳澄波紀念區，當時陳重光無私捐出陳澄波二千八百多件文物，成為各界學者專家研究陳澄波必取經之處。

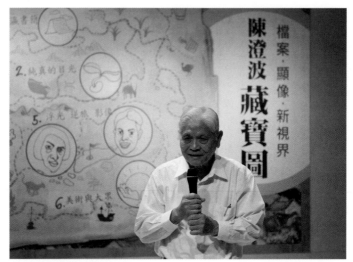

陳重光於開幕活動中致詞。

陳澄波音樂劇　全國巡演

陳澄波原創音樂劇「我是油彩的化身」今天起將在全國巡迴演出，為增進民眾對陳澄波藝術成就的認識，市府將收藏近三千件陳澄波文物資料加以整理，推出「陳澄波文物資料特展」。

六大主題　有獎徵答

文化局表示，特展分為東瀛書簡—發現新「視」界；純直的目光—理性之超越；三都之間—旅行日課；藝術殿堂—未竟的美術館；浮光‧逆旅‧記憶—陳澄波先生生平影像紀念攝影展及美術與大眾—社會性的思考等六大主題。展出陳澄波素描、速寫畫稿、書畫、明信片收藏、簡（剪）報資料及與當時往來之藝術家合照等相關資料。

展出期間，還舉辦有獎徵答活動，獎品為獨家開發的陳澄波紀念品。

—原載《自由時報》第A18版／嘉義焦點，2011.10.7，臺北：自由時報社

陳澄波紀念展
在高美館開幕
兒子陳重光捐出父親兩畫作
陳菊：最有意義展覽

【記者葛祐豪、楊菁菁／高雄報導】二二八受難者、名畫家陳澄波紀念展，昨晚在高美館開幕，市長陳菊親自出席，強調「這是高美館建館以來，最有意義的展覽」；陳澄波高齡八十六歲的兒子陳重光，則將父親〔阿里山遙望玉山〕及〔裸女坐姿冥想〕[1]兩幅畫作捐給高美館典藏。

陳澄波（一八九五至一九四七年）是第一位以繪畫入選日本帝展的臺灣畫家，「切切故鄉情——陳澄波紀念展」透過多重軸線創作主題，呈現陳澄波的藝術樣貌，展出其油畫、膠彩、淡彩速寫及素描作品二百六十三件。

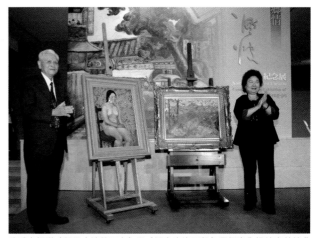

陳重光捐贈〔阿里山遙望玉山〕及〔裸女坐姿冥想〕兩幅畫作捐給高美館典藏，陳菊市長代表接受。（圖片提供／高雄市立美術館）

陳澄波求學、教學遊歷東京、上海，最後因時局變化返臺定居，因對臺灣土地的熱愛，到處都有他的創作足跡，家鄉嘉義更是他創作不斷的泉源；難得的是，這次百餘件油畫中有近六成是首度公開展示，亮麗的色彩呼應他熱情活潑的性格。

昨晚開幕式聚集兩、三百名二二八受難者家屬及藝文界人士，陳菊致詞時說，若非陳英年早逝，藝術成就不止於此，「家屬捐贈的兩幅畫無價，堪稱是臺灣至寶、最高藝術品」。

陳重光表示，這是父親畫作第一次大規模展出，歡迎對臺灣美術史有興趣的民眾參觀，展期到明年二月二十八日。

成大歷史系教授蕭瓊瑞特別為本展覽「獻聲」，錄製國、臺語的語音導覽服務。

音樂劇今開演

描寫陳澄波傳奇人生的音樂劇《我是油彩的化身》，十月二十二日高雄至德堂真情上演。

《我是油彩的化身》音樂劇十月起展開全臺巡演，該劇由嘉義市府策劃，委託臺灣師範大學表演藝術研究所執行，由果陀劇場演出。

—原載《自由時報》第AA2版／高雄都會生活，2011.10.22，臺北：自由時報社

1.編註：此作現名〔坐姿冥想裸女〕。

陳澄波大批遺作　修復中

【記者周美惠／臺北報導】前輩藝術家陳澄波因二二八事件英年早逝，他眾多畫作也因家人深藏不露而塵封逾半紀；最近其家人將大批陳澄波畫作送往臺師大修復，可望兩年半後重現人間。

陳澄波是第一位以繪畫入選日本帝展的臺灣畫家，他的藝術成就與身價在臺灣前輩畫家中名列前茅。陳澄波年輕時求學、遊歷東京、上海，後因時局變化返臺定居。出於對土地的熱愛，北從淡水、南至屏東貓鼻頭都有他的創作足跡，其家鄉嘉義更是他創作不斷的泉源。

由於二二八受難者的特殊身分，陳澄波許多作品曾經塵封數十年，未曾公開展出。最近在高雄市立美術館登場的「切切故鄉情——陳澄波紀念展」呈現他二百六十三件作品，含油畫、膠彩、淡彩速寫及素描。百餘幅油畫中，將近六成為首次公開。

此次送往臺師大修復的畫作，含油畫、素描本、水彩、炭筆素描、粉彩、水墨、書法等，數量達數百件。臺師大文物保存維護研發中心主任張元鳳表示，在二二八事件後，陳澄波家人將其畫作藏起來，保存狀況比原先想像的好。但因歷經歲月，免不了材質老化，該中心當務之急是為這批畫作的紙張去酸、修復，並將顏料加固。估計可在兩年半之內分批逐項完成。除了針對畫作進行修復，該中心也將分項調查、建立資料檔案與材料分析。進而運用臺師大的學術資源，以藝術史角度切入、完整掌握陳澄波藝術成就全貌，並探討這批畫作在臺灣美術史上的意義與定位。

—原載《聯合報》第A12版／文化，2011.10.23，臺北：聯合報社

正修科大巧手修復　再現澄波萬里

　　【記者黃文政高雄報導】結合現代科技與修復工法，正修藝術科技保存修復中心團隊，把國寶級畫家陳澄波老師，其受損劣化的畫作洗盡容顏重獲新生，修復作品昨天在正修藝術中心登場。副校長李偉山表示，正修科大投入保存修復工作，為藝術作品的保存盡一份心力。

　　有「油彩化身」美譽，被尊稱為國寶級畫家的陳澄波，油畫畫作是臺灣人入選日本帝展第一人，他的兒子「財團法人陳澄波文化基金會」董事長陳重光說，父親遺留的作品都由母親整理保存，歷經數十年歷史，受到白蟻的侵蝕及保存環境的影響，產生劣化受損的現象。

　　為讓作品再度以原有面貌完整呈現，「財團法人陳澄波文化基金會」將家族蒐藏的代表作，委託正修科技大學執行修復維護，陳重光說，在臺灣為藝術作品作保存修復的不少，但是技術都不如正修科大，他也感謝正修科大的修復團隊及來自西班牙一流的修復師，讓他父親受損畫作「洗盡容顏，重獲新生」。

　　正修科大藝術中心昨天以「再現澄波萬里—陳澄波作品保存修復特展」為名，在該校展出包括油畫九件、紙本十一件等修復作品，陳澄波「上海市容」及回歸故鄉創作的系列「嘉義街景」再度呈現三、四十年代社會人文的情感交錯與生命熱力。

　　修復特展會場，充滿濃濃藝術氣息，包括市府文化中心管理處長陳英梅、藝術中心主任吳守哲及數十位在地藝術家均趕來欣賞難得一見的陳澄波作品保存修復展。

　　正修藝術科技保存修復中心修復組長李益成說，許多的受損作品，通常都是因為收藏者的錯誤保存觀念或是一時的疏忽導致作品受損、劣化，平時若能多注意保存的環境，再加上正確的保存，便能降低作品出現劣化或受損。

—原載《臺灣時報》第11版，2011.10.29，高雄：臺灣時報社

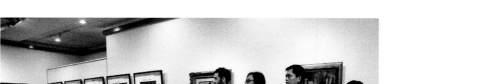

再度呈現國寶級畫家陳澄波畫作的情感交錯與生命熱力，正修藝術科技保存修復中心團隊功不可沒。（圖片提供／正修藝術科技保存修復中心）

百年傳承展　大師作品首面世
陳澄波　畫筆記錄東京生活

　　【記者林進修／臺北報導】國科會主導、中央研究院及國內多所大學，合力完成「人文百年、化成天下」臺灣百年人文傳承文集及圖錄，今天和國人見面。許多文稿、圖錄及黃君璧、朱銘、陳澄波等重要藝術家部分作品畫作首次面世。

　　總計畫召集人、清華大學中文系教授楊儒賓讚嘆，臺灣百年來人文學術發展的特殊性，在臺灣史或在中國史上，都是絕無僅有。國科會與國立歷史博物館合辦「百年人文傳承大展」，將從11月25日起，在歷史博物館展出至明年1月8日。

　　展品中，日據時代日本總理伊藤博文明治29年（1896年）巡視臺灣所作的垂地大中堂、臺灣總督府民政長官後藤新平理臺推動文明措施所畫的〔解放小腳圖〕，水野遵於牡丹社事件手繪的臺灣地圖，被視為深入了解早期臺灣的重要歷史文物。

　　此外，錢穆、梁實秋、徐復觀、董作賓等人文領域學科奠基者手稿墨跡，尾崎秀真、中村不折、石川欽一郎、黃君璧、楊啟東、洪瑞麟、朱銘、陳澄波等重要藝術家的部分作品，都是首次公開面世。

　　楊儒賓舉陳澄波為例，透過他和日本老師石川欽一郎的書信、和梅原龍三郎的賀卡，以及各式剪報、藏書、素描習作等，可一窺他一生的學習及交遊情形。另外，有3幅陳澄波後人提供的油畫〔表慶館〕、〔上野美術館〕及〔日本橋風景〕[1]，畫於陳澄波留學日本時期，為20世紀初期東京多元生活風貌，留下時代印記。

　　楊儒賓強調，故宮博物院、中央研究院及國家圖書館等學術機構，于右任、張大千、傅心畬、錢穆、牟宗三及徐復觀等一代宗師，讓臺灣的人文變得非常豐富，呈現出歷史少見的面貌。此次展覽展出書、畫、手稿等250項以上，等於綜覽百年來中華民國在臺灣的人文世界，臺灣真正的人文精神，也將體現在這些文物的一筆一畫之間。

—原載《聯合晚報》第A08版／教育文化，2011.11.23，臺北：聯合報社

---

1. 編註：三幅油畫現名〔冬之博物館〕、〔東京府美術館〕、〔日本橋風景（一）〕。

2011論評總目錄

No.	類別	日期	作者	標題	出處	卷期/版次	頁數	出版者	收錄
1	報導	2011.1	朱貽安	美術館級畫廊展─陳澄波、廖繼春尊彩璀璨揭幕	藝術收藏+設計	第39期	頁40	臺北：藝術家出版社	
2	報導	2011.1	林妤玲	陳澄波&廖繼春：那一段璀璨年歲	典藏今藝術	第220期	頁169	臺北：典藏藝術家庭股份有限公司	
3	報導	2011.2.25	江俊亮	撫傷痛　嘉市二二八追思	中央社				
4	報導	2011.3.10	丁偉杰	蘇嘉男畫嘉義　勉懷陳澄波	自由時報			臺北：自由時報社	
5	專論	2011.3.23	蘇振明	美術節　化妝晚會　陳澄波	自由時報	第A15版／自由廣場		臺北：自由時報社	
6	報導	2011.4.1	丁偉杰	陳澄波音樂劇　洪榮宏、高慧君挑大樑	自由時報			臺北：自由時報社	
7	報導	2011.4.1	梁雅雯	陳澄波音樂劇　全臺巡演13場	聯合報	第A14版／文化		臺北：聯合報社	
8	報導	2011.4.1	廖素慧	陳澄波音樂劇　洪榮宏10月開唱　將演出陳澄波作畫如決鬥、畫筆如劍的姿態　嘉義市政府自籌3千萬委託製作　陳重光很感動	中國時報	第A16版／文化新聞		臺北：中國時報社	
9	報導	2011.4.6	趙靜瑜	洪榮宏　高慧君擔綱　音樂劇戲畫陳澄波的藝術人生	自由時報	第D06版／文化．藝術、上班一族		臺北：自由時報社	
10	專論	2011.5	蔡怡玟	以石川欽一郎、木下靜涯、陳澄波、陳慧坤、李永沱筆下之淡水作品詮釋地方及其精神之意象	地理研究	第54期	頁43-68	臺北：國立臺灣師範大學地理學系	
11	專論	2011.7	李淑珠	陳澄波與普羅美術	臺灣美術	第85期	頁20-43	臺中：國立臺灣美術館	
12	報導	2011.9.8	邱祖胤	《我是油彩的化身》高唱陳澄波傳奇人生	中國時報	第A14版／文化新聞		臺北：中國時報社	
13	報導	2011.9.17	李麗滿	戲述陳澄波的傳奇人生　果陀劇場「我是油彩的化身」原創音樂劇10月起巡演	工商時報	第D14版／藝文館		臺北：工商時報社	
14	報導	2011.9.20	梁雅雯	名畫家傳奇　音樂劇演出　陳澄波的舊皮箱　隨片登臺	聯合報	第B2版／雲嘉綜合新聞		臺北：聯合報社	
15	報導	2011.9.20	丁偉杰	音樂劇我是油彩的化身　提陳澄波的舊皮箱巡演	自由時報	第D8版／文化藝術、上班一族		臺北：自由時報社	
16	報導	2011.10.7	廖素慧	陳澄波文物　嘉市博物館展出	中國時報	第C2版／雲嘉南新聞		臺北：中國時報社	
17	報導	2011.10.7	丁偉杰	陳澄波文物資料特展　開鑼	自由時報	第A18版／嘉義焦點		臺北：自由時報社	○
18	報導	2011.10.7		陳澄波特展　嘉市博物館展出	人間福報			臺北：人間福報社股份有限公司	
19	報導	2011.10.7	梁雅雯	文物展　在嘉義　228被槍決　陳澄波遺書曝光	聯合報	第A18版／文化		臺北：聯合報社	
20	報導	2011.10.9	林毓峯	《我是油彩的化身》　詮釋陳澄波絲絲入扣	青年日報			臺北：青年日報社	
21	報導	2011.10.10	梁雅雯	陳澄波音樂劇　馬蕭都說讚	聯合報	第D01版／雲嘉．運動		臺北：聯合報社	
22	專論	2011.10.12	何榮幸	陳澄波、蔣渭水之重現	中國時報	第A17版／時論廣場		臺北：中國時報社	
23	報導	2011.10.22	葛祐豪、楊菁菁	陳澄波紀念展　在高美館開幕　兒子陳重光捐出父親兩畫作　陳菊：最有意義展覽	自由時報	第AA2版／高雄都會生活		臺北：自由時報社	○
24	報導	2011.10.22	潘美岑	切切故鄉情　陳澄波紀念展揭幕	臺灣時報	第11版／大高雄綜合		高雄：臺灣時報社	
25	報導	2011.10.22	徐如宜	陳澄波紀念展　高美館展出	聯合報	第B2版／大高雄綜合新聞		臺北：聯合報社	
26	報導	2011.10.22	魏斌	陳澄波畫展　裸女圖驚豔	蘋果日報	第A30版／大高雄綜合新聞		臺北：蘋果日報社	
27	報導	2011.10.22	李翰	陳澄波名畫　贈高美館	中國時報	第C2版／高屏澎東新聞		臺北：中國時報社	

No.	類別	日期	作者	標題	出處	卷期/版次	頁數	出版者	收錄
28	報導	2011.10.23	胡清暉	臺師大著手修復陳澄波畫作	自由時報	第A12版／生活新聞		臺北：自由時報社	
29	報導	2011.10.23	周美惠	陳澄波大批遺作 修復中	聯合報	第A12版／文化		臺北：聯合報社	○
30	報導	2011.10.25	魯永明	「我是油彩的化身」熱演 陳澄波音樂劇 壓軸獻給家鄉	聯合報	第B1版／雲嘉‧運動		臺北：聯合報社	
31	報導	2011.10.25	黃敏惠	《我是油彩的化身》	中國時報			臺北：中國時報社	
32	報導	2011.10.29	黃文政	正修科大巧手修復 再現澄波萬里	臺灣時報	第11版		高雄：臺灣時報社	○
33	報導	2011.10.29	陳景寶	陳澄波作品修復 再展風情	民眾日報	第16版		高雄：民眾日報社	
34	報導	2011.10.29	李鳴盛	陳澄波作品修復展 重現丰采	少年中國晨報	第8版		高雄：少年中國晨報社	
35	專論	2011.10	謝佩霓	序	切切故鄉情——陳澄波紀念展		頁4-7	高雄：高雄市立美術館	
36	專論	2011.10	陳水財	「燠溽」與「呼愁」——2011，重讀陳澄波的臺灣風景	切切故鄉情——陳澄波紀念展		頁10-16	高雄：高雄市立美術館	
37	專論	2011.10	蕭瓊瑞	伊啦，福爾摩沙——陳澄波筆下的臺灣林木	切切故鄉情——陳澄波紀念展		頁18-24	高雄：高雄市立美術館	
38	專論	2011.10	李淑珠	陳澄波與學院繪畫——從陳澄波淡彩速寫裸女的經典擺姿談起	切切故鄉情——陳澄波紀念展		頁26-32	高雄：高雄市立美術館	
39	專論	2011.10	曾媚珍	悠悠天宇曠 切切故鄉情——談陳澄波的人與繪畫歷程	切切故鄉情——陳澄波紀念展		頁34-37	高雄：高雄市立美術館	
40	專論	2011.10	曾媚珍	悠悠天宇曠 切切故鄉情——談陳澄波的人與繪畫歷程	藝術認證	第40期	頁16-21	高雄：高雄市立美術館	
41	報導	2011.11.8		陳澄波文物資料特展盛大演出 林理事長專程前往觀賞 推動藝術社區札根 攜手建設和諧社會	和樂新聞	第1版		臺北：正因文化事業有限公司	
42	報導	2011.11.14	吳垠慧	陳澄波紀念展 六成作品首度曝光	中國時報	第A10版／文化新聞		臺北：中國時報社	
43	報導	2011.11.14	凌美雪	展望諸羅城 回顧陳澄波	自由時報	第D06版／文化藝術、上班一族		臺北：自由時報社	
44	報導	2011.11.23	林進修	百年傳承展 大師作品首面世 陳澄波 畫筆記錄東京生活	聯合晚報	第A08版／教育文化		臺北：聯合報社	○
45	專論	2011.11	李政曄	百年藝文 福爾摩沙	DYNASTY華航雜誌	2011年11月號	頁16-19	桃園：中華航空公司	
46	報導	2011.11		藝外萬花筒 高雄市立美術館 10.22~2012.2.28 切切故鄉情——陳澄波紀念展	ARTITUDE=藝外	第26期	頁38	臺北：雅墨文化事業有限公司	
47	報導	2011.11		我是油彩的化身 閱讀陳澄波的一生	美麗嘉義	第233期		嘉義：嘉義市政府	
48	專論	2011.12.7	白適銘	檔案‧顯像‧新「視」界——陳澄波文物資料特展暨學術論壇策展緣起	檔案‧顯像‧新「視」界——陳澄波文物資料特展暨學術論壇論文集		頁1-7	嘉義：嘉義市政府文化局	
49	專論	2011.12.7	文／吉田千鶴子、翻譯／石垣美幸	陳澄波與東京美術學校的教育	檔案‧顯像‧新「視」界——陳澄波文物資料特展暨學術論壇論文集		頁13-25	嘉義：嘉義市政府文化局	
50	專論	2011.12.7	黃冬富	陳澄波畫中的華夏美學意識——上海任教時期的發展契機	檔案‧顯像‧新「視」界——陳澄波文物資料特展暨學術論壇論文集		頁27-44	嘉義：嘉義市政府文化局	
51	專論	2011.12.7	蕭瓊瑞	風格的形塑——陳澄波創作的美術史意義	檔案‧顯像‧新「視」界——陳澄波文物資料特展暨學術論壇論文集		頁45-46	嘉義：嘉義市政府文化局	

No.	類別	日期	作者	標題	出處	卷期/版次	頁數	出版者	收錄
52	專論	2011.12.7	林育淳	陳澄波生命之旅的現實地與桃花源圖像初探	檔案‧顯像‧新「視」界——陳澄波文物資料特展暨學術論壇論文集		頁47-56	嘉義：嘉義市政府文化局	
53	專論	2011.12.7	李淑珠	陳澄波的「言」與「思」——從陳澄波文物中的「家書明信片」談起	檔案‧顯像‧新「視」界——陳澄波文物資料特展暨學術論壇論文集		頁57-82	嘉義：嘉義市政府文化局	
54	專論	2011.12.7	文／傅瑋思、翻譯／蔡依婷	主體認同與殖民主義：陳澄波的繪畫	檔案‧顯像‧新「視」界——陳澄波文物資料特展暨學術論壇論文集		頁83-102	嘉義：嘉義市政府文化局	
55	專論	2011.12.7	邱函妮	陳澄波嘉義圖像初探	檔案‧顯像‧新「視」界——陳澄波文物資料特展暨學術論壇論文集		頁103-118	嘉義：嘉義市政府文化局	
56	報導	2011.12.11	余雪蘭	嘉義公園百歲　巨幅陳澄波沙畫慶生	自由時報	第A12版／生活新聞		臺北：自由時報社	
57	專論	2011.12	陳水財	「燠溽」「呼愁」　2011，重讀陳澄波的臺灣風景	當代藝術新聞	第83期	頁56-58	臺北：華藝文化事業有限公司	
58	專論	2011.12	李欽賢	街道漫步者陳澄波	藝術認證	第41期	頁18-21	高雄：高雄市立美術館	
59	學位論文	2011	李茗洋	二二八、陳澄波與嘉義美術家	國立臺北教育大學臺灣文化研究所碩士論文				

高美館展陳澄波　紙風車幻化油彩特別演出

記者趙靜瑜／臺北報導

　　應陳澄波文化基金會之邀，紙風車劇團這次不做兒童劇，創作全新劇本《幻化油彩的唐吉軻德——陳澄波》，讓一般大眾透過戲劇了解陳澄波這位傾其生命與熱情，執著於藝術追求與社會關懷的藝術家。紙風車劇團表示，目前劇本仍在修整當中，不過紙風車將會把代表319鄉村兒童藝術工程的靈魂人物唐吉軻德跟陳澄波做呼應，讓充滿理想的2人得以超越時空，相互輝映。

　　紙風車劇團表演事務所表示，在陳澄波充滿張力與戲劇性的生命中，除了一般所知的繪畫成就外，女性在他生命當中，扮演了不可或缺的重要角色，包括從小扶養他長大的祖母、自始至終支持相挺的妻子張捷以及承襲其繪畫天份的女兒碧女等，將會是劇情重要著墨。紙風車劇團表示，透過他與這幾位女性的家庭故事，表現陳澄波一生對於繪畫的熱情、祖國的認同、家人的感情以及最終對於故鄉深切的情感。

　　成立已19年的紙風車劇團，足跡遍佈臺灣各地劇場、戶外空間與中小學校，這次受邀演出全新創作的陳澄波紀念展覽演出，除了以另一種形式讓民眾更了解這位在臺灣藝術界有著重要地位及影響的藝術家外，期望結合多元藝術挑戰視覺空間，為藝術創造新意義。

　　「切切故鄉情：陳澄波紀念展」自即日起到2月28日在高美館展出。紙風車劇團《幻化油彩的唐吉軻德——陳澄波》則將在2月25日下午2 點在高美館地下1樓演講廳演出，明天8號起可至高美館服務台免費索票，每人一次限索4張，索完為止。展覽及活動相關訊息可上網http://www.kmfa.gov.tw。

—原載《自由時報》第D8版／文化‧藝術，2012.2.7，臺北：自由時報社

陳澄波畫中有畫　藏玄機

〔坐姿裸女〕底下有男子頭像及另一裸女　且都沾顏料直接畫　沒先用鉛筆勾勒

【記者周美惠／臺北報導】陳澄波家屬昨天捐贈陳澄波油畫〔紅與白〕給北美館，經X光檢測發現，畫底下原來還藏著一幅裸女畫。

無獨有偶，外電日前報導，荷蘭庫勒穆勒美術館一幅梵谷的花朵靜物畫。經X光檢驗，發現底下還有一幅摔角手的畫作。

正修科技大學藝術中心藝術科技保存

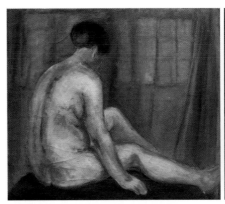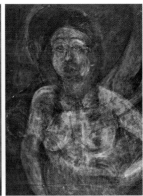

隱藏版裸女　北美館現正展出的陳澄波畫作〔坐姿裸女〕（左），經X光檢視後，發現底下覆蓋了另一名裸女及男子頭像兩幅畫（右）。

修復組長李益成表示，之所以會有這種「畫底下還有畫」的現象，可能因為藝術家經濟拮据，或是對原本的那幅畫不滿意，才導致他們以新作覆蓋舊畫，形成同一畫布上有多幅畫作的現象。

該藝術中心去年以紅外線和X光掃描陳澄波卅多幅油畫，發現當中竟有七、八幅油畫的畫作下還有另一幅畫的情況。

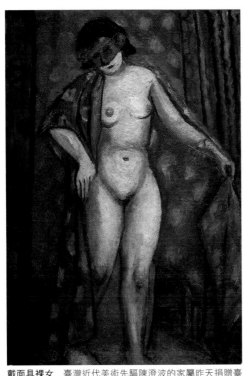

戴面具裸女　臺灣近代美術先驅陳澄波的家屬昨天捐贈臺北市立美術館兩幅油畫，其中〔戴面具裸女〕呈現上海風塵女子神韻。

其中，正在北美館展覽的〔坐姿裸女〕底下覆蓋了兩幅畫，經X光掃描後發現，這幅畫的最底層是一名男子的頭像、其上覆蓋了另一名姿勢不同的裸女。

李益成說，通常修復師若在畫作表面上發現不尋常的肌理、或在畫作的顏料剝落後發現底下還有顏料時，就希望以X光掃描。至於以紅外線照射則是檢測畫作的底線有無鉛筆線的痕跡。檢測結果發現，陳澄波習慣沾顏料直接畫，沒有一張圖先以鉛筆勾勒過。

《陳澄波全集》總主編蕭瓊瑞說，陳澄波的畫風受到梵谷、塞尚影響。梵谷為後印象主義大師，而塞尚為現代主義之父，他打破視覺感官，畫的是認知所理解的。兩位大師對陳澄波的影響從目前在北美館呈現的「行過江南」展都看得到。

由藝術家出版社出版的《陳澄波全集》共有十八卷，預計將在二〇一四年、陳澄波一百廿歲冥誕時出齊，總經費逾數千萬元。

—原載《聯合報》第A28版／文化，2012.3.30，臺北：聯合報社

---

1. 編註：此作現已更名為〔背向坐姿裸女〕。

展品高達200件　豔陽下的陳澄波
至善藝文中心展出

記者凌美雪／臺北報導

　　為臺灣美術紮根，民間力量不輸官方！台灣創價學會自2003年起，以「文化尋根‧建構臺灣美術百年史」為策展主軸，至今已邁入第10年，最新推出「豔陽下的陳澄波」畫展，昨天舉辦開幕儀式，陳澄波之子陳重光親自導覽，《自由時報》董事長吳阿明也出席閱覽這位228受難者在藝術上的成就。

　　協助此次策展者，是國際創價學會池田大作會長創辦的「日本東京富士美術館」。國立臺灣美術館、高雄市立美術館，及國內藝壇保存陳澄波文物最完整的嘉義市文化局，也都鼎力相助，共寫臺日藝壇多個美術館攜手合作的佳話。

　　此次展出畫作及文物多達200件，完整呈現臺灣藝壇先驅陳澄波畢生創作精華，最特別之處是，許多畫作及文物都是塵封多年後，首次對外展出。其中，1938年創作的〔古廟〕，是陳澄波參加第一屆「府展」的作品，修復後首次曝光。另有16幅水彩畫作，是陳澄波赴日留學前的作品，也是首次對外展出。

　　展覽分2大主題呈現，「土地之愛」展出陳澄波描繪嘉義風景為主的畫作，展場大廳重現1930年代的嘉義街景。「人文之愛」則展出陳澄波的裸女、靜物、膠彩及16幅新曝光的水彩畫作。展區內特別規劃，透過陳澄波生前所收集的美術圖片及文物，呈現陳澄波夢想中的「美術館」空間構想。

　　即日起，在台灣創價學會臺北「至善藝文中心」展出。

—原載《自由時報》第D8版／文化‧藝術，2012.4.9，臺北：自由時報社

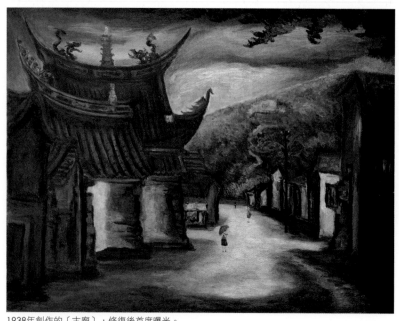

1938年創作的〔古廟〕，修復後首度曝光。

《陳澄波全集》新書發表會盛大舉辦
《陳澄波全集》「第三卷·淡彩速寫」出版暨陳澄波作品捐贈典禮

財團法人陳澄波文化基金會與中研院臺史所策畫發行、藝術家出版社出版的《陳澄波全集》新書發表會於3月29日在臺北市立美術館舉辦，會上除宣布《陳澄波全集》「第三卷·淡彩速寫」出版，北美館也與陳澄波文化基金會共同舉辦畫作捐贈儀式。總統馬英九、臺北市長郝龍斌、嘉義市長黃敏惠、陳澄波文化基金會董事長陳重光、中研院臺史所所長謝國興、北美館館長翁誌聰以及成功大學教授、同時也是《陳澄波全集》總主編的蕭瓊瑞均出席典禮。

典禮上陳重光宣布《陳澄波全集》出版首卷，並特地於典禮上贈書給總統馬英九，另亦捐贈兩幅陳澄波作品予北美館，為臺灣藝術圈再添一樁美事。陳澄波文化基金會近兩年極力推動陳澄波的畫作修復與史料保存工作。對於《陳澄波全集》「第三卷·淡彩速寫」順利出版，陳重光表示欣慰。他提到，由於過去環境不好，在陳澄波作品保存上仍有些許困難，部分作品受到程度不

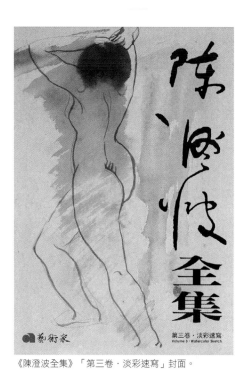

《陳澄波全集》「第三卷·淡彩速寫」封面。

一的損害與蟲害。「陳水財在研究中就曾提到，某些時期的作品數量似乎比較少，便是這個原因。」陳重光表示，正因此，《陳澄波全集》中所蒐羅的作品難免會側重某些年代。「但出版《陳澄波全集》的目的，便是把所有能收集到的陳澄波作品呈現在世人面前，藉由書籍的推出，讓世界各地無法看到陳澄波原作的人們、或者有心進行研究的學者，也能看到陳澄波完整的創作歷程與藝術成就。

總統馬英九特地出席《陳澄波全集》發表會及作品捐贈典禮，馬總統表示，陳澄波於年輕時期創造許多個第一，如在日治時期入選帝展、組織臺陽美術學會等，由此可見陳澄波對於臺灣藝壇的奉獻，其熱忱令人感佩，「陳澄波的藝術成就是臺灣文化的重要資產，他是臺灣的瑰寶，其愛鄉愛土的精神將伴隨著我們前進。」

臺北市長郝龍斌致詞時表示，陳澄波於二二八事件遇難，不僅讓家屬傷痛，更是臺灣藝術界的損失。他相當佩服其家屬在陳澄波逝世後，致力於將陳澄波的作品完整保存，近日陳澄波展覽的舉辦與作品集推出，能讓臺灣民眾對於陳澄波的藝術成就有更多認識。嘉義市長黃敏惠表示，此次《陳澄波全集》出版以及畫作捐贈之美事，希望能夠讓這位出身於嘉義的藝術家被更多人看見。

《陳澄波全集》總主編蕭瓊瑞表示，藝術家出版社於廿年前推出《臺灣美術全集·陳澄波卷》，此次《陳澄波全集》同樣由藝術家出版社出版。他説：「此次《陳澄波全集》的出版是臺灣藝術圈的大事，陳澄波之作品累積有上千筆的資料，我們相當高興能看到臺灣藝術的歷史能夠在今日重整，同時也感謝陳澄波家族努力將資料保存下來。」

《陳澄波全集》共計十八卷，其餘十七卷未來將陸續推出，預計於2014年、陳澄波一百廿歲誕辰之

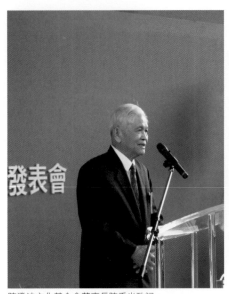
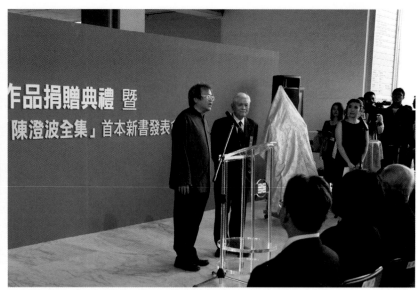

陳澄波文化基金會董事長陳重光致詞。
（圖片提供／陳麗涓）

《陳澄波全集》總主編蕭瓊瑞致詞。（圖片提供／陳麗涓）

時全數出版完成。中研院臺史所所長謝國興表示，站在研究者的立場，除了實體資料的保存之外，現在若能藉由數位化典藏技術保存資訊，能夠將資料提供各界使用，將對研究者與一般大眾有所裨益。

北美館獲贈〔戴面具裸女〕、〔紅與白〕

當日在北美館的一樓大廳除宣布《陳澄波全集》「第三卷‧淡彩速寫」出版，亦同時舉行捐贈典禮。兩幅畫作〔戴面具裸女〕、〔紅與白〕由臺北市市長郝龍斌代表接受陳重光之捐贈。此次的捐贈美事，使北美館除了原典藏的陳澄波〔夏日街景〕、〔蘇州〕[1]與〔新樓〕三幅風景油畫名作之外，添增了人物畫及靜物畫的範疇。另再加上十四年前陳重光捐贈的兩幅裸女淡彩速寫，北美館收藏陳澄波作品也因此增加為七件。北美館獲贈兩幅畫作，也承諾未來將會好好地保存館內所有的七件作品，必妥善運用以達美術館收藏、展示、教育推廣、交流研究等目的，讓大家能更加了解陳澄波對藝術與鄉土的熱愛之情。

陳重光表示，此次相當感謝北美館精心籌畫「行過江南──陳澄波藝術探索歷程」展，他透露：「這次和策展人林育淳一同看展時，聊到北美館的收藏少了裸女與靜物兩種主題，當我們看到〔戴面具裸女〕時，林育淳表示非常喜歡這幅作品，我便告訴他：『你喜歡嗎？那就送給北美館好了。』」除捐贈〔戴面具裸女〕，另一幅作品〔紅與白〕也因為被選為「陳澄波作品保存修復特展」海報，具有其代表性，因此也一同捐贈給北美館。為何選擇這兩件作品捐贈？陳重光說：「要送，就要送最好的作品。」

《陳澄波全集》出版的意義

對臺灣歷史而言，陳澄波是個傑出且重要的畫家，他也是一個影響臺灣深遠的歷史人物。《陳澄波全集》由財團法人陳澄波文化基金會和中央研究院臺灣史研究所共同發行，正是名實合一地呈現了這樣的意義。

二二八事件是臺灣歷史中的一個不幸悲劇，有她特殊的時代背景和歷史無奈，而僅以「政治受

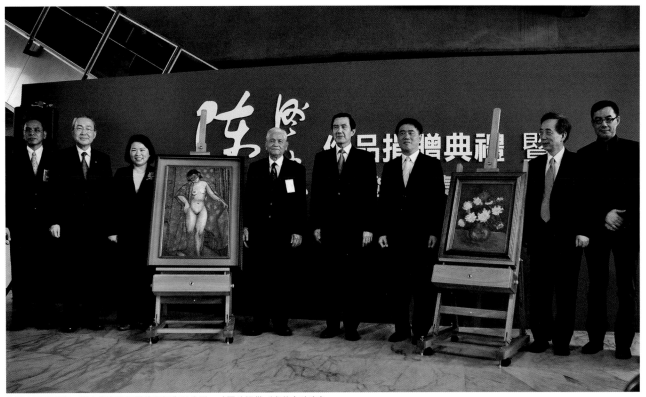

典禮上冠蓋雲集，與會貴賓與捐贈的兩幅作品合影。（圖片提供／嘉義市政府）

難者」的角色來認識陳澄波，顯然是不夠公平的。歷經三代人的含冤、忍辱、保存，陳澄波大量的資料、畫作一路從夫人張捷的手中，交到長子陳重光的手上，近日才首次披露在社會大眾的面前，這當中還不包括那些因白蟻蛀蝕而毀壞的許多作品。

在2010年，陳重光的長子陳立栢從職場退休，當他面對祖父的這批文件、史料及作品時，迅速地知覺這是一批不僅屬於家族，也是臺灣社會，乃至近代歷史的珍貴文化資產，必須要有一些積極的作為，進行永久性的保存與安置。於是大規模作品修復的工作迅速展開；2011年至2012年之際，兩個大型紀念展「切切故鄉情——陳澄波紀念展」與「行過江南——陳澄波藝術探索歷程」先後在高雄市立美術館與臺北市立美術館推出。眾人才驚訝這位生命不幸中斷的藝術家，竟然留下如此大批精采的畫作與文物收藏，顯然真正的「陳澄波研究」才剛要展開。

《陳澄波全集》的內容與規模

基於為藝術家留下儘可能完整的生命紀錄，也基於為臺灣歷史文化保留一份長久被壓縮、忽略的珍貴資產，《陳澄波全集》在學界和家屬的努力下，於2011年正式啟動。這套全集合計十八卷，前十卷為大8開的巨型精裝圖版畫冊，分別為：第一卷的油畫；第二卷為炭筆素描、水彩畫、膠彩畫、水墨畫及書法等；第三卷為淡彩速寫，其中淡彩裸女佔最大部分，也是最具特色的精采力作；第四、五卷為速寫（I）、速寫（II）；第六、七卷為個人史料（I）、（II），分別包括陳澄波家族照片、個人照片、書信、文書、史料等；第八、九卷為陳澄波收藏的「帝展」明信片，以及各式正冊、圖書；第十卷為相關文獻資料，即他人對陳澄波的研究、介紹、展覽及相關周邊產品。

第十一至十八卷為16開本的軟精裝，以文字為主。第十一卷為陳澄波文稿及筆記；第十二、十三卷的論評集收集歷來對陳澄波作品論評及研究的文章彙集；第十四卷為和陳澄波相關的二二八相關史

料；第十五至十七卷，為陳澄波作品歷年來的修護報告及材料分析；第十八卷則為陳澄波年譜，試圖立體化地呈現藝術家生命史。

總之，《陳澄波全集》的出版，是對這位熱愛土地、熱愛國家、熱愛藝術的偉大畫家與歷史人物的最具體的尊崇與紀念行動，期待這樣的努力，化解歷史的悲情，成為文明建構的重要基石；亦期望海內外收藏陳澄波作品的藝術愛好者或收藏家能鼎力相助，與陳澄波家屬聯繫，讓所有作品能收錄於全集中，以趨於完善。

—原載《藝術家》第444期，頁158-163，2012.5，臺北：藝術家雜誌社

---

1. 編註：〔蘇州〕已於2015年正名為〔綢坊之午後〕。詳見吳垠慧〈綢坊之午後　北美館首亮相〉《中國時報》第A16版／文化新聞，2015.5.23，臺北：中國時報社。

市長牽線　百歲翁見陳澄波子孫

謝溪泉表示當時任議員的陳澄波曾幫忙解決土地租約問題
65年後能夠見到恩人子孫　十分歡喜

記者張淑娟報導

「陳澄波有恩於我」一百零四歲東山區長者謝溪泉如是告訴市長賴清德，賴清德與陳澄波子孫熟識促成三十日陳澄波之子陳重光、孫子陳立柏（栢）在區長尤連發的引領下，造訪謝溪泉。

昨天上午，陳重光父子連袂造訪家住東山區的謝溪泉，並給老人家一個紅包，祝他健康長壽，謝溪泉準備自己不曾吃過的櫻桃招待。謝溪泉告訴陳重光父子，當年因土地租約問題，透過朋友介紹，找當時任議員的陳澄波幫忙，陳澄波熱心協助，一起北上解決。

謝溪泉說，處理土地問題時「您爸曾來我家睡一晚」，陳澄波「若沒被打死，我就多一些助力」。那年，聽說陳澄波死了，趕緊搭火車到嘉義陳家祭拜，不過已經出殯了。六十五年後能夠看到故人的子孫，真的很歡喜。

聽著謝溪泉訴說著過往，陳重光說，能看到爸爸昔日的友人，聽著他說爸爸的事，心裡很激動，說著說著拿出自己印有父親自畫像的名片給謝溪泉，看著陳澄波自畫像，謝溪泉說，不知道陳澄波會畫圖，不過那畫像的嘴角很像，希望那畫像讓他留作紀念，於是，很珍惜的放入自己衣袋中。

謝溪泉說著過往，陳澄波的孫子陳立柏（栢）立即筆記下來。陳立柏（栢）說，籌備二〇一四年舉辦陳澄波一百廿歲紀念展，首站選擇臺南，接著要前往東京、北京、上海再回臺北，這些地方都是陳澄波曾走過的城市，也要籌拍紀錄片或電影，預計二〇一五來完成並放映，讓大家更了解陳澄波及其畫作。至於陳澄波死於二二八事件，陳立柏（栢）說那是一筆糊塗帳，很難理得清。

—原載《中華日報》2012.7.31，臺南：中華日報社

2012論評總目錄

No.	類別	日期	作者	標題	出處	卷期/版次	頁數	出版者	收錄
1	專論	2012.1.1		伊啦！陳澄波。 大地的油彩詩人	典藏投資	第51期	頁116-117	臺北：典藏藝術家庭股份有限公司	
2	專論	2012.1.1	蕭瓊瑞	黃泥土地的熱情 臺灣現代繪畫第一人——陳澄波的藝術思維與風格	典藏投資	第51期	頁118-123	臺北：典藏藝術家庭股份有限公司	
3	專論	2012.1.1	李淑珠	陳澄波淡彩速寫裸女的學院經典擺姿	典藏投資	第51期	頁124-129	臺北：典藏藝術家庭股份有限公司	
4	專論	2012.1.1	朱貽安	珍珠奶茶 鳳梨酥——陳澄波的拼貼與重構	典藏投資	第51期	頁130-135	臺北：典藏藝術家庭股份有限公司	
5	專論	2012.1.1	郭怡孜	行過江南——陳澄波的上海時期	典藏投資	第51期	頁136-139	臺北：典藏藝術家庭股份有限公司	
6	專論	2012.1.1	朱貽安	拍場之外——陳澄波的藝術市場	典藏投資	第51期	頁140-141	臺北：典藏藝術家庭股份有限公司	
7	專論	2012.1.1	整理／周奕君	城市，就是我的美術館——陳澄波の藝術行腳	典藏投資	第51期	頁142-143	臺北：典藏藝術家庭股份有限公司	
8	報導	2012.1.6	周美惠	陳澄波熱 美術館競辦展 首位敲開日本帝展大門的臺灣畫家 南北兩大館接連展畫作	聯合報	第A16版／文化		臺北：聯合報社	
9	專論	2012.1	黃冬富	陳澄波畫風中的華夏美學意識——上海任教時期的發展契機	臺灣美術	第87期	頁4-31	臺中：國立臺灣美術館	
10	專論	2012.1	蕭瓊瑞	戰後臺灣美術史（1）——社會寫實風格的乍興	藝術家	第440期	頁146-161	臺北：藝術家雜誌社	
11	報導	2012.1	編輯部	2011年十大公辦好展覽	藝術家	第440期	頁186-191	臺北：藝術家雜誌社	
12	報導	2012.1		嘉邑行蹤——陳澄波與嘉義意象資料特展	嘉市藝文	第235期	頁12-13	嘉義：嘉義市政府文化局	
13	報導	2012.2.3	梁雅雯	等不到陳澄波日 三女兒遺憾去世 陳澄波昨生日 系列活動開跑 陳白梅孫子捧畫出席 完成遺願 周六在文化公園有音樂劇播映會	聯合報	第B2版／雲嘉綜合新聞		臺北：聯合報社	
14	報導	2012.2.3	丁偉杰	2.2陳澄波日 三女陳白梅前天去世 素描身影到場 嘉市藝術推廣活動登場	自由時報	第A14版／嘉義焦點		臺北：自由時報社	
15	報導	2012.2.3	廖素慧	陳澄波日揭幕 愛女化「白梅」相隨	中國時報	第A16版／文化新聞		臺北：中國時報社	
16	報導	2012.2.3		「豔陽下的陳澄波畫展」將盛大展出 東京富士美術館學藝部長白根敏昭來臺協助策展	和樂新聞	第1版		臺北：正因文化事業有限公司	
17	專論	2012.2.3		帝展油畫第一人 陳澄波簡介	和樂新聞	第1版		臺北：正因文化事業有限公司	
18	報導	2012.2.7	趙靜瑜	高美館展陳澄波 紙風車幻化油彩特別演出	自由時報	第D8版／文化‧藝術		臺北：自由時報社	○
19	報導	2012.2.15	吳垠慧	行過江南 陳澄波旅滬作品曝光 第一位入選帝展的臺灣畫家 臺灣近代美術發展先驅 上海時期是人生重要轉折 難得一見裸女畫首展	中國時報	第A16版／文化新聞		臺北：中國時報社	
20	報導	2012.2.15	吳垠慧	紙風車 演出《幻化油彩的唐吉軻德》	中國時報	第A16版／文化新聞		臺北：中國時報社	
21	報導	2012.2.19	吳垠慧、汪宜儒	陳澄波追夢 紙風車戲劇重現	中國時報	第A14版／文化新聞		臺北：中國時報社	
22	報導	2012.2.20	趙靜瑜	幻化油彩的唐吉軻德 紙風車戲畫陳澄波	自由時報	第D8版／文化‧藝術		臺北：自由時報社	
23	報導	2012.2.26	潘美岑	紙風車劇團演出「幻化油彩的唐吉軻德—陳澄波」	臺灣時報			高雄：臺灣時報社	
24	報導	2012.2.27	李欣芳、盧冠誠	立委促回收蔣介石硬幣 換上陳澄波	自由時報	第A2版／焦點新聞		臺北：自由時報社	
25	報導	2012.2		嘉邑行蹤——陳澄波與嘉義意象資料特展	嘉市藝文	第236期	頁811	嘉義：嘉義市政府文化局	
26	報導	2012.3.2		行過江南——陳澄波藝術探索歷程 臺北市立美術館 舉行開幕典禮 學會應邀出席	和樂新聞	第1版		臺北：正因文化事業有限公司	
27	專論	2012.3.16	池田大作	生命的光輝 創造的源泉	艷陽下的陳澄波		頁4-5	臺北：財團法人勤宣文教基金會	
28	專論	2012.3.16	五木田聰	祝賀「艷陽下的陳澄波」畫展	艷陽下的陳澄波		頁6-7	臺北：財團法人勤宣文教基金會	

No.	類別	日期	作者	標題	出處	卷期/版次	頁數	出版者	收錄
29	專論	2012.3.16	林釗	帶領觀眾走向更寬闊的藝術視野	艷陽下的陳澄波		頁8-9	臺北：財團法人勤宜文教基金會	
30	專論	2012.3.16	陳重光	走出寒冬陰霾 迎向希望的春天	艷陽下的陳澄波		頁10-13	臺北：財團法人勤宜文教基金會	
31	專論	2012.3.16	黃才郎	艷陽下重讀陳澄波	艷陽下的陳澄波		頁14-15	臺北：財團法人勤宜文教基金會	
32	專論	2012.3.16	謝佩霓	接力展覽 讓臺灣民眾親炙大師之藝術風采	艷陽下的陳澄波		頁16-17	臺北：財團法人勤宜文教基金會	
33	專論	2012.3.16	白根敏昭	艷陽下的陳澄波展	艷陽下的陳澄波		頁18-19	臺北：財團法人勤宜文教基金會	
34	專論	2012.3.16	白適銘	「寫生」、現代風景與國語學校時期的陳澄波──新公開水彩資料之啟示	艷陽下的陳澄波		頁20-33	臺北：財團法人勤宜文教基金會	
35	專論	2012.3.16	白根敏昭	陳澄波的日本畫	艷陽下的陳澄波		頁34-37	臺北：財團法人勤宜文教基金會	
36	專論	2012.3.16	傅偉思	跨國文化 混雜認同	艷陽下的陳澄波		頁38-45	臺北：財團法人勤宜文教基金會	
37	專論	2012.3.16	吳世全	燃燒生命的光彩	艷陽下的陳澄波		頁46-53	臺北：財團法人勤宜文教基金會	
38	報導	2012.3.30	吳垠慧	浩大文化工程《陳澄波全集》啟動 18卷冊預計2014年付梓 捐贈少見裸女畫給北美館	中國時報	第A20版／文化新聞		臺北：中國時報社	
39	報導	2012.3.30	姜伯誠	陳澄波兩畫作捐北美館	中華日報			臺南：中華日報社	
40	報導	2012.3.30	周美惠	陳澄波兩油畫 贈北美館 〔戴面具裸女〕及〔紅與白〕 馬總統到場觀禮：感謝家屬大公無私	聯合報	第A01版／要聞		臺北：聯合報社	
41	報導	2012.3.30	周美惠	陳澄波畫中有畫 藏玄機 〔坐姿裸女〕底下有男子頭像及另一裸女 且都沾顏料直接畫 沒先用鉛筆勾勒	聯合報	第A28版／文化		臺北：聯合報社	○
42	報導	2012.3	郭怡孜	嘉義囝仔到上海──陳澄波情繫江南	典藏投資	第53期	頁51	臺北：典藏藝術家庭股份有限公司	
43	報導	2012.3		首開研究陳澄波上海時期創作面貌先例	當代藝術新聞	第86期	頁88	臺北：華藝文化事業有限公司	
44	專論	2012.3	林育淳	行過江南──陳澄波藝術探索歷程	當代藝術新聞	第86期	頁89-90	臺北：華藝文化事業有限公司	
45	報導	2012.3	林怡秀	陳澄波 彩筆江南	典藏今藝術	第234期	頁196-197	臺北：典藏藝術家庭股份有限公司	
46	專論	2012.3	高子衿	踟躕前行	典藏今藝術	第234期	頁76	臺北：典藏藝術家庭股份有限公司	
47	專論	2012.3	黃心蓉	意外的獨行者──臺灣私人美術館經營闢徑	典藏今藝術	第234期	頁106-113	臺北：典藏藝術家庭股份有限公司	
48	專論	2012.3	編輯部	再現前輩藝術家──看公立美術館典藏思維	典藏今藝術	第234期	頁116-121	臺北：典藏藝術家庭股份有限公司	
49	專論	2012.4.1	李淑珠	陳澄波的「言」與「思」──以寄自東京的「家書明信片」為例	臺灣美術	第88期	頁30-51	臺中：國立臺灣美術館	
50	專論	2012.4.1	江姿蓉	用熱情和感動創作的藝術家──陳澄波	小典藏	第92期	頁50-53	臺北：典藏藝術家庭股份有限公司	
51	報導	2012.4.8		「豔陽下的陳澄波」特展登場	聯合報			臺北：聯合報社	
52	報導	2012.4.9	凌美雪	展品高達200件 豔陽下的陳澄波 至善藝文中心展出	自由時報	第D8版／文化‧藝術		臺北：自由時報社	○
53	報導	2012.4.9	周美惠	陳澄波古廟 修復後首度曝光 「豔陽下的陳澄波」展示百件畫作、文物 16幅留日前水彩 淡淡英國風	聯合報	第A12版／文化		臺北：聯合報社	
54	報導	2012.4.20		「豔陽下的陳澄波」展 至善藝文中心隆重開幕 臺日兩地五大美術館館長齊聚一堂 共同祝賀展覽大成功	和樂新聞	第1版		臺北：正因文化事業有限公司	
55	報導	2012.4.20		展現陳澄波熱愛鄉土生命熱忱 豔陽下的陳澄波展 完整呈現大師創作歷程及對臺灣美術貢獻	和樂新聞	第2版		臺北：正因文化事業有限公司	
56	報導	2012.4.20		懷抱使命感 推動傳承文化藝術 各界識者誠摯感謝學會辦展努力 期與學會共同推廣文化	和樂新聞	第3版		臺北：正因文化事業有限公司	
57	報導	2012.4.20		學會至善藝文中心盛大舉辦「豔陽下的陳澄波」展 創作精華 展現土地與人文之愛	和樂新聞	第4版		臺北：正因文化事業有限公司	
58	報導	2012.4.24		李登輝前總統蒞臨至善藝文中心 參觀「豔陽下的陳澄波」展	和樂新聞	第1版		臺北：正因文化事業有限公司	
59	專論	2012.4	陳譽仁	陳澄波：學院美術的幻影旅程	人本教育札記	第274期	頁48-54	臺北：人本教育基金會出版部	

No.	類別	日期	作者	標題	出處	卷期/版次	頁數	出版者	收錄
60	專論	2012.4	陳長華	畫裡畫外陳澄波	藝術家	第443期	頁133	臺北：藝術家雜誌社	
61	報導	2012.4		陳澄波全集18卷編輯出版工作啟動　首先推出「第三卷・淡彩速寫」	藝術家	第443期	頁180-181	臺北：藝術家雜誌社	
62	專論	2012.4	編輯部	土地與人文之愛——東京富士美術館學藝部長白根敏昭談「豔陽下的陳澄波」	藝術家	第443期	頁292-295	臺北：藝術家雜誌社	
63	專論	2012.4	林育淳	想像的脈絡、創作的軌跡——從陳澄波的創作稿與作品比對圖談起	現代美術	第161期	頁96-107	臺北：臺北市立美術館	
64	專論	2012.5.1	葉玉琴	最少的介入最好的修復——正修科大藝術科技保存修復層次豐富！	科技生活	第136期	頁44-49	新竹：環宇整合行銷股份有限公司	
65	報導	2012.5.5		陳澄波兩幅畫作捐贈北美館	藝術收藏+設計	第56期	頁12	臺北：藝術家出版社	
66	專論	2012.5.5	李俊賢	藝術之中・流行之外　再看臺灣「敢畫三郎」——陳澄波	藝術收藏+設計	第56期	頁80-83	臺北：藝術家出版社	
67	報導	2012.5.17	蘇泰安	嘉市推廣陳澄波作品「淡彩速寫」	大紀元時報	第A7版／文教天地		臺北：大紀元時報社	
68	報導	2012.5.18	余雪蘭	《陳澄波全集》首本問市　市府贈書　全集共18卷　第3卷「淡彩速寫」先出版	自由時報	第A14版／嘉義焦點		臺北：自由時報社	
69	報導	2012.5.18	曹馥年	陳澄波淡彩速寫畫冊　嘉市購贈典藏　全集第3卷　約400餘件　裸女最具特色　黃敏惠轉贈164個藝文、學術單位典藏	聯合報	第B2版／雲嘉綜合新聞		臺北：聯合報社	
70	報導	2012.5.18	蘇秀枝	引領美學新路　嘉市贈陳澄波全集	臺灣新生報			臺北：臺灣新生報社	
71	報導	2012.5.18	廖素慧	陳澄波畫作留存　兒孫歸功阿嬤	中國時報	第C1版／雲嘉南焦點		臺北：中國時報社	
72	報導	2012.5.18		「繫絆鄉情——陳澄波與臺灣近代美術國際學術研討會」盛大舉行　臺日美韓學者　探討陳澄波繪畫之美	和樂新聞	第1版		臺北：正因文化事業有限公司	
73	報導	2012.5.18		東西方學者共同探討陳澄波繪畫觀　「繫絆鄉情——陳澄波與臺灣近代美術國際學術研討會」盛大舉行	和樂新聞	第2版		臺北：正因文化事業有限公司	
74	報導	2012.5.18		展現時代意義　研究成果豐碩　日本、韓國、臺灣及美國學者發表論文　與會專家熱烈參與	和樂新聞	第3版		臺北：正因文化事業有限公司	
75	報導	2012.5.22	吳垠慧	50餘畫作　匯聚展出　陳澄波紀念展〔淡水夕照〕亮相	中國時報	第A11版／文化新聞		臺北：中國時報社	
76	專論	2012.5.30	翻譯／Ting-Yi Shih	臺灣近代美術發展先驅　陳澄波	宏觀周報	第6版		臺北：中華民國僑務委員會	
77	報導	2012.5		《陳澄波全集》新書發表會盛大舉行　《陳澄波全集》「第三卷・淡彩速寫」出版暨陳澄波作品捐贈典禮	藝術家	第444期	頁158-163	臺北：藝術家雜誌社	○
78	專論	2012.5	李欽賢	提升臺灣美術能見度	尊彩貳拾週年暨陳澄波彩筆江河紀念專刊		頁54-61	臺北：尊彩國際藝術有限公司	
79	專論	2012.5	蕭瓊瑞	山海之城——陳澄波淡水系列	尊彩貳拾週年暨陳澄波彩筆江河紀念專刊		頁62-80	臺北：尊彩國際藝術有限公司	
80	專論	2012.5	謝佩霓	讓一切回歸藝術　為陳澄波請命	尊彩貳拾週年暨陳澄波彩筆江河紀念專刊		頁82-93	臺北：尊彩國際藝術有限公司	
81	專論	2012.5	胡永芬	陳澄波！	尊彩貳拾週年暨陳澄波彩筆江河紀念專刊		頁138-147	臺北：尊彩國際藝術有限公司	
82	專論	2012.5	翁誌聰	序	行過江南——陳澄波藝術探索歷程		頁4-5	臺北：臺北市立美術館	
83	專論	2012.5	林育淳	陳澄波生命之旅的現實地與桃花源圖像	行過江南——陳澄波藝術探索歷程		頁6-15	臺北：臺北市立美術館	
84	專論	2012.5	呂采芷（羽田ジェシカ）	終始於臺灣——試探陳澄波上海期之意義	行過江南——陳澄波藝術探索歷程		頁16-31	臺北：臺北市立美術館	
85	專論	2012.5	邱函妮	陳澄波「上海時期」之再檢討	行過江南——陳澄波藝術探索歷程		頁32-49	臺北：臺北市立美術館	
86	專論	2012.5	傅瑋思	認同、混雜、現代性：陳澄波日據時期的繪畫	行過江南——陳澄波藝術探索歷程		頁50-63	臺北：臺北市立美術館	
87	專論	2012.5	蕭瓊瑞	文化使城市偉大　臺南市美術館從整理本地畫家作品入手	藝術家	第444期	頁183-185	臺北：藝術家雜誌社	

No.	類別	日期	作者	標題	出處	卷期/版次	頁數	出版者	收錄
88	專論	2012.5	鄧聿檠	油彩化身的畫壇巨匠　王秀雄著《陳澄波——長榮女中校園》	藝術家	第444期	頁190	臺北：藝術家雜誌社	
89	專論	2012.5	胡永芬	彌新　彌堅　經典與不朽——尊彩開幕二十周年特展「彩筆江河——陳澄波」	典藏投資	第55期	頁242-246	臺北：典藏藝術家庭股份有限公司	
90	專論	2012.5	李欽賢	提升臺灣美術能見度	當代藝術新聞	第88期	頁132-135	臺北：華藝文化事業有限公司	
91	專論	2012.6.7	朱貽安	活動接二連三　陳澄波熱度不減	今周刊	第807期	藝文風尚	臺北：金周文化事業股份有限公司	
92	報導	2012.6.13	凌美雪	典藏《表現出時代的「Something」－陳澄波繪畫考》	自由時報	第D8版／文化‧藝術		臺北：自由時報社	
93	報導	2012.6.26		豔陽下的陳澄波——贈畫儀式暨閉幕音樂會　藝文札根為臺灣美術共盡心力	和樂新聞	第1版		臺北：正因文化事業有限公司	
94	報導	2012.7.1	涂倚佩	典藏20週年活動序曲　《表現出時代的「Something」——陳澄波繪畫考》新書發表會	典藏今藝術	第238期	頁68	臺北：典藏藝術家庭股份有限公司	
95	專論	2012.7.5	陸潔民	陳澄波的藝術特質——畫如其人	藝術收藏+設計	第58期	頁16	臺北：藝術家出版社	
96	報導	2012.7.31	周曉婷	拼湊史料　陳澄波子孫訪謝溪泉	中國時報	第C2版／雲嘉南新聞		臺北：中國時報社	
97	報導	2012.7.31	張淑娟	市長牽線　百歲翁見陳澄波子孫　謝溪泉表示當時任議員的陳澄波曾幫忙解決土地租約問題　65年後能夠見到恩人子孫　十分歡喜	中華日報			臺南：中華日報社	○
98	報導	2012.7.31	張淑娟	謝溪泉回憶陳澄波　難忘那一夜　說陳曾在家中留宿　還教他如何買稻穀	中華日報			臺南：中華日報社	
99	報導	2012.7.31	邵心杰	拍阿爸的電影　聽人瑞講陳澄波	聯合報	第B1版／大臺南‧運動		臺北：聯合報社	
100	專論	2012.7	鍾奇芬	嘉義西畫源流　馳胸中逸氣的陳澄波	嘉義市文獻	第21期	頁71-98	嘉義：嘉義市政府文化局	
101	專論	2012.8.1	PAT GAO	A Big Name Rises Again	Taiwan Review	Vol.62, No.8	頁58-65	Taipei：Kwang Hwa Publishing (USA), Inc.	
102	報導	2012.9.2	江慧真	油畫不分國界　陳澄波畫作　意外牽起跨國友誼	中國時報	第A11版／文化新聞		臺北：中國時報社	
103	專論	2012.9	邱函妮	陳澄波繪畫中的故鄉意識與認同——以〔嘉義街外〕（1926）、〔夏日街景〕（1927）、〔嘉義公園〕（1937）為中心	國立臺灣大學美術史研究集刊	第33期	頁271-342、347	臺北：臺灣大學藝術史研究所	
104	專論	2012.11.30	山梨繪美子	陳澄波の画業に見る東アジア美術交流	美術フォーラム21	第26卷	頁106-113	京都：美術フォーラム21刊行会	
105	專論	2012.12.31		艷陽下的陳澄波	創價藝文	第9期	頁78-81	臺北：財團法人勤宣文教基金會	
106	專論	2012.12.31	陳重光	走出寒冬陰霾　迎向希望的春天	創價藝文	第9期	頁82-83	臺北：財團法人勤宣文教基金會	
107	專論	2012.12.31	黃才郎	艷陽下重讀陳澄波	創價藝文	第9期	頁84-85	臺北：財團法人勤宣文教基金會	
108	專論	2012.12.31	謝佩霓	接力展覽　讓臺灣民眾親炙大師之藝術風采	創價藝文	第9期	頁86-97	臺北：財團法人勤宣文教基金會	
109	專論	2012.12.31	白適銘	「寫生」、現代風景與國語學校時期的陳澄波——新公開水彩資料之啟示	創價藝文	第9期	頁88-97	臺北：財團法人勤宣文教基金會	
110	專論	2012.12.31	白根敏昭	陳澄波的日本畫	創價藝文	第9期	頁98-99	臺北：財團法人勤宣文教基金會	
111	專論	2012.12.31	傅瑋思	跨國文化　混雜認同	創價藝文	第9期	頁100-103	臺北：財團法人勤宣文教基金會	
112	專論	2012.12.31	吳世全	燃燒生命的光彩	創價藝文	第9期	頁104-107	臺北：財團法人勤宣文教基金會	
113	學位論文	2012	張玉萱	日治時期赴中國之臺灣洋畫家——以劉錦堂、陳澄波為例	中央大學藝術研究所碩士論文				
114	學位論文	2012	陳郁琳	陳澄波相關紙絹類繪畫作品及其書信之保存	國立雲林科技大學文化資產維護系碩士論文				

陳澄波校園展　首站抵新市

結合校慶系列活動　美術教師導覽觀賞40幅複製畫
介紹畫家生平畫風及寫實意境

記者汪惠松／新市報導

　　臺南市府與中研院臺灣史研所等共同合作，舉辦臺灣藝術家陳澄波畫作「澄海波瀾」校園巡迴首展，在新市國小起跑，展出四十幅幾可亂真複製畫「分身作品」，由該校美術教師導覽學生觀賞，了解畫家生平、作畫風格及寫實意境。

　　陳澄波為首位以油畫入選日本「帝展」的臺灣留日學生，一生致力發展臺灣本土的現代繪畫，揉合東西技法與造

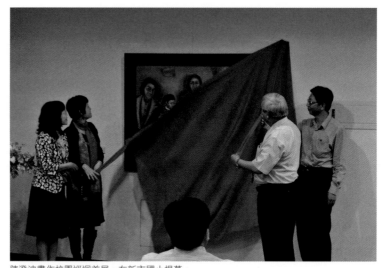

陳澄波畫作校園巡迴首展，在新市國小揭幕。

型，創造出前所未有的嶄新風格，也為臺灣人帶來更為寬廣的藝術視野。

　　為迎接二〇一四年陳澄波一二〇週年誕辰，市府與臺灣史研所及財團法人陳澄波文化基金會共同合作，將於臺南、北京、上海、東京及臺北展開一系列的陳澄波畫展，其中臺南市以「澄海波瀾─陳澄波大展」在市內十六所中小及六所大學進行教育推廣校園巡迴展，新市國小做為首展，至四月五日止。

　　此次畫展結合新市國小九十六週年校慶系列活動，擴大參與層面，除將安排全校學生至少一節課進行畫展參觀教學，展覽期間，亦將舉行徵文比賽、繪本說故事及相關學習活動等教育推廣。

　　陳澄波長孫、擔任其文化基金會執行長的陳立栢表示，藝術教育是爺爺畢生未能完成的志願，期透過市府與基金會等策展單位的合作畫展，讓陳澄波的藝術成為臺灣最寶貴的共同藝術資產。

　　—原載《中華日報》第B6版，2013.3.26，臺南：中華日報社

陳澄波大展教育推廣　溪北首展

【記者楊金城／新營報導】「澄海波瀾─陳澄波大展」教育推廣校園巡迴展，昨天起在新營新進國小舉辦溪北首展，學生可近距離欣賞臺灣畫壇泰斗陳澄波的四十件經典複製畫作，象徵溪北陳澄波大展教育推廣活動起跑。

「陳澄波大展」教育推廣校園巡迴展，教育局和文化局規劃將在臺南市十六所高中、國中、小學和六所大學展出，為明年的陳澄波大展熱身。另辦「我的油彩獨白」徵文比賽和繪本說故事活動，讓學生更加了解陳澄波與其畫作。

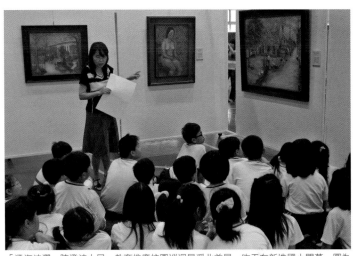

「澄海波瀾─陳澄波大展」教育推廣校園巡迴展溪北首展，昨天在新進國小開幕，圖為老師導覽學生欣賞畫作。

新進國小校長黃耿鐘說，陳澄波大展校園巡迴展在新進展出，機會難得，師生和志工媽媽全力投入籌辦，也有擔任專業的導覽員；本月十三日舉辦親子闖關活動，寓教於樂，讓學生認識藝術大師陳澄波，開啟藝術之窗。

陳澄波大展校園巡迴展溪北首展，由文化局副局長周雅菁、市議員蔡育輝、李退之和黃耿鐘等人揭展，展至本月二十一日，隨後再由民德國中、北門國小接棒。

陳澄波大展校園巡迴展，複製畫採用「藝術微噴」（或稱數位版畫）進行複製，以抗褪色顏料及高解析噴墨印表機所製成的限量藝術品；作工嚴謹繁複，成本較一般四色印刷高昂而無法大量複製，在複製畫下方皆有家屬簽名和出版數量，可說是幾近原作的「分身作品」。

展出的複製畫中，有陳澄波為家人畫的〔我的家庭〕和〔綠蔭〕、〔嘉義街外〕等油畫、水彩作品，呈現陳澄波一生從求學習畫到揉合東、西技法不同時期的畫風，在美術老師導覽下，畫作的故事讓小學生聽得入神。

陳澄波在一八九五年二月二日出生於日治時期的臺南州（今嘉義市），一九二四年負笈日本東京美術學校（今日本東京藝術大學），以油畫〔嘉義街外〕入選日本第七屆帝國美術展覽會，成為當時第一位以油畫入選日本「帝展」的臺灣留日學生；一生致力發展臺灣本土的現代繪畫，惜因二二八事件受到牽連，一九四七年三月二十五日在沒有任何公開審判之下，在嘉義車站前遭到槍決，結束以熱血和生命化作油彩的一生。

—原載《自由時報》第AA1版／臺南都會新聞，2013.4.10，臺北：自由時報社

永久典藏　陳澄波20幅畫捐市美館

120誕辰東亞巡迴大展　明年元月從臺南出發

記者黃微芬／臺南報導

臺南市美術館獲重大典藏，陳澄波文化基金會十三日捐廿幅陳澄波作品供臺南市美術館永久典藏，文化局同時宣布，「陳澄波百二誕辰東亞巡迴大展」明年元月從臺南出發，之後赴北京、上海、東京、臺北等五個東亞城市展出，啟動跨國巡迴展覽的藝術大工程。

捐贈儀式昨天上午十一時在十八卯茶屋舉行，由陳澄波文化基金會董事長陳重光代表捐贈南美館一幅陳澄波在一九四一年以臺南城市

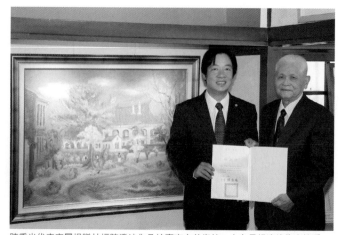

陳重光代表家屬捐贈廿幅陳澄波作品給臺南市美術館，由市長賴清德代表接受。
（圖片提供／臺南市政府）

風景為題材所畫的油畫作品，畫中的建築經臺南神學院牧師王貞文的考證，正是已成為廢墟的舊「巴克禮公館」，見證府城時空的變遷。

他說，此次大展蒙臺南市府大力支持，基金會除以感恩的心來回報捐贈他父親陳澄波的作品，更重要的是，這次所捐作品涵蓋陳澄波在臺灣、日本及上海等不同時期的作品，讓大家對陳澄波的創作歷程有更清楚的認識，也希望藉大展讓更多人了解其藝術價值。

陳澄波大展由市府文化局與中研院臺灣史研究所、陳澄波文化基金會合辦，邀蕭瓊瑞、林曼麗、白適銘、賴香伶策展；其中東京部分，在前故宮院長林曼麗策劃下，將特別邀集日治時期畢業於東京美術學校（今東京藝術大學）的臺灣前輩作家的作品一起回「母校」展出，堪稱是一場絕無僅有百年大展。

昨天捐贈儀式相當盛大，除各策展人外，包括市長賴清德、美術館召集人陳輝東、奇美博物館顧問潘元石、中央研究院臺灣史研究所所長謝國興、國立臺灣文學館館長李瑞騰、臺灣南美會理事長陳啟村、畫家劉文三等都到場見證此一歷史性時刻，謝國興還透露，未來將透過數位化科技，讓全世界都看見陳澄波。

—原載《中華日報》第B3版／臺南新聞，2013.9.14，臺南：中華日報社

澄海波瀾——陳澄波大展登場

記者黃博郎／臺南報導

「陳澄波百二誕辰東亞巡迴大展」首站「澄海波瀾－陳澄波大展」將在臺南市四大展區登場，主辦單位仿效陳澄波描繪自我的創作精神，廣邀學生創作自畫像向陳澄波致敬，屆時學生的作品將透過特殊設計和大師的自畫像一起呈現。

學子創作自畫像活動在下營國小揭開序幕，由下營國小校長黃莉雯及美術老師鄭筑予帶領學生，將參觀過「澄海波瀾－陳澄波大展」教育推廣校園巡迴展的感動化作靈感，創作出屬於自己的自畫像。

臺南市文化局指出，由於陳澄波生前大力倡導並力行現代美術教育的精神，主辦單位將今年教育推廣活動視為是重要的使命，在大展登場前，將陸續向各校學生徵求作品，屆時展場除了陳澄波的眾多經典名作，學子五花八門各具特色的自畫像也將展出，同時展現大師和學子用自畫像創作的精神，向陳澄波終身不倦的美學教育精神致上最深的敬意。

除了陳澄波文化基金會收藏的40件經典複製畫作陸續在16所中小學及5所大學進行巡迴展出，讓學子優先近距離欣賞，臺灣文學館也策辦「澄海波瀾─我的油彩獨白」徵文比賽，讓民眾與學生能夠將欣賞畫作後的感受，透過文學來呈現與對話，得獎文章也將會印製成作品集。

—原載《自由時報》第D8版／副刊，2013.11.19，臺北：自由時報社

陳澄波120歲誕辰徵文　32人獲獎
陳孫女陳麗涓親自頒獎　獲獎作品將納入明年巡迴大展

記者翁順利／臺南報導

臺灣文學館為紀念前輩畫家陳澄波一百二十歲誕辰，舉辦「澄海波瀾─我的油彩獨白」徵文，十四日舉行頒獎典禮，包含國小、國中、高中職及成人各組共三十二人得獎，獲獎作品將納入明年初舉行的陳澄波誕辰東亞巡迴大展。

「澄海波瀾─我的油彩獨白」徵文活動，共有三百四十一件作品參賽，邀請中華日報副刊主編羊憶玫、作家賴香吟、成大臺文系助理教授簡義明三位重量級評審，經初審、複審及決審三階段評選，各組錄取前三名及五篇優選作品。

市府文化局長葉澤山出席頒獎典禮，表示陳澄波誕辰東亞巡迴大展的臺南藝文界明年的盛事，臺文館先完成第一件籌備作業，等於是打響第一炮，市府將會更賣力籌劃巡迴展。

臺文館館長李瑞騰說，在三百多件作品中獲獎很不容易，不但有文字表達的能力更有欣賞的能力，但也希望得獎者能多多揣摩其他人的作品，讓自己寫作能力更好，絕對比上作文班還有用。

陳澄波文化基金會董事、陳澄波孫女的陳麗涓親自到場頒獎，給予得獎者肯定。

得獎者在接受頒獎後，國小組首獎九歲的劉采芹代表發表感言，她以〈我的家庭〉獲獎，獲知得到第一名，她整個晚上都呵呵的傻笑，感謝「有人尊重我想做自己，有人真的懂我」。

臺灣文學館將得獎作品、決審記錄及陳澄波畫作結集出版「徵文得獎專刊」，讓好的作品分享給更多人。

陳澄波誕辰東亞巡迴大展，將於明年一月十七日展開，臺文館挑選三十多幅陳澄波作品，邀請詩人以畫作題詩，舉行「詩畫展」，既可賞畫又能讀詩，帶領觀眾深入陳澄波畫作的意境。

—原載《中華日報》第B2版，2013.12.15，臺南：中華日報社

2013論評總目錄

No.	類別	日期	作者	標題	出處	卷期/版次	頁數	出版者	收錄
1	報導	2013.1.30	吳垠慧	北美館「典藏品修復展」 修復如辦案 陳澄波畫中有畫	中國時報	第A16版／文化新聞		臺北：中國時報社	
2	專論	2013.1.31	文／山梨繪美子、翻譯／李淑珠	陳澄波裸體畫的一大特色——從與日本學院繪畫的比較來看	阿里山之春——陳澄波與臺灣美術史研究新論		頁20-51	臺北：財團法人勤宜文教基金會	
3	專論	2013.1.31	文貞姬	陳澄波1930年代的現代主義：上海時期（1928-1933）為主	阿里山之春——陳澄波與臺灣美術史研究新論		頁74-91	臺北：勤宜文教基金會	
4	專論	2013.1.31	白適銘	「寫生」與現代風景之形構——陳澄波早年（1913-1924）水彩創作及其現代繪畫意識探析	阿里山之春——陳澄波與臺灣美術史研究新論		頁92-135	臺北：財團法人勤宜文教基金會	
5	專論	2013.1.31	李淑珠	寫意嫵媚之驅——陳澄波淡彩速寫裸女初探	阿里山之春——陳澄波與臺灣美術史研究新論		頁136-187	臺北：財團法人勤宜文教基金會	
6	專論	2013.1.31	文／傅瑋思、翻譯／蔡伊婷	跨國文化、混雜認同	阿里山之春——陳澄波與臺灣美術史研究新論		頁188-223	臺北：財團法人勤宜文教基金會	
7	報導	2013.1	整理／張玉音、林姿君	跳脫歷史線性的美學展示——談MoNTUE北師美術館「序曲展」	典藏今藝術	第244期	頁136-139	臺北：典藏藝術家庭股份有限公司	
8	報導	2013.2.3	魯永明	向亡父宣告 陳澄波兒：我拿彩筆	聯合報	第A6版／生活		臺北：聯合報社	
9	報導	2013.2.28	黃微芬	陳澄波畫作分身 下月校園巡迴 澄海波瀾大展明年兩岸日本登場 藝術微噴數位版畫搶先亮相	中華日報	第B3版		臺南：中華日報社	
10	報導	2013.3.15	洪瑞琴	陳澄波巡迴大展 將從南市出發	自由時報	第AA1版／臺南都會新聞		臺北：自由時報社	
11	報導	2013.3.15	莊宗勳	陳澄波經典畫作 22校巡迴展	聯合報	第B2版／大臺南綜合新聞		臺北：聯合報社	
12	報導	2013.3.15		陳澄波複製畫 校園巡迴展 為大展暖身／25日起至年底將到22校展出 基金會：呼應實踐大師藝術教育夢 堪稱國內創舉	中華日報	第B6版		臺南：中華日報社	
13	報導	2013.3.15		陳澄波2畫作場景在神學院 〔新樓風景〕、〔長榮女中校園〕畫的是校內舊巴克禮公館	中華日報	第B6版		臺南：中華日報社	
14	報導	2013.3.15	曹婷婷	陳澄波巡迴展 南市首站	中國時報	第C2版		臺北：中國時報社	
15	報導	2013.3.26	汪惠松	陳澄波校園展 首站抵新市 結合校慶系列活動 美術教師導覽觀賞40幅複製畫 介紹畫家生平畫風及寫實意境	中華日報	第B6版		臺南：中華日報社	○
16	報導	2013.3.26	吳淑玲	陳澄波複製畫作 校園看得到	聯合報	第B2版／大臺南綜合新聞		臺北：聯合報社	
17	報導	2013.4.10	楊金城	陳澄波大展教育推廣 溪北首展	自由時報	第AA1版／臺南都會新聞		臺北：自由時報社	○
18	報導	2013.4.10	楊金城	陳澄波真跡 明年展出	自由時報	第AA1版／臺南都會新聞		臺北：自由時報社	
19	專論	2013.4	整理／張玉音、林姿君	跳脫歷史線性的美學展示——談MoNTUE北師美術館「序_曲_展」	北師美術館序_曲_展		頁14-17	臺北：MoNTUE北師美術館	
20	專論	2013.4	蔡明亮	化生	北師美術館序_曲_展		頁55	臺北：MoNTUE北師美術館	
21	專論	2013.4	孫松榮	寂靜的盛況——記蔡明亮的《化生》	北師美術館序_曲_展		頁56-59	臺北：MoNTUE北師美術館	
22	專論	2013.4	白適銘	「自我」表象與身體啟蒙——日治時期臺灣洋畫家的自畫像試析	北師美術館序_曲_展		頁62-71	臺北：MoNTUE北師美術館	
23	專論	2013.4	蕭瓊瑞	從「北師」到「東美」——對臺灣日治時期美術專業教育主軸線的考察兼論石川欽一郎對此軸線的影響	北師美術館序_曲_展		頁72-90	臺北：MoNTUE北師美術館	
24	報導	2013.5	郭怡孜	錯過這次，再等十年！ 張丁元談春拍夢幻逸品	典藏投資	第67期	頁122-127	臺北：典藏藝術家庭股份有限公司	
25	報導	2013.6.5	吳英華	陳澄波複製畫展到新化國小	中華日報	第B6版		臺南：中華日報社	

No.	類別	日期	作者	標題	出處	卷期/版次	頁數	出版者	收錄
26	專論	2013.6	李欽賢	陳澄波用彩筆見證臺灣之近代化	鹽分地帶文學	第46期	頁28-40	臺南：臺南市政府文化局	
27	專論	2013.6	蕭瓊瑞	永不褪色的畫都榮光	102年「陳澄波日～再創嘉義畫都生命力」專輯		頁5-6	嘉義：嘉義市政府文化局	
28	專論	2013.6	李欽賢	嘉義畫都——先天和後天的條件	102年「陳澄波日～再創嘉義畫都生命力」專輯		頁7-10	嘉義：嘉義市政府文化局	
29	專論	2013.6	黃冬富	私房珍寶——陳澄波書法、水墨、膠彩、炭筆素描、水彩畫作品導論	藝術家	第457期	頁188-	臺北：藝術家雜誌社	
30	專論	2013.8.21	陳義芝	濤聲・陳澄波	自由時報	第D10版／自由副刊		臺北：自由時報社	
31	專論	2013.8	謝國興等主編	色彩揮灑表現之旅——陳澄波	時空旅行展覽手冊		頁56-65	臺北：中央研究院臺灣史研究所	
32	報導	2013.9.14	黃微芬	永久典藏　陳澄波20幅畫捐市美館　120誕辰東亞巡迴大展　明年元月從臺南出發	中華日報	第B3版／臺南新聞		臺南：中華日報社	○
33	報導	2013.9.14	曹婷婷	陳澄波百二誕辰東亞巡迴展　明年啟動	中國時報	第A20版／文化新聞		臺北：中國時報社	
34	報導	2013.9.14	林云南	陳澄波東亞巡迴展　啟動	臺灣時報			高雄：臺灣時報社	
35	報導	2013.9.14	莊宗勳	陳澄波20幅畫作　贈市美館	聯合報	第B2版／大臺南綜合新聞		臺北：聯合報社	
36	報導	2013.9.15	蔡清欽	陳澄波巡迴展　首站臺南揭幕	民眾日報	第14版		高雄：民眾日報社	
37	報導	2013.9.18	凌美雪	陳澄波後人慷慨贈新樓　南美館喜獲鎮館寶	自由時報	第D17版／文化・藝術		臺北：自由時報社	
38	報導	2013.9.18	林云	基金會贈寶　陳澄波新樓　成南美館鎮館寶	臺灣時報			高雄：臺灣時報社	
39	報導	2013.9.25	曹婷婷	獲捐陳澄波畫　南市得至寶　後代慨捐包括〔新樓〕巨作等名畫　給籌建中的臺南市美術館典藏　賴清德感佩無私割愛	中國時報			臺北：中國時報社	
40	報導	2013.10.7	廖素慧	陳澄波畫諸羅　陶板重現風采	中國時報	第B2版		臺北：中國時報社	
41	報導	2013.10.7	范文華	推崇陳澄波成就　嘉市府複製作品展示	民眾日報	第15版		高雄：民眾日報社	
42	報導	2013.10.7	蔡俊賢	注入活力　陳澄波的展望諸羅城	臺灣學報	第B3版			
43	專論	2013.10	蔣伯欣	群眾在何方？　陳澄波與普羅美術運動初探	藝術觀點	第56期	頁56-64	臺南：國立臺南藝術大學	
44	報導	2013.11.15	程炳璋	百童自畫像　為陳澄波畫展暖身	中國時報	第B2版		臺北：中國時報社	
45	報導	2013.11.15	盧萍珊	下營學童自畫像　畫出豪樣	中華日報	第B6版		臺南：中華日報社	
46	報導	2013.11.15	顏大堡	學子自畫像創作活動　向陳澄波的美育精神致敬	澎湖時報	第8版		澎湖：澎湖時報股份有限公司	
47	報導	2013.11.19	黃博郎	澄海波瀾——陳澄波大展登場	自由時報	第D8版／副刊		臺北：自由時報社	○
48	專論	2013.11	廖瑾瑗	視覺／思維／記錄——陳澄波素描簿之研究	藝術家	第462期	頁212-219	臺北：藝術家雜誌社	
49	報導	2013.12.15	翁順利	陳澄波120歲誕辰徵文　32人獲獎　陳孫女陳麗涓親自頒獎　獲獎作品將納入明年巡迴大展	中華日報	第B2版		臺南：中華日報社	○
50	報導	2013.12.24	孟慶慈	陳澄波誕辰東亞迴展　首站臺南	自由時報	第AA2版／臺南都會生活		臺北：自由時報社	
51	報導	2013.12.24	黃微芬	陳澄波東亞巡迴展　從臺南出發	中華日報	第B3版		臺南：中華日報社	
52	報導	2013.12.27	陳慧明	南市　辦陳澄波人物海報展	經濟日報	第C11版／工商活動		臺北：經濟日報社	

陳澄波淡水夕照臺南首亮相

東亞巡迴大展臺南首展明開幕
收藏家大方出借　展出近千件作品

【記者林福來南市報導】「陳澄波百二誕辰東亞巡迴大展」臺南首展開幕在即，市長賴清德和立委陳亭妃昨天在文化局長葉澤山陪同下，前往鄭成功文物館視察佈展。

首度展出的〔淡水夕照〕、陳澄波傳家之寶〔清流〕，吸引眾人目光，加上精心佈置的畫作與燈光設計，展場媲美國際畫展，市長賴清德直呼一百二十年才一次，非常值得參觀！誠摯邀請全體市民、全國民眾春節期間來臺南欣賞難得一見的百年大展。

市長賴清德指出，適逢陳澄波百二誕辰，為紀念東亞偉大的畫家，市府與陳澄波文化基金會、中研院臺史所共同籌劃東亞巡迴大展，首站臺南，一月十八日到三月三十日在臺南文化中心、新營文化中心、鄭成功文物館、國立臺灣文學館四個地點展出。

除了六百多件作品，還有書法及其他文物，並向收藏家借出六十多幅代表性畫作，展出近千件作品，堪稱最豐富、最有價值、最有美術教育意義的大展，錯過恐怕要再等一百二十年。

從未展出過的臺灣近代藝術史價值最高的藝術作品〔淡水夕照〕，價值約二億一千萬元新臺幣，在此次大展首度亮相，市長賴清德感謝收藏家出借，力挺此大展。

另外，也感謝基金會無私捐贈臺南市〔新樓〕畫作。

陳澄波文化基金會執行長陳立栢表示，「從來沒有這麼感動過」，這兩年來他為阿公舉辦許多活動，就這次最為感動，不僅市長出面協助借出〔淡水夕照〕，其他私人藏家也都提供作品支持臺南市政府；另外，東亞三大館「上海中華藝術宮」、「北京中國美術館」、「東京藝大」也都力挺本次活動，前所未有。

文化局長葉澤山表示，此次四個展場，主辦單位委由年輕有為的方瑋設計師執行展場規劃設計，為了讓參觀者在最好的視野及燈光下親炙展出作品，市府也請到臺灣展場燈光規劃的達人何仲昌老師協助調燈，確保本次展出品質。

—原載《臺灣時報》第11版，2014.1.17，高雄：臺灣時報社

陳澄波畫作　觀眾科幻互動

　　【記者丁偉杰／嘉市報導】今年適逢陳澄波
一百二十歲冥誕，「光影旅行者—陳澄波百二互
動展」昨天起在嘉義市立博物館展出，透過互動
科技，將畫作以立體、趣味等親切的方式呈現，
讓觀眾身歷其境陳澄波畫作。

　　互動展由市府、中研院臺灣史研究所及陳澄
波文化基金會籌備多時，頑石創意公司透過最新
的體感偵測、數位投影、影像辨識等技術，將陳
澄波各時期的精彩畫作融合科技，生動展現在觀
眾眼前，市長黃敏惠、陳澄波長子陳重光等人昨
出席開展活動。

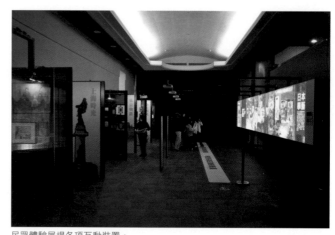

民眾體驗展場各項互動裝置。

　　黃敏惠表示，展場有全臺最大的十米數位畫廊及會說話的自畫像，娓娓道來畫家的藝術生命故事
及創作理念；首創七百吋多視角數位創作劇場，將陳澄波筆下嘉義公園與街景轉換成劇場空間體驗，
讓觀者如穿越時空，回到一九三〇年代畫家筆下的嘉義旅行；首展在嘉義展至四月六日止，接續將巡
迴高雄、臺北展出。

—原載《自由時報》第A14版／嘉義焦點，2014.1.24，臺北：自由時報社

澄海波瀾
陳澄波百二誕辰東亞巡迴大展的歷史意義

文／蕭瓊瑞

　　1926年，陳澄波（1895-1947）前往日本留學的第三年，也就是東京美術學校圖畫師範科三年級時，以一幅〔嘉義街外〕入選當時象徵日本美術殿堂最高榮譽的「帝國美術展覽會」（簡稱「帝展」），震動全臺，媒體大幅報導。這件作品立即被送回臺灣，放置在畫家的故鄉臺南州嘉義市役所，供人欣賞。

　　1947年，臺灣脫離日本殖民統治的第二年年初，爆發「二二八事件」，陳澄波以嘉義市政府參議員身分居間協調，竟遭公開槍決；為避免牽連，懸掛在市政廳的〔嘉義街外〕被人取下，從此失蹤。「陳澄波」的名字，也自此成為禁忌。

　　陳澄波的境遇，只是戰後臺灣歷史的一個鮮明典例。事實上，整個戰後的臺灣歷史，在歡欣迎接「祖國」來臨的熱切心情下，接續而來的，卻是一種近代歷史的雙重斷層：一方面，是臺灣日治時期歷史的消音；另方面，則是中國大陸1930年代以來被視為左翼文人歷史的抹煞。而陳澄波恰恰是這雙重歷史中均具典範性地位的重要藝術家。

陳澄波的藝術理念

　　出生在乙未割臺的1895年，罹難於1947年的「二二八事件」，陳澄波的生與死，都標示著臺灣的重大歷史事件；而他1932年的被迫離開任教五年的上海，也緣於中日之間衝突的「一二八事件」。顯然，陳澄波的一生，正和整個近代史緊密糾纏在一起；甚至可以説：陳澄波的一生，也就是一部臺灣、乃至東亞近代史的縮影。然而，以「政治受難者」的形象來認識陳澄波，進而因此忽視了他在

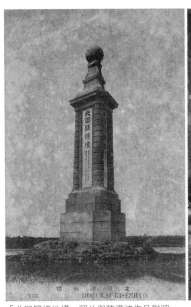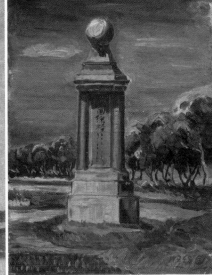

「北回歸線地標」照片與陳澄波作品對照。

藝術上的傑出成就與思維，無疑是對這位藝術家無知的二度傷害。

　　做為初代接受西方寫生、寫實學院訓練的西畫家，陳澄波極早便脱離純粹外觀描繪的拘限，走入具有主觀意念表達的層面。他曾説：「我所不斷嘗試和盡力表現的，首先是自然及其存在的物象；其次是將我們腦海裡的感受，經過一再精製、洗練後仍值得描畫出來的瞬間影像；第三，則是要求繪畫

的對象必須具有某些深沉的內容（something）。」以現存最早的一幅風景油畫〔北回歸線地標〕為例，生為嘉義人的陳澄波，在1924年年初入學「東京美術學校」（簡稱「東美」）後，當年8月返回故鄉，以當地知名的景點為題材，留下了這幅作品。如果我們對照老照片，即可發現：陳澄波描繪的作品，和當年的實景，其實有著相當的差距。照片中，北回歸線地標附近是一片相當空曠的景致，而在陳氏的作品中，則被一些茂盛的林木所環抱。這樣的取景和表現，其可能的意涵在那裡？簡單地說：做為藝術家的陳澄波，從東美返回故鄉，選擇故鄉知名的景點做為題材，其創作的用心，並不在描繪或記錄這個事實上歷經多次變動、改建的「北回歸線地標」；也就是說，畫家之所以選擇這個題材入畫，並不在想要告訴當時的日本觀眾，或未來的後代觀眾：這個北回歸線地標長得是什麼樣貌。他之選擇這個地標做為題材，真正的目的，是想要藉由這個建物，揭示背後蘊含的意義與特色；而這些意義和特色，也才是這幅作品創作的真正「主題」所在。

所謂的「北回歸線」，也就是太陽北移的角度，到了這裡達到頂點，此後，又將重新回歸南移。這樣的事實和現象，也就造就了臺灣豐富的生態特色，既是北方生物的南界、也是南方生物的北界；臺灣水果類型的多樣性、生態的豐富性，乃至林木的蓊鬱，都是其中較鮮明的一些特色。也因此才會有葡萄牙水手經過臺灣東海岸時，看見高聳的山脈、豐美的林木，而驚歎：「伊啦！福爾摩沙（美麗之島）。」

簡單地說：陳澄波筆下的〔北回歸線地標〕，描繪的並不是一幅單純的「風景」，而是企圖表現嘉義一地，乃是臺灣一島特殊的「風土」。描繪景物背後特殊的意義，就是一種人文思維的表現；也是他的啟蒙恩師石川欽一郎，不斷強調的創作核心。在1933年石川寫給陳澄波的一封書信中，就提及石川另一學生藍君作品中的一些缺失，石川說：「藍君的畫作近來欠缺精神面的表達；因此，我勸他應盡可能遠離都市，將自己和自然站在相對等的立場來觀察，才能領會美術的真諦。」石川口中的「精神面」，正是風景背後風土的特色與意義。

本文無意在此深入探討「風土觀」在日本畫壇形成的背景及原因，但從石川欽一郎和陳澄波師生間的談話，乃至石川發表的大量關於「風景心境」的風景觀論述，可以理解「風土」在陳澄波作品中的意義與重要性。甚至可以說：如果沒能把握這個基本的觀點，便很難真正理解陳澄波風景畫的精神與特色。

「風土」的意義也明顯表露在1926年幾幅以「帝室博物館」為題材的作品中。這系列作品，以象徵文明的博物館建築為題材；但真正描繪的重點，則在春、夏、秋、冬這些四季氛圍的變化。陳澄波的這種創作傾向，固然有著啟蒙老師石川欽一郎的引導，但在留學「東美」後，受到歐洲近代繪畫，尤其是表現主義畫家梵谷的影響，也幾乎是有相通的脈絡可尋。梵谷在1882年7月，寫給弟弟的書信中，就曾細膩地描述他對海牙地區秋天林木景致的觀察與思維，他說：

「樹林裡已經一片秋意。飄落的樹葉、柔和的光線、形相的矇矓、纖細枝幹的優美裡，時而有一

股淡淡的哀愁存在。但我同時也喜愛頑強粗獷的一面，例如強烈的光線映照在立於正午太陽下流汗的掘土者身上所產生的效果。每年此時的海灘加倍地美麗。海上景致有輕快柔和的意味，樹林裡則有陰幽深沉的調子。很高興兩者均存在生命中。

有些色彩效果，是我難得在荷蘭繪畫裡發現的。昨天黃昏，我忙著畫林中一片頗為傾斜的土地，蓋滿了腐朽的山毛櫸枯葉。你無法想像那一張地氈會有這麼燦麗的色彩，在秋日夕陽的光輝裡，被樹影所淡化了的帶深褐之紅色。問題是如何捕捉色彩的濃厚感，以及泥土的堅實感。繪畫的當兒，我首次感知到黑暗裡蓄含多少光線；如何把握那光線，同時又保留那豐富色彩的變化和濃厚感呢？從地面上長出來的山毛櫸嫩枝，向光的一面呈閃耀的綠色，背光的一面呈溫暖的墨綠色。

在那些樹苗和那塊帶褐色的紅土後面，是一片非常優美的天空，帶藍的灰色，暖烘烘的，幾乎沒有藍色的味道，滿天泛紅。幾個撿柴者的身影徘徊其中，像是神祕的幽靈。一個彎腰拾枯枝的婦女所戴的白帽子，抖然突立於深紅褐色的土地上，光線投射在一條裙子上；一個男子的暗色側影出現在草叢之上；白色女帽、頭巾、肩膀和一位女子的胸部在天空的襯托下兀自成形。那些人物，巨大而洋溢詩意——於那濃厚低沉的調子之微光中，顯得像工作室裡的無數赤土陶器模型。

繪寫此畫之時，我對自己說：在此畫流露出秋日黃昏的神祕莊嚴意味之前，我不應中途罷手。然而由於這印象並不久留，所以我必須迅速地畫。因此，人物是以強有力的寥寥數筆立即畫上去的。那些小樹枝多麼穩固地根植於泥土裡，真叫我訝異。我先用畫筆來畫，但因為繪好的地面已經夠黏凝的，畫筆的筆觸會消逝於其中，故我直接從管子裡把顏料擠到樹根和樹幹的位置上去，然後再用畫筆稍加修飾。

我終於在我的作品裡，與撼動我心之物取得共鳴。我領悟到自然告訴我一些事情，對我說了話，而我將之速記下來。於我的速記中，有些無法辨讀的字眼。可能有錯誤或缺陷，但總包含樹林或山毛櫸或人物告訴我的一些東西，那不是一種單調或因襲的語言，後者非承自自然本身而是來自一種矯造的方式或某個體系。」

陳澄波是否有機會閱讀到梵谷的書信，尚待詳考，但他對梵谷的衷心，從東美時期的〔二重橋〕和〔自畫像〕中，均已可證見。

強調風景背後的意義，但同樣的風景，在不同的觀者眼中，會產生不同的意義；何況，同樣的地區，引發注意的風景，也會因觀者的不同選擇而相異。

被石川欽一郎稱美為「全日本最有特色」的臺灣風景，即使在石川強調「風流觀」的眼中，真正能夠描繪呈顯的，往往還是那些落後的農村、破敗的城牆、小巧的土地公廟……，那是一種旅遊者眼中「山紫水明」式的風景；但在一個愛鄉情切的本地人陳澄波的眼中，他所選擇的，則是充滿了繁茂林木的〔北回歸線地標〕，以及正在快速進步、現代化的故鄉嘉義。

1926年，以第一個臺灣人作品入選「帝展」的〔嘉義街外〕，正是這種眼光和精神的呈現。這

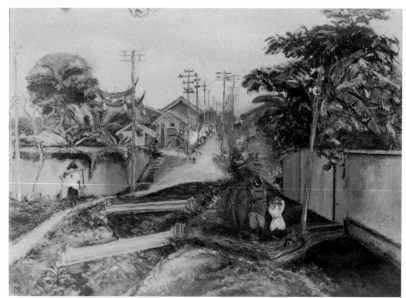
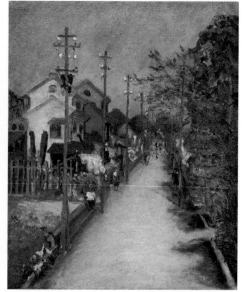

1926年陳澄波入選帝展的〔嘉義街外〕。

1927年的作品〔嘉義街外〕。

幅如今只能得見黑白圖象的作品，是以畫家自家附近的路口為題材；在一般風景畫中，會刻意「不入畫」的前方下水道工程及數量可觀的電線桿，反而幾乎成為畫面的重心；原因無它，因為這些正是畫家最關心的故鄉「現代化」的表徵。是否這種強調地方建設成果的主題，正符合日本殖民政權炫耀治臺政績的用心，才使得這件作品得以在眾多競賽作品中脫穎而出？還有待進一步的討論，但陳澄波這種對故鄉「現代化」的關心與歌讚，可以在之後大量畫面題材，包括：廣場、公園、電信塔、學校等得以印證；其中也包括1927年的另幅〔嘉義街外〕中，晾曬在街道旁的大件棉被，也是日治時期「衛生家庭」的具體措施。

在強調「現代化」的同時，南臺灣炙熱陽光照射下的黃泥土地，也是畫家一再捕捉、表現的主題，如1927年的這幅〔嘉義街外〕，及同年持續入選「帝展」的〔夏日街景〕等。1929年，陳澄波自東美圖畫師範科畢業繼續進入研究科深造；而就讀「東美」時期，他除和畫友組成「赤陽會」等留學生團體外，也不斷地抽空返回臺灣舉行畫展，並親自在會場上解說作品，達到推動美育、提攜後進的目的。

在不斷往來臺、日兩地之外，他也因「東美」中國同學的關係，多次前往西湖旅遊寫生，留下多件作品。同時，為求進一步研究現代藝術，他更勤讀法文，準備前往當時世界藝術之都的法國巴黎學習。然而在家庭經濟侷限，和老師石川欽一郎「不如就近研究中國藝術」的勸告下，終於暫時打消赴歐的計畫。1929年，陳澄波就在東美中國同學王濟遠的邀請下，前往上海，展開前後為期五年的教學生涯。

陳澄波上海時期的藝術成就

陳澄波前往上海的時間點，正是上海即將進入所謂「三〇年代」最為活潑、自由、開放的年代。由於各國「租界」的割讓，使得許多富有自由思想的人士，獲得暫時庇護的場所，於是興學、辦報……，幾乎完全脫離當時政府的監督，得到極度的開展。

今天留存的陳氏名片，清楚地標示：他是「新華藝術專科學校西畫科主任、昌明藝術專科學校藝

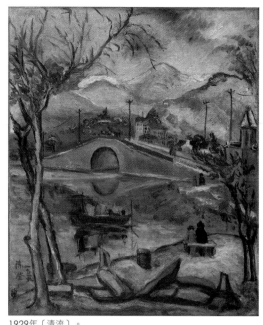

1929年〔清流〕。

教科西畫主任」，同時，他號「慶瀾」、籍貫「福建龍溪」，顯示這位返回「祖國」任教的藝術家，一心回歸祖國、積極尋求認同的心理；即使他在法律的身分上，仍是殖民母國日本的公民。

陳澄波的上海時期，是陳澄波研究中一個重大的課題。目前出土的各項史料，證明他交遊廣闊，跨越國畫界與西畫界，知名的人士至少包括：張善孖、張聿光、王濟遠、王逸雲、諸聞韻、潘玉良、俞劍華、潘天壽、張大千等人。而在學校的教學外，他也是藝苑研究所的重要成員，並擔任國民政府特派日本工藝考察委員、上海市中等學校圖畫科督察、福建省美術展覽會審查委員，及教育部於上海主辦之訓政紀念全國美術展覽會審查員等重要職務；甚至也參與中國第一個現代繪畫團體「決瀾社」的幾次籌備會議，至於最後未能參加展出，或許與「一二八事件」爆發，而他身為「日僑」的敏感背景有關。

除了美術教學、美術活動、美術運動的參與，上海時期也是陳澄波創作風貌大幅開展、多元探索的重要時期。首先，由於和中國文化的直接接觸，中國水墨繪畫的元素，開始出現在他的創作之中，其中尤以1929年的〔清流〕，最具代表性。

這件作品曾參展首屆「全國美展」，並被畫家標示為「非賣品」。這件作品在一種猶如中國山水畫高遠式的構圖中，以毛筆的柔軟線條，表現了拱橋、行船，以及一河兩岸的傳統山水畫題材；但更重要的，是完全打破西方油畫「物象固有色」的繪畫手法，全幅以一種黃褐色的統調表出，一如水墨畫的黑白色調，予人以更多的想像空間與意境聯想。

〔清流〕所畫，即杭州西湖；同樣的題材，畫家有相當多的作品存世，也足見畫家對該地景致的鍾情。中國水墨精神的吸納是石川欽一郎對他的期許，也是他在這個時期最重要的收穫之一。他曾向故鄉的畫壇後輩林玉山提及：

「我因一直住在上海的關係，對中國畫多少有些研究。其中特別喜歡倪雲林與八大山人兩位的作品，倪雲林運用線描使整個畫面生動，八大山人則不用線描，而是表現偉大的擦筆技巧。我近年的作品便受這兩人影響而發生大變化。我在畫面所要表現的，便是線條的動態，並且以擦筆使整個畫面活潑起來；或者說是言語無法傳達的某種神祕力滲透入畫面吧！這便是我作畫用心處。我們是東洋人，不可生吞活剝地接受西洋人的畫風。

自從去年以來，一條條的線條在畫面構圖上扮演了重要的角色，但以我的個性或描寫法而言，此方法效果弱，所以我最近覺得，隱藏線條於擦筆之間來描繪恐怕最好；然而從今以後便是以我曾嘗試的方針，配合雷諾瓦線性的動感、梵谷的擦筆及筆勢運用方法，加上東方較濃厚的色彩，別無其他。」

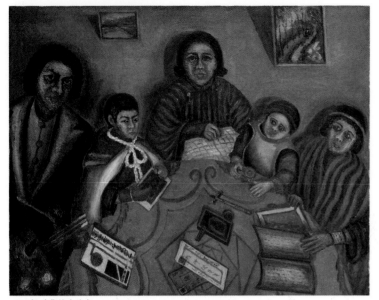
1931年〔我的家庭〕。

所謂的「線條」或「擦筆」的技法，更明顯地表露在他這個時期的大量淡彩人物畫中；這些作品，數量龐大，已收錄在《陳澄波全集》第三卷的淡彩速寫卷，並成為全集十八卷中率先出版的一卷。

除了對中國水墨精神的吸納，對西方「現代繪畫」的探討，也是上海時期最重要的成果之一。其中尤以1931年的〔我的家庭〕為代表。

1930年，陳澄波前往上海的第二年，將全家接往上海同住，包括：夫人張捷、兩位女兒及長公子重光。面對這位長期支持他的愛妻，陳澄波始終懷抱著既感恩又尊崇的心情。他在1931年寫信給朋友提及：「最近我終於創作了一幅有我自己風格的作品。」這件作品，正是〔我的家庭〕。

在這件作品中，陳澄波將愛妻置於畫面正中央最重要的位置，猶如紀念碑式的人像，自己則謙卑地拿著畫筆、調色盤，側身於畫面的角落。這件作品最特別的地方，是將圓形的桌面，打破一般透視學上橢圓形的構圖畫法，而採正圓的一半；上頭還放置了他所閱讀的書《普羅藝術論》、新華藝專寫給他的信，以及硯臺、筆、墨等。這種正圓切半的畫法，絕非一種「無法畫得很像」的素人特徵，而根本上是來自現代藝術，尤其是「後印象派」打破一般單點透視，而採取移動視點的一種「現代」風格；也是來自「現代繪畫之父──塞尚」立體主義的作法。

陳澄波現代藝術的風格，除了塞尚的視覺外，也有梵谷的筆觸，和超現實主義的傾向；這在那些為數不少的裸女畫、靜物畫中，均可得見。

1932年，「一二八事件」爆發，陳澄波以日僑身分受到排擠，被迫強制離境，也結束了他前後五年的上海時期。

戮力還原陳澄波的生命與藝術面貌

返回臺灣之後的陳澄波，隨即投入美術運動，1934年發動組成臺灣最大的民間繪畫團體──臺陽美協；而他本人更以全副精神，投入故鄉風土的描繪與表現，從嘉義街道、嘉義公園、臺南孔廟、阿里山、玉

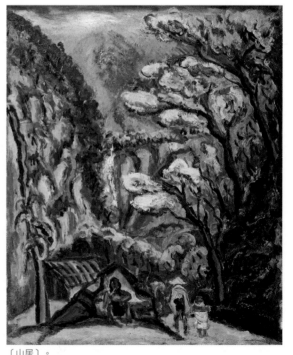
〔山居〕。

山，到彰化、淡水、碧潭、臺北、基隆海邊等，也包括太魯閣的〔山居〕，顯示他關懷的層面，擴及臺灣的原住民部落，甚至連自用的畫架袋，也是繡有原住民泰雅族圖案的自製品。我們有理由相信：如果他的生命不突然中斷，臺灣原住民文化必然會是他下一個用心吸納、表現的重要主題。

1945年的「光復」，對這位熱愛祖國的藝術家，是何等興奮的大事。他率先加入三民主義青年團、加入國民黨，到處勸人說國語，也計畫著興建美術學校、美術館，甚至寫下「生於前清、死於漢室」的辭語。

「二二八事件」爆發，由北而南延燒，他以嘉義市參議員身分，攜帶著水果、食物，前往嘉義水上機場慰問國軍，並協調事端的平息；未料，接下來的3月25日美術節，竟成了他殉身的日子，他的名字也從此成為政治上的禁忌，逐漸被人遺忘。

歷經將近卅餘年的封閉歲月，隨著臺灣社會的逐漸轉型、解嚴，陳澄波重新以政治受難者的身分，被臺灣民眾認識；他的作品也得以在民間畫廊，乃至公家機關獲得展出的機會。然而，披露有限的作品，也讓人們始終以一種一知半解的方式，認識這位帶著傳奇色彩的藝術家；即使和他交往最密切的畫壇友人，也都有「他的人物畫、靜物畫不多，大部分是風景畫」的誤解。

2012年，由財團法人陳澄波文化基金會及中央研究院臺灣史研究所出版的《陳澄波全集》第三卷：淡彩速寫，收錄其中的作品，即達四百餘幅。陳澄波文化基金會執行長，也是陳澄波長孫的陳立栢直言：「這是白蟻吃剩的作品。」可見畫家一生創作的努力；而規模總共十八卷的全集，仍在持續編輯出版中。

歷經三代人的保存、修護、整理，陳澄波的作品、遺物、資料，繼2012年高雄美術館「切切故鄉情」、臺北市立美術館「行過江南」，及創價學會「豔陽下的陳澄波」等特展之後，歷經一年的籌畫，自2014年年初起，先假臺南市的四個展地（臺灣文學館、鄭成功文物館、臺南文化中心、新營文化中心）推出「澄海波瀾—陳澄波大展」，做為陳氏一百廿歲冥誕東亞巡迴展的首站，接著前往中國北京的中國美術館，以「南方豔陽—陳澄波特展」為名展出，然後以「海上煙波—陳澄波藝術大展」為名，在上海中華藝術宮展出；下半年，則以「青春群像」之名，結合日治時期東京美術學校臺灣校友作品，返校展出；同時也有陳氏作品的修護特展「綠蔭芳華」。[1]最後，則在2014年年底回到臺北的國立故宮博物院，跨越2015年，以「藏鋒—陳澄波特展」為名，做為該院建館九十週年的大展項目之一；同時，也是全集十八卷全數出版完成的發表會。[2]

此期間，分別在北京、東京，和臺北三地，舉辦大規模的學術研討會，這是對陳澄波藝術成就重新建構、展開深化研究的歷史起點。

陳澄波百二誕辰東亞巡迴大展的各個展出，均有不同的主題策畫，如：北京中國美術館較重個人藝術生平、特色的介紹，以及強調作品的修復保存；上海中華藝術宮則著力於上海時期的深化呈現；東京的展出，以校友聯展方式，搭配陳氏作品修復同時並呈；臺北故宮的展出，則強調畫家創作中的

中國元素。

此外，在實體的展出外，另有由中研院臺灣史研究與頑石科技公司合作主導的「光影旅行者—陳澄波百二互動展」，及由臺北正心箏樂團、中華國樂團合作演出的「北回歸線下的油彩」音樂會等。

陳澄波百二大展的巡迴及相關活動，有意讓這位原本即屬東亞文化先鋒的藝術家，擺脫長期以來「政治受難者」的狹隘形象，透過大批甫剛完成修護的作品、資料，還給這位傑出的藝術家、偉大的文化工作者，一個本來的面目，成為近代東亞文化史的珍貴文化資產。而此背後，相關單位的鼎力相助、支持外，陳氏家族三代人的苦心保存、斥資修護、無私捐贈，應受到最高的尊崇與敬意。

—原載《藝術家》第465期，頁134-141，2014.2，臺北：藝術家雜誌社。2021年8月修訂。

1. 編註：此展於2014年9月12日展出時更名為「臺灣繪畫的巨匠——陳澄波油彩畫作品修復展」。
2. 編註：《陳澄波全集》十八卷並沒有在「藏鋒——陳澄波特展」時完成出版。

追尋藝術家在本質上的成就
「陳澄波百二誕辰東亞巡迴大展」的策展脈絡與意義

文／陳芳玲

　　在這次紀念與慶祝陳澄波百二的系列活動中，僅「陳澄波百二誕辰東亞巡迴大展」就囊括了臺南、臺北、東京、北京與上海五處的六項展覽：「澄海波瀾─陳澄波大展」、「南方豔陽─陳澄波特展」、「海上煙波─陳澄波藝術大展」、「青春群像─東美畢業的臺灣近代美術家們」、「綠蔭芳華─陳澄波繪畫修復，國立臺灣師範大學、東京藝術大學兩校交流成果展」[1]、「藏鋒─陳澄波特展」。

　　由於巡迴展覽計畫規模龐大，藝術品總保額超過新臺幣30億元，打破臺灣的展品保險紀錄。國立成功大學教授蕭瓊瑞表示：「一切研究才要從這裡開始。」他更希望能藉此展覽「讓陳澄波脫離『政治受難者』的形象，還予他做為藝術家在本質上的成就。」

緣起：家族的守護

　　陳澄波在1947年因二二八事件遭公開槍決後，其名長年成了禁忌，放在嘉義市市役所的首件得獎之作也因此失蹤，至今下落不明。在此狀況下，陳澄波的遺族只能祕密地保存作品─藏入天花板、衣服裡或是家中各角落，每隔一段時間再拿出來曬太陽。當時年紀尚小的陳立栢常被阿嬤（陳澄波之妻張捷）差使從天花板將作品拿下來，又因二二八受難者後代的身分，一天到晚被特務人員跟蹤。於是他曾向阿嬤嗆聲：「阿公這些東西，我以後絕對不管！」從而離開臺灣卅八年。

　　半世紀後，回臺的陳立栢看著作品逐漸腐敗損毀，才警覺到阿公的東西非但不能不管，而且還要管到底。換言之，文物的流失使陳澄波家族產生了一種危機感，並因此花了近三年的時間，進行大量的作品修復計畫。再者，1994年蕭瓊瑞為「陳澄波百年紀念展」撰文而結識陳澄波之子陳重光，進而有主編《陳澄波全集》的合作。他笑說：「《陳澄波全集》第三卷『淡彩速寫』的四百多件作品，其實都是白蟻吃剩的。」

　　陳重光長期守護作品，陳立栢則主導作品的修復與全集的出版。他們希望將所有東西交還給社會，讓作品去到該去之處，因而推動了2014年至2015年的「陳澄波百二誕辰紀念活動」，並由林曼麗、白適銘、謝國興、賴香伶與蕭瓊瑞等學者共同策畫「陳澄波百二誕辰東亞巡迴大展」。

　　「這家族守護陳澄波的作品已到了第三代，連當初遭槍決的那件衣服都洗乾淨仔細收好。但不能再讓第四代做這些事了。」蕭瓊瑞坦言，這一系列的活動並非單純的展覽，而是希望呈現真實而全面的陳澄波形象，讓各地觀眾認識，進而開啟相關領域研究的大門。

不只是巡迴的東亞巡迴展

　　蕭瓊瑞解釋，「陳澄波百二誕辰東亞巡迴大展」不只是單純的巡迴展出而已，「因為各美術館為

求獨立性，不希望接收打包式的展覽，因而各自針對展覽主題提出定位需求，透過不同主題的鋪陳與脈絡，鞏固各館陳澄波展覽的獨立性位置。這樣的東亞巡迴展比較是作品的巡迴，畢竟所有主題皆不同。」

▼澄海波瀾

首站展出的「澄海波瀾—陳澄波大展」，是以白適銘策畫的「東亞文化先鋒」專題為架構，在四處空間分成四項子題展出。

一是鄭成功文物館的「東亞文化先鋒／東方情緒」，陳列了陳澄波強烈受水墨畫影響的作品。由於其父乃漢學私塾師傅，而且陳澄波曾赴日就讀東京美術學校圖畫師範科，因此學詩文、寫書法、畫水墨與膠彩畫成為他東方文化素養的根源。他曾在上海寫信給林玉山：「我從八大山人和倪雲林的身上獲得了養分，他們的擦筆技巧讓我了解到東方藝術的特點。」

二是臺南文化中心的「巴黎想像／世界座標」，彰顯了陳澄波對巴黎社會的想像，以及透過收集大量美術明信片所做的自我再教育，如〔戴面具裸女〕即融入巴黎畫派的畫風與思維，其他裸女畫也充滿實驗性，有些簡潔，有些不合比例也不合結構。不過，擁有大東亞主義思想和寬闊世界觀企圖心的他曾說：「東亞的文化中心在莫斯科。」目的是希望將臺灣與中國大陸的美術提昇至與世界並駕齊驅的高度。

三是新營文化中心的「現代之眼／美育前線」，強調陳澄波對美術教育的投入，以及離開中國後所實踐的現代化突破—移動視點、表現與立體技法的嘗試，如〔我的家庭〕下半繪出的半圓形桌子、多件風景畫的多視點跳動等。

四是臺南文學館的「波光瀲灩」，呈現了詩人對陳澄波作品的回應。

▼南方豔陽

在「陳澄波百二紀念活動」籌備前期，陳立栢曾立下新的期許：「阿公曾於上海任教五年，那麼展覽有沒有可能到大陸呢？」蕭瓊瑞提到：「雖然上海我不熟，但北京我熟啊！」於是他進一步向中國美術館館長范迪安提出了展覽計畫。因為在北方展覽，蕭瓊瑞將展名取為「南方豔陽—陳澄波特展」，算是讓北方人了解一個在南方陽光底下長成的畫家，也是首次向中國藝術界介紹陳澄波，因此所有子題按時序鋪排，向中國的觀眾介紹其藝術成就與生命史。

▼海上煙波

後來，范迪安建議他：「這項展覽也應該到上海展出！」於是主辦單位便透過賴香伶與上海中華藝術宮接洽，串起了第三個展覽「海上煙波—陳澄波藝術大展」。

「海上煙波」做為這次系列活動的集大成，匯聚了此展覽系列的所有作品，第一展廳「從諸羅到東美（1895-1928）」內含「蓬萊／諸羅」與「東瀛／美校」兩項小子題。蕭瓊瑞表示：「展牆的介紹文字刻意使用阿里山、蓬萊仙島等字眼，希望從大陸人熟悉的東西切入以宣傳臺灣。『東瀛／美校』則包括了陳澄波早期在臺灣的創作與之後赴日的作品。就讀東美時期，還入選帝展打開了知名度。」

　　第二展廳「行過江南—上海時期（1929-1932）」內含「上海／蘇杭」、「春風／化雨」、「展覽／運動」「裸女／靜物和人物」、「上海／戰跡」五項小子題。蕭瓊瑞說明：「在《中國油畫史》作者李超的協助下，找出中國相關的出版品，以及刊載過陳澄波作品的報章雜誌等史料資料，對應每幅畫的現實場景之餘，亦可看出其在創作上極具實驗性的多方嘗試。同時，透過陳澄波與潘天壽、張大千、潘玉良等藝術家的書信往來，以及互相饋贈的作品，還可建構出三〇年代上海的藝文實況。」

　　第三展廳「艷陽下的故鄉（1933-1947）」，則是陳澄波來（回）臺後沿用在上海籌組「決瀾社」的經驗而創辦「臺陽美術協會」的資料，以及此階段的作品。另又臺灣師大與東京藝大提供作品修護的展出。

▼綠蔭芳華、青春群像

　　東京藝術大學同步展出的「綠蔭芳華—陳澄波繪畫修復，國立臺灣師範大學、東京藝術大學兩校交流成果展」與「青春群像—東美畢業的臺灣近代美術家們」，前者原是國立臺灣師範大學教授張元鳳與其東京藝大的修復老師木島隆康合作修復計畫時規畫的展覽；後者由於東京藝大從未有校友回去辦個展的紀錄，於是經林曼麗的接洽後，改為一群校友一起於北師（東京藝大）美術館展出。其中以陳澄波作品為大宗。

　　蕭瓊瑞強調：「在這整個巡迴展中，修復扮演了關鍵的角色，一方面是因作品的修復才有了這次巡迴展；同時，許多美術館也發覺作品修復是個必須正視的面向。」上海展館方面便表示：「民國以降，畫作、印刷品等珍貴文物隨時間正逐漸損毀，如何拯救這些即將消失的文物，是迫切而重要的事。」除了修復展外，中國大陸的陳澄波展覽都另闢了修復成果展示間，顯示對修復的重視。

▼藏鋒

　　東亞巡迴展的最後一站—國立故宮博物院。當時館方提問：「為什麼要在這樣的地方展出現代畫家？」蕭瓊瑞回答：「我給了個名字—『藏鋒』，也就是『拙』，也就是陳澄波畫作的特質。他的東西看起來笨笨的，其實是在藏他的鋒芒，不僅符合中國傳統人文的思想，也充滿了中國書法性的概念。簡單來說，『藏鋒』別於其他，將展出過去較不常見的小品，企圖勾勒出他藝術的特色與生命歷程。」

　　蕭瓊瑞以陳澄波看著祖母持扇的照片而憑記憶繪製的〔祖母像〕為例：「難道他畫不出這樣的一

個人嗎？他不是在畫阿嬤的外貌，而是畫他對阿嬤的記憶。記憶是什麼？一個是味道（味覺），一個是質感（觸覺），畫中的粗布衣服和面部所經營出的『老人味』，是他用一種看起來質樸、醜陋甚至笨拙的方式，在畫一種細膩而美麗的感情。顯然，他認為那種看似醜的東西才是有力量的。」

不一樣的陳澄波

「陳澄波是一個熱愛祖國的知識分子，他後來怎麼受難是一回事，但就本質來說，他是該被寫進中國乃至東亞近代美術史的。」蕭瓊瑞說東亞巡迴展的計畫是希望回到陳澄波的時代，形塑一個別於過往的形象，還給他本然而真正的面貌。此外，「陳澄波百二誕辰東亞巡迴大展」也是其遺族對歷史的整理和交代，同時做為一份總結，宣示了此家族守護文化資產的任務告一段落。

—原載《藝術家》第465期，頁142-145，2014.2，臺北：藝術家雜誌社

---

1. 編註：此展於2014年9月12日展出時更名為「臺灣繪畫的巨匠──陳澄波油彩畫作品修復展」。

傳澄
UNEXPECTED INHERITANCE
陳澄波文化基金會執行長陳立栢

文／賴韋廷

　　「陳澄波」曾如某種政治圖騰，他辭世的身影太壯烈，讓後人誤解他致力的方向，近年在學界、藝界協助下，陳家子孫重新理解其理念與作品，這些新理解化為今年將巡迴亞洲五個城市的「陳澄波百二誕辰東亞巡迴大展」，人們不僅能看到歷來規模最大的陳澄波展覽，也能讀出他藏在畫裡的微言大義。

大展新意

　　為了紀念畫家的120歲冥誕，陳澄波文化基金會在中研院臺史所、臺南市政府等學術單位的奧援，與向以經營臺灣前輩畫家畫作著名的畫廊「尊彩藝術中心」全力協助徵件下，邀集包括白適銘、林曼麗、賴香伶、蕭瓊瑞、謝國興等五位教授級策展人根據陳澄波生前遍歷臺南、日本東京、中國北京、上海與臺北等地足跡，規畫出2014年將巡迴三國五城市的「陳澄波百二誕辰東亞巡迴大展」，是歷來規模最大、展品數量與種類【最】多的陳澄波展覽；但在大展之外，單是2013年已經先開跑的暖身活動，在臺南市16所高中、國中、國小與6所大學所舉辦的「教育推廣校園巡迴展」就是一種理解陳澄波的新方式，以複製40幅陳澄波經典畫作巡迴展出，不僅搭配徵文與繪本說故事比賽，還訓練小學與志工媽媽成為能詳盡、生動解說的畫展導覽員，「偉大的」畫家有如拿下某種冠冕，回到他畫中生動活潑的常民世界，熱切地與大家交流美的視野。

　　讓陳澄波從「高高在上」到走入民間，這不只是展覽主辦單位的一種善意安排，事實上，「美育推廣」正是長久以來陳澄波相關研究與展覽所忽略的一個重要向度，這也是此番基金會與策展團隊致力推廣的深意。政治事件很長一段時間遮蔽了我們看待「陳澄波」的視野，只認識到身為「政治受難者」的他，讓這個名字似乎帶著無盡的沉重感，也正是這份沉重感讓我們難以明白陳澄波身為畫家最真實的初衷。陳澄波的畫想說什麼？他在生前最想做什麼？偉大畫家逝後最該被挖掘、討論的大哉問，隨著政治事件而軋然靜止，直到後人鍥而不捨，在畫作中讀懂先人心意。

　　陳澄波之妻張捷、長子陳重光泰半人生都在想方設法保留其畫作，甚而透過私人藝廊協助，力抗種種資金、政治立場等現實壓力，為陳的遺作辦畫展；第三代子孫更進一步，陳澄波長孫，亦為陳澄波文教（化）基金會現任執行長的陳立栢，近年在學界與藝界人士的最新研究與協助下，重新理解祖父其人、其事與其畫，「我覺得傳承是，必須把所承載的東西整理清楚，然後釐清傳的方向，陳澄波留下的一切到底該怎麼傳承，我們一直到2013年才懂。」命運自有安排，「自小對阿公的事敬而遠之」的陳立栢，如今已近耳順之年，大半輩子都在海外經商的他其實兩年前才為了照顧生病的母親而回臺，原本對陳澄波基金會事務一無所知，卻陸續發生一些機緣，將他帶往接掌基金會之路，不僅釐

清基金會未來發展的新方向，這個新方向也是世人重新了解陳澄波的契機。

傳承契機

首先是出版專書與作品版權問題，促使陳家思考「我們該如何傳承陳澄波？」約莫兩年前，中研院臺史所所長謝國興找上陳家，表示中研院幾乎將所有臺灣前輩畫家的作品都已數位典藏，獨缺陳澄波，「我父親多年來一直很想為阿公出版傳記，但試寫成果總是不如意，擱置很久，謝所長告訴我：『為先人作傳可能很世俗，大家族都會這麼做，但如果有心要將陳澄波的東西傳下去，應該要把他留下的所有東西，用最老實的方式紀錄、整理出來，然後出版，讓別人、後來的人去做研究。』」陳立栢被這個說法說服，「先不為阿公立傳，因為這是陳家子孫的私事，不該把私事放在第一優先，出版陳的全集才是要務，這是公事。」

在與中研院簽約進行數位典藏與出版陳澄波全集之後，認識「智慧人格權」的概念也是一個重要轉折，近年陳家經常「捐贈畫作給公私立典藏單位，但「每捐一幅，國稅局就會要求繳稅」，陳家原本覺得困擾，但2013年陳立栢在律師友人的說明下，才了解「畫作也許是錢，是文化資產，但無論如何是個物，物權隨時間改變，我們手上的智慧財產權，在阿公死後50年，已經沒有了，陳家的子孫與基金會不擁有任何陳澄波畫作的智慧財產權，我們沒有了權利；但相對的，有很多義務，這個是智慧人格權。」

根據臺灣著作權法規定，「美術著作之著作財產權的存續期間為著作人生存期間及其死後50年。」當畫家過世超過50年，所留下的畫作均屬「公共財產」，應該被公開，雖然許多國外的基金會以圖檔拍攝權或其他二次製作的權力去掌握作品的所有權或使用方式，但陳家認為比起設法把持先人作品，捍衛智慧人格權更為重要。「物權是公眾的，但我們可以維護作品的意義，避免畫作在意義上被扭曲，或被誤用。」陳立栢說當陳家子孫有了共識，要把傳承重心放在維護畫作意義上時，他開始積極挖掘「當年阿公到底在思索哪些事？」、「有哪些事是他想做，卻沒做完的？」

群眾之美

在全集與版權問題後，接著便有如天助地，近兩年陸續有重要研究成果為陳家解答疑惑，包括精通日文的學者遍覽臺灣日治時代報紙，發現陳澄波30歲赴日深造前，擔任嘉義國小教師時，曾義務教導班上學生的母親們學習日文，也曾教這些媽媽們學習手工藝，甚至為她們的手工藝品辦展覽，「日文就是當時的『國語』，媽媽們學會日文就能看報紙，學好手工藝，就能多賺點錢。」陳立栢認為「阿公他關心的不只有書，也在意教育。」

另外，視覺藝術專家，國立臺南藝術大學藝術史與藝術評論研究所專任助理教授蔣伯欣發表專文〈群眾在何方？陳澄波與普羅美術運動初探〉指出，過去研究陳澄波的畫，多提及風景寫實技法，但「點景人物」也是陳作的精髓，「阿公很少畫人物，但風景畫裡有很多『小人物』，風景畫得寫實，但人的筆觸很寫意，看不清臉，可是你知道他們在做什麼。」陳立栢說經過蔣文的提醒，再回頭仔細看畫，才發現陳澄波對畫中人物的經營非常細膩，畫一對街上行走的母子，沒有畫出清楚的表情，但可以得知小孩正拉著媽媽的手想撒嬌，但媽媽卻回頭看向不遠處的攤販，似乎正要開口向商人殺價……如果再比對陳澄波生於19世紀末，是活躍於20世紀二至四〇年代的這個歷史脈絡，會發現陳對於寫意的著墨、以細膩的民間百態作為筆下主題，而非權貴生活與靜態風景，這些筆下的選擇與當時歐美畫壇逐漸興起的趨勢幾乎是同步發生，藝術漸漸從權貴走入人群，從這個角度來看，陳澄波筆下「民胞物與」式的情懷也許才是他真正的前衛與「偉大」之處。

　　「這次巡迴展前往很多地方，不乏最高殿堂等級的美術場館，但我們最高興的是看到小學生、中學生也可以和美術專家討論陳澄波的畫；看到有詩人為陳澄波的畫題詩，有音樂家為他的畫譜曲，「阿公本來就無意把藝術擺在高高在上的地方，美學必須在生活裡面，必須從教育開始。」陳立栢在展前記者會上侃侃而談，在百二誕辰之際，不只陳澄波作畫初衷終於得見；半生海外經商的後人返鄉扛起傳「澄」重擔，也足以告慰畫家冥願。

—原載《東西名人》第94期，頁88-91，2014.2，臺北：東西全球文創產業有限公司

2014-2017論評總目錄

No.	類別	日期	作者	標題	出處	卷期/版次	頁數	出版者	收錄
1	報導	2014.1.3	廖素慧	陳澄波冥誕 畫作化為樂音	中國時報	第B2版／雲嘉新聞		臺北：中國時報社	
2	報導	2014.1.3	陳永順	聽繪畫與國樂對話 陳澄波音樂會 嘉市首演	聯合報	第B2版／雲嘉綜合新聞		臺北：聯合報社	
3	報導	2014.1.3	丁偉杰	紀念陳澄波 音樂會暖身	自由時報	第A14版／雲嘉焦點		臺北：自由時報社	
4	報導	2014.1.6	吳垠慧	120歲冥誕 東亞5城巡迴 告別悲情 陳澄波經典全紀錄	中國時報	第A10版／文化新聞		臺北：中國時報社	
5	報導	2014.1.6	吳垠慧	急公好義 是畫家、也是政治家	中國時報	第A10版／文化新聞		臺北：中國時報社	
6	報導	2014.1.6	凌美雪	陳澄波百二誕辰東亞巡迴大展 首站臺南	自由時報	第D6版／文化‧藝術		臺北：自由時報社	
7	報導	2014.1.6	凌美雪	陳澄波小檔案	自由時報	第D6版／文化‧藝術		臺北：自由時報社	
8	報導	2014.1.6	何定照	畫說陳澄波 首次大規模海外巡展 今年120年冥誕 南市府要還他藝術面貌 畫作將巡迴臺南、北京、上海、東京、臺北 展期一年	聯合報	第A9版／文化		臺北：聯合報社	
9	報導	2014.1.8	鍾翠珠	陳澄波百二誕辰 巡迴展首站臺南 將巡迴東亞三國五城 臺南展場將結合文學創作 分別在4展館展出	民眾日報	第20版		高雄：民眾日報社	
10	報導	2014.1.10	洪瑞琴	陳澄波東亞巡展 18日府城開幕	自由時報	第AA2版／體育‧都會生活		臺北：自由時報社	
11	報導	2014.1.10	黃詩蘋	陳澄波百二誕辰東亞巡迴大展 十八日開幕 基金會展出遺書複製本 緬懷臺灣文化先鋒成就	皇家時報			中壢：皇家時報社	
12	報導	2014.1.10	黃進福、嚴崑杉	紀念臺灣「文化先鋒」120歲誕辰 陳澄波東亞巡展 下週末臺南啟航 4展館呈現6主題 藝文重量人物齊聚 譜寫時代意義	青年日報			臺北：青年日報社	
13	報導	2014.1.10	劉仲書	陳澄波百二誕辰 藝術過境東亞	臺灣立報	第4版／新聞		臺北：臺灣立報社	
14	報導	2014.1.10	林福來	陳澄波百二誕辰東亞巡展 臺南出發	臺灣時報	第9版		高雄：臺灣時報社	
15	報導	2014.1.10	吳垠慧	青春群像 臺灣前輩畫家返校	中國時報	第A20版／文化新聞		臺北：中國時報社	
16	報導	2014.1.14	張淑娟	陳澄波百誕辰巡展18日到新營	中華日報	第B4版		臺南：中華日報社	
17	報導	2014.1.14	凌美雪	青春群像—東美畢業的臺灣近代美術家們 臺灣前輩畫家9月首度赴日聯展	自由時報	第D8版／文化‧藝術		臺北：自由時報社	
18	報導	2014.1.15	孟慶慈	陳澄波百二誕辰東亞巡迴大展 周六臺南揭幕	自由時報	第D10版／文化‧藝術		臺北：自由時報社	
19	報導	2014.1.15	郭士榛	全面的陳澄波 巡展東亞5都	人間福報	第7版／藝文		臺北：人間福報社股份有限公司	
20	報導	2014.1.17	修瑞瑩、喻文玟、周美惠	陳澄波巡迴展 借畫爆爭議 家屬指責「抬高保費刁難」 國美館：成交行情計價 國外常見	聯合報	第A14版／文化		臺北：聯合報社	
21	報導	2014.1.17	孟慶慈	淡水夕照增色 陳澄波展明登場	自由時報	第A14版／臺南都會焦點		臺北：自由時報社	
22	報導	2014.1.17	黃微芬	陳澄波大展 淡水夕照到位	中華日報	第B3版		臺南：中華日報社	
23	報導	2014.1.17	曹婷婷	陳澄波〔淡水夕照〕首度外借	中國時報	第B2版		臺北：中國時報社	
24	報導	2014.1.17	林福來	陳澄波淡水夕照臺南首亮相 東亞巡迴大展臺南首展明開幕 收藏家大方出借 展出近千件作品	臺灣時報	第11版		高雄：臺灣時報社	○
25	專論	2014.1.18	吳孟晉	陳澄波與一九二〇年代的日本西畫壇	陳澄波專題研究		頁1-18	臺南：臺南市政府	
26	專論	2014.1.18	傅瑋思	世界座標	陳澄波專題研究		頁19-30	臺南：臺南市政府	
27	專論	2014.1.18	林育淳	陳澄波的文化地圖	陳澄波專題研究		頁31-36	臺南：臺南市政府	

No.	類別	日期	作者	標題	出處	卷期/版次	頁數	出版者	收錄
28	專論	2014.1.18	盛鎧	陳澄波畫中的現代性與自然性	陳澄波專題研究		頁37-44	臺南：臺南市政府	
29	專論	2014.1.18	白適銘	社會與藝術——陳澄波的美育理念及其實踐	陳澄波專題研究		頁45-54	臺南：臺南市政府	
30	專論	2014.1.18	李瑞騰	波光瀲灩——我看當代詩人為陳澄波題畫	陳澄波專題研究		頁55	臺南：臺南市政府	
31	專論	2014.1.18	蕭瓊瑞	土地／歷史／前衛——陳澄波的三維關照	陳澄波專題研究		頁57-61	臺南：臺南市政府	
32	報導	2014.1.18	曹婷婷	陳澄波百二巡展 4場地今同步揭幕 巡迴東亞5城市 有史以來規模最大、數量最多 展出項類最全面	中國時報	第B2版／臺南市新聞		臺北：中國時報社	
33	報導	2014.1.18	王涵平	陳澄波大展揭幕 逾9百作品展出	自由時報	第A18版／臺南都會焦點		臺北：自由時報社	
34	報導	2014.1.18	吳政修	陳澄波百二「澄海波瀾」4地共展	聯合報	第B2版／大臺南綜合新聞		臺北：聯合報社	
35	報導	2014.1.18	張淑娟	陳澄波大展開幕 跨4地展出 東亞巡迴 臺南首展 規劃6大主題 展出畫作	中華日報	第B3版		臺南：中華日報社	
36	報導	2014.1.18	蔡清欽	陳澄波巡迴臺南首展 今起4處展出	民眾日報	第5版		高雄：民眾日報社	
37	報導	2014.1.18	張淑娟	缺角有裂痕的碗、畫畫坐的椅子、畫架…… 陳立栢：阿公的心情留在新營	中華日報	第B3版		臺南：中華日報社	
38	報導	2014.1.19	孟慶慈、楊金城	看陳澄波的畫 四館各有千秋	自由時報	第A14版／臺南都會焦點		臺北：自由時報社	
39	報導	2014.1.19	黃微芬	詩人寫陳澄波 巡迴展增色 臺文館詩畫樂交融 引領民眾進入大師繪畫世界	中華日報	第B2版		臺南：中華日報社	
40	報導	2014.1.19	黃微芬	專家解析陳澄波 民眾受益多	中華日報	第B2版		臺南：中華日報社	
41	報導	2014.1.21	魯永明	陳澄波互動展 學童跳舞快閃行銷	聯合報	第B2版／雲嘉綜合新聞		臺北：聯合報社	
42	報導	2014.1.23	張淑娟	陳澄波自畫像、手稿在新營	中華日報	第B3版		臺南：中華日報社	
43	報導	2014.1.23	張淑娟	美意打折扣 上網預約沒人知 藝術巴士等嘸人 暢覽「澄海波瀾」四大展場 歡迎來搭乘	中華日報	第B3版		臺南：中華日報社	
44	報導	2014.1.24	陳永順	陳澄波互動畫展 跟著光影趕鵝 臺灣入選日本美術帝展第1人 嘉義市立博物館展出 平面油畫融入數位科技 早期風情活靈活現	聯合報	第B2版／雲嘉綜合新聞		臺北：聯合報社	
45	報導	2014.1.24	丁偉杰	陳澄波畫作 觀眾科幻互動	自由時報	第A14版／嘉義焦點		臺北：自由時報社	○
46	報導	2014.1.24	廖素慧	看陳澄波玩穿越 重回30年代	中國時報	第B2版／雲嘉新聞		臺北：中國時報社	
47	報導	2014.1.24		揮手趕鵝 溫陵媽祖廟動起來	人間福報	第7版／藝文		臺北：人間福報社股份有限公司	
48	報導	2014.1.26	魯永明	陳澄波互動展開幕 畫作活了起來 僅除夕休館 春節不打烊	聯合報	第B1版／雲嘉綜合新聞		臺北：聯合報社	
49	報導	2014.1.26	廖素慧	陳澄波百二互動展 活靈活現	中國時報	第B2版／雲嘉南新聞		臺北：中國時報社	
50	報導	2014.1.29	張淑娟	陳澄波大展 文創商品豐富 複製畫、海報和撲克牌等提供民眾收藏	中華日報	第B6版		臺南：中華日報社	
51	報導	2014.1		陳澄波日——再創嘉義畫都生命力	嘉市藝文	第259期	頁4-5	嘉義：嘉義文化局	
52	報導	2014.1		光影旅行者——陳澄波百二互動展	嘉市藝文	第259期	頁6-7	嘉義：嘉義文化局	
53	專論	2014.2.13	林育淳	游離した在野性——日本統治期における台展以外の芸術団体	東京・首爾・台北・長春—官展にみる近代美術		頁122-124	日本：福岡亞洲美術館	
54	報導	2014.2.19	黃微芬	展出複製畫 陳澄波大展落漆	中華日報	南市要聞		臺南：中華日報社	
55	報導	2014.2.20	林孟婷	南美館首度借展 新樓巡迴日本展出	自由時報	第AA2版／臺南都會生活		臺北：自由時報社	

No.	類別	日期	作者	標題	出處	卷期/版次	頁數	出版者	收錄
56	報導	2014.2.22	楊金城	見恩人畫作　人瑞嘆陳澄波早逝	自由時報	第AA22版／臺南都會生活		臺北：自由時報社	
57	專論	2014.2	賴清德	從古都出發　陳澄波百二誕辰東亞巡迴大展宣告啟動	藝術家	第465期	頁131	臺北：藝術家雜誌社	
58	專論	2014.2	陳重光	深沉的感謝‧無上的榮光	藝術家	第465期	頁132	臺北：藝術家雜誌社	
59	專論	2014.2	林曼麗	寫在「青春群像」聯展之前	藝術家	第465期	頁133	臺北：藝術家雜誌社	
60	專論	2014.2	蕭瓊瑞	澄海波瀾　陳澄波百二誕辰東亞巡迴大展的歷史意義	藝術家	第465期	頁134-141	臺北：藝術家雜誌社	○
61	專論	2014.2	陳芳玲	追尋藝術家在本質上的成就　「陳澄波百二誕辰東亞巡迴大展」的策展脈絡與意義	藝術家	第465期	頁142-145	臺北：藝術家雜誌社	○
62	專論	2014.2	陳芳玲	讓孩子拉著父母逛美術館看展覽　臺南市文化局局長葉澤山介紹教育推廣校園巡迴展	藝術家	第465期	頁146-149	臺北：藝術家雜誌社	
63	報導	2014.2	張羽芃	重現陳澄波與他的年代　光影旅行者——陳澄波百二互動展	藝術家	第465期	頁150-151	臺北：藝術家雜誌社	
64	報導	2014.2	張羽芃	北回歸線下的油彩　陳澄波畫作與音樂的對話	藝術家	第465期	頁152-153	臺北：藝術家雜誌社	
65	專論	2014.2	蕭瓊瑞	《陳澄波全集》出版　還原陳澄波的藝術成就與生命際遇	藝術家	第465期	頁158-159	臺北：藝術家雜誌社	
66	專論	2014.2	連雅琦	陳澄波，你在那兒？　從陳澄波繪本、青少年小說出版專案說起	藝術家	第465期	頁160-161	臺北：藝術家雜誌社	
67	專論	2014.2	賴韋廷	傳澄　UNEXPECTED INHERITANCE　陳澄波文化基金會執行長陳立栢	東西名人	第94期	頁88-91	臺北：東西全球文創產業有限公司	○
68	專論	2014.2	羅曉盈	用繪畫點亮生命的光輝　陳澄波百二誕辰巡迴展	藝外ARTITUDE	第53期	頁78-85	臺北：雅墨文化事業有限公司	
69	報導	2014.2	編輯部	畫家眼中的淡水歲月　繪淡水一百年淡水風采藝術展	藝外ARTITUDE	第53期	頁98-99	臺北：雅墨文化事業有限公司	
70	報導	2014.3.13	丁偉杰	戴帽子的女孩　陳澄波畫作出繪本	自由時報	第A14版／嘉義焦點		臺北：自由時報社	
71	報導	2014.3.13	呂妍庭	嘉市推陳澄波繪本及借書證	中國時報	第B2版／雲嘉新聞		臺北：中國時報社	
72	報導	2014.3.19	司徒嘉慧	光影旅行者——陳澄波百二互動展　穿越藝術時空　重返純真年代	天下雜誌	第543期	頁191	臺北：天下雜誌股份有限公司	
73	專論	2014.3	程鵬升	波光瀲豔——陳澄波畫作與現代詩的交會	臺灣文學館通訊	第42期	頁22-25	臺南：國立臺灣文學館	
74	專論	2014.3	李瑞騰	一頁澄亮的波光——我看現代詩人為陳澄波題畫	臺灣文學館通訊	第42期	頁26-33	臺南：國立臺灣文學館	
75	報導	2014.4.25	楊麗娟	台湾画家陈澄波百余作品首次在京展出　美术馆照进一抹"南方艳阳"	北京日报	第11版／文化		北京：北京日报业集团	
76	報導	2014.4.25	王岩	"南方艳阳——陈澄波艺术大展"开幕　中国美术馆首次获赠台湾老一辈油画名家名作	北京青年报	第B15版／文娱新闻		北京：北京青年报社	
77	報導	2014.4.25	李健亞	两位现代中国美术开拓者展览相继亮相中国美术馆，展现百年历史　王悦之"遇上"陈澄波	新京报	第C8版／文化新闻‧艺术圈		北京：新京报社	
78	報導	2014.4.26		陳澄波藝術大展　移師北京	臺灣時報	第10版／大臺南要聞		高雄：臺灣時報社	
79	報導	2014.4.27		台湾油画先贤陈澄波回顾展亮相京城	中国文化报	第1版／新闻		北京：中国文化报社	
80	報導	2014.4.28	任晶晶	陈澄波艺术大展亮相中国美术馆	文艺报	第4版／艺术		北京：中国作家协会	
81	報導	2014.4.28		【中国美术馆】　展现台湾老一辈油画家风采	参攷消息	第14版／文化天地		北京：参攷消息报社	
82	報導	2014.4.29	张硕	陈澄波留下"南方艳阳"	北京晨报	第C04版／全媒体‧看台		北京：北京日报业集团	
83	專論	2014.4	范迪安	前言	南方艳阳　20世纪中国油画名家　陈澄波		頁6-9	北京：人民美術出版社	
84	專論	2014.4	陳重光	序	南方艳阳　20世纪中国油画名家　陈澄波		頁10-11	北京：人民美術出版社	

No.	類別	日期	作者	標題	出處	卷期/版次	頁數	出版者	收錄
85	專論	2014.4	紹大箴	研究陈澄波艺术的现实意义	南方艳阳 20世纪中国油画名家 陈澄波		頁12-14	北京：人民美術出版社	
86	專論	2014.4	蕭瓊瑞	南方艳阳 台湾第一代油画家陈澄波的艺术生命与关照	南方艳阳 20世纪中国油画名家 陈澄波		頁15-29	北京：人民美術出版社	
87	專論	2014.4	尚辉	恬淡的湖光 温馨的街景 陈澄波本土油画韵味对于文化与时空的跨越	南方艳阳 20世纪中国油画名家 陈澄波		頁30-35	北京：人民美術出版社	
88	專論	2014.4	李超	台湾藏陈澄波上海时期艺术遗产研究 中国近现代美术资源的两岸复合	南方艳阳 20世纪中国油画名家 陈澄波		頁36-43	北京：人民美術出版社	
89	報導	2014.5.4		南方艳阳 陈澄波艺术大展 中国美术馆举办	工人日报	第4版／美术		北京：中华全国总工会	
90	報導	2014.5.4	梁雅雯	120歲冥誕 大東畫展 跟陳澄波互動 來趟數位旅程	聯合報	第B2版／大高雄綜合新聞		臺北：聯合報社	
91	報導	2014.5.4	鄭婷襄	陳澄波百二數位互動展	臺灣時報	第12頁／大高雄生活		高雄：臺灣時報社	
92	專論	2014.5.5	张亚萌	"素人"画"家"：对"小家"的眷恋 对"大家"的热爱——记"南方艳阳"陈澄波艺术大展	中国艺术报	第5版／美术视点		北京：中国艺术报社	
93	報導	2014.5.7	刘洋	陈澄波作品来京 八十五载圆梦	北京商报	第F4版／动态		北京：北京商报社	
94	專論	2014.5.7	范迪安	南方艳阳：陈澄波	中华读书报	第12版／书评周刊·艺术		北京：新闻出版署、光明日报社和中国出版工作者协会	
95	報導	2014.5.9	杨子	南方艳阳——台湾艺术家陈澄波大展亮相京城	人民日报（海外版）	第16版／艺术部落		北京：人民日报社	
96	報導	2014.5.10	馬浩亮	陳澄波畫作色彩濃烈	大公報	第A20版／文化		香港：大公報	
97	報導	2014.5.16		陈澄波的"南方艳阳"	人民政协报	第12版／美术		北京：人民政协报社	
98	專論	2014.5	蕭瓊瑞	澄海波瀾 陳澄波120歲冥誕東亞巡迴展的歷史意義	澄海波瀾——陳澄波百二誕辰東亞巡迴大展 臺南首展		頁10-17	臺南：臺南市政府	
99	專論	2014.5	施大畏	序	海上烟波 陈澄波艺术作品集		頁4-5	上海：人民美術出版社	
100	專論	2014.5	陳重光	序	海上烟波 陈澄波艺术作品集		頁6-7	上海：人民美術出版社	
101	專論	2014.5	蕭瓊瑞	澄波与决澜——陈澄波与30年代上海新派洋画运动的一段因缘	海上烟波 陈澄波艺术作品集		頁8-21	上海：人民美術出版社	
102	專論	2014.5	李超	台湾藏陈澄波上海时期艺术遗产研究——中国近现代美术资源的两岸复合	海上烟波 陈澄波艺术作品集		頁22-35	上海：人民美術出版社	
103	專論	2014.5	武秦瑞	海上烟波——陈澄波的上海艺术之旅	海上烟波 陈澄波艺术作品集		頁36-45	上海：人民美術出版社	
104	專論	2014.5	賴香伶	展览作为建构意义的开放文本——关于"海上烟波"的策办与思考	海上烟波 陈澄波艺术作品集		頁46-51	上海：人民美術出版社	
105	報導	2014.6.6	曹婷婷、黃文博	「向陳澄波致敬」 今赴上海主持開幕 賴清德壓軸登陸	中國時報	第A4版／焦點新聞		臺北：中國時報社	
106	報導	2014.6.6	洪瑞琴、李欣芳	城市交流 賴清德今首訪中國	自由時報	第A2版／焦點新聞		臺北：自由時報社	
107	報導	2014.6.6	熊迺群、修瑞瑩	蔡蘇支持 賴清德今首赴陸	聯合報	第A12版／兩岸		臺北：聯合報社	
108	報導	2014.6.7	徐佳和	80年前的"海上烟波"再现沪上 台湾近代艺术家陈澄波大展在中华艺术宫开幕 在沪时期为其创作生涯的关键阶段	东方早报	第A14版／文化·动态		上海：上海东方报业有限公司	
109	專論	2014.6.11	徐佳和	陈澄波上海寻踪	东方早报艺术评论	第126期	第4-5版	上海：上海东方报业有限公司	

No.	類別	日期	作者	標題	出處	卷期/版次	頁數	出版者	收錄
110	專論	2014.6.11	徐佳和	洗清冤屈的最好方式是保存作品并流传下去	東方早報藝術評論	第126期	第5版	上海：上海東方報業有限公司	
111	專論	2014.6.11	蕭瓊瑞	澄波与决瀾：陈澄波与1930年代上海新派洋画	東方早報藝術評論	第126期	第6-7版	上海：上海東方報業有限公司	
112	專論	2014.6.11	李超	陈澄波上海时期的艺术遗产——中国近现代美术资源的两岸复合	東方早報藝術評論	第126期	第8-11版	上海：上海東方報業有限公司	
113	報導	2014.6.11	丁婷茹、范昕	陈澄波画作80年后重返上海	文匯報			上海：文匯報社	
114	報導	2014.6.12	路勇	海上烟波陈澄波	新民周刊			上海：新民周刊社	
115	報導	2014.6.16	Wang Jie	Taiwanese painter's works return to city	Shanghai Daily	A13／WHAT'S ON		上海：文汇新民联合报业集团	
116	專論	2014.7	范迪安	前言	藝術	第7期	頁7	香港：藝術雜誌社	
117	專論	2014.7	陳重光	序	藝術	第7期	頁8	香港：藝術雜誌社	
118	專論	2014.7	紹大箴	研究陈澄波艺术的现实意义	藝術	第7期	頁9-10	香港：藝術雜誌社	
119	專論	2014.7	蕭瓊瑞	南方艳阳——台湾第一代油画家陈澄波的艺术生命与关照	藝術	第7期	頁11-25	香港：藝術雜誌社	
120	專論	2014.7	赵辉	南方艳阳——陈澄波艺术大展侧记	藝術	第7期	頁4-6	香港：藝術雜誌社	
121	專論	2014.7	陳長華	陳澄波在上海	藝術家	第470期	頁101	臺北：藝術家雜誌社	
122	專論	2014.8	朱貽安	傳承一世紀的美學信仰 陳澄波百二紀念巡迴展	KAIROS大學誌		頁38-43	新北：社團法人中華愛傳資訊媒體發展協會	
123	報導	2014.9.11	吳垠慧	近一世紀前的青春群像 前輩留日畫家 作品回日展出	中國時報	第A15版／文化新聞		臺北：中國時報社	
124	報導	2014.9.13	曹婷婷	時隔90年 臺藝術家的青春群像 重返東藝大	中國時報	第A16版／文化新聞		臺北：中國時報社	
125	報導	2014.9.13	鄭維真	陳澄波展 東京站開幕	聯合報	第B2版／大臺南綜合新聞		臺北：聯合報社	
126	報導	2014.9.18	渡部惠子	台湾人留学生の軌跡 東京芸大で企画展	読売新聞			東京：読売新聞社	
127	報導	2014.9.21		台灣の近代美術——留学生たちの青春群像（1895-1945）	新美術新聞			東京：株式会社美術年鑑社	
128	報導	2014.9	陳沛岑	永不落日的太陽——陳澄波 北緯23°28'48"的光與熱〔嘉義公園〕	藝術收藏+設計	第84期	頁36-39	臺北：藝術家雜誌社	
129	報導	2014.9		台灣の近代美術——留学生たちの青春群像（1895-1945）	美術の窓			東京：株式会社生活の友社	
130	報導	2014.10.1	窪田直子	來日した若者の情熱感じる 「台湾の近代美術」展	日本経済新聞			東京：株式会社日本経済新聞社	
131	專論	2014.10.15	蕭瓊瑞	澄波與決瀾——陳澄波與30年代上海新派畫運動的一段因緣	臺灣美術	第98期	頁4-21	臺中：國立臺灣美術館	
132	專論	2014.10.15	盛鎧	臺灣美術中城市街景的現代性與反現代性：從陳澄波到侯俊明	臺灣美術	第98期	頁22-45	臺中：國立臺灣美術館	
133	報導	2014.10	邱馨慧	日治時期留學生的青春群像 東京藝大舉辦臺灣近代美術展	藝術家	第474期	頁156-167	臺北：藝術家雜誌社	
134	報導	2014.10	邱馨慧	東京藝大木島隆康、臺灣師大張元鳳談油畫修復合作 東京藝術大學「臺灣繪畫的巨匠——陳澄波油彩畫作品修復展」	藝術家	第473期	頁168-173	臺北：藝術家雜誌社	
135	報導	2014.10		台灣の近代美術——留学生たちの青春群像（1895-1945）	書道界		頁47	東京：藤樹社	
136	報導	2014.10		東京美術学校の留学生たちは何を描いたのか？ 台灣の近代美術（東京藝術大学美術館）	月刊美術			東京：株式会社サン・アート	
137	報導	2014.11	野嶋剛	「台湾近代美術」展 日本統治時代を生き抜いた 台湾留学生画家たちの見た日本、台湾、中國。	東京人		頁104-110	東京：都市出版株式会社	
138	報導	2014.12.5	趙靜瑜	七彩鄉愁 化作國樂飄飄	中國時報	第A15版／文化新聞		臺北：中國時報社	

No.	類別	日期	作者	標題	出處	卷期/版次	頁數	出版者	收錄
139	報導	2014.12.5		陳澄波畫作 幻化成美麗音符	your paper	第2164號，第24版／藝文・命運		臺北：聯合報社	
140	報導	2014.12.5	陳宛茜	慶90前夕 故宮迎陳澄波 103畫作 18書信 28遺物 即起展至明年三月底 最後作品〔玉山積雪〕也展出	聯合報	第A14版／文化		臺北：聯合報社	
141	報導	2014.12.5	吳垠慧	兼容東西文化底蘊 藏鋒隱智 陳澄波畫中點墨	中國時報	第A15版／文化新聞		臺北：中國時報社	
142	報導	2014.12.8	楊媛婷	陳澄波百二歲誕辰特展 最後作品化解仇恨	自由時報	第D6版／文化・藝術		臺北：自由時報社	
143	報導	2014.12.16		「藏鋒——陳澄波特展」故宮隆重登場 創價典藏〔勤讀〕借給故宮展出	創價新聞	第1291號／第1版		臺北：創價文教基金會	
144	專論	2014.12.17	古田亮	台湾留学生たちの青春群像	東京藝術大学美術学部杜の会会報	第37期	頁17-18	東京：東京藝術大学美術学部杜の会編集委員	
145	報導	2014.12.21		嘉市展出珍貴戶政史料 陳澄波死因「變死」	自由時報			臺北：自由時報社	
146	專論	2014.12	馮明珠	陳澄波特展序言	故宮文物月刊	第318期	頁4-11	臺北：國立故宮博物院	
147	專論	2014.12	蕭瓊瑞	藏鋒於拙 陳澄波油彩創作中的水墨特質	故宮文物月刊	第318期	頁12-28	臺北：國立故宮博物院	
148	專論	2014.12	廖新田	陳澄波藝術中的摩登迷戀	故宮文物月刊	第318期	頁30-39	臺北：國立故宮博物院	
149	專論	2014.12	黃棋惠	陳澄波三幅畫作與藝術贊助	故宮文物月刊	第318期	頁40-51	臺北：國立故宮博物院	
150	專論	2014.12	謝國興、王麗蕉	陳澄波畫作與文書之數位典藏與開放應用	故宮文物月刊	第318期	頁52-60	臺北：國立故宮博物院	
151	專書	2014.12	蕭瓊瑞	藏鋒於拙——陳澄波創作中的中國元素	藏鋒——陳澄波百二誕辰東亞巡迴大展臺北		頁14-26	嘉義：財團法人陳澄波文化基金會	
152	專書	2014.12	顏娟英	快速變動的時代與心懷夢想的畫家	藏鋒——陳澄波百二誕辰東亞巡迴大展臺北		頁42-45	嘉義：財團法人陳澄波文化基金會	
153	報導	2015.1	楊椀茹	南國艷陽下的夏之花——東亞巡迴展	典藏投資	第87期	頁153-155	臺北：典藏藝術家庭股份有限公司	
154	報導	2015.1		四處流轉的日光——各地展覽大不同	典藏投資	第87期	頁156-159	臺北：典藏藝術家庭股份有限公司	
155	報導	2015.1		展場外的二三事	典藏投資	第87期	頁159	臺北：典藏藝術家庭股份有限公司	
156	報導	2015.1		冬日裡的春暉——故宮「藏鋒」特展	典藏投資	第87期	頁160-163	臺北：典藏藝術家庭股份有限公司	
157	專論	2015.1	陳芳玲	轉身，擁抱驕陽——陳立栢與阿公心底的約定	典藏投資	第87期	頁164-167	臺北：典藏藝術家庭股份有限公司	
158	報導	2015.1	採訪整理／高子衿、林怡秀	從北緯23.5°出發——陳澄波文化基金會的教育推廣之路	典藏今藝術	第269期	頁116-117	臺北：典藏藝術家庭股份有限公司	
159	報導	2015.1	陳琬尹	東亞巡迴最終站 國立故宮博物院「藏鋒—陳澄波特展」	藝術家	第476期	頁188-191	臺北：藝術家雜誌社	
160	專論	2015.1	文／文貞姬、翻譯／陳楠楠	另類學習——論陳澄波蒐集的視覺美術資料	藝術家	第476期	頁192-197	臺北：藝術家雜誌社	
161	專論	2015.1.16-17	廖新田	陳澄波藝術中的摩登迷戀	波瀾中的典範——陳澄波暨東亞近代美術史國際學術研討會會議手冊			臺北：中央研究院臺灣史研究所印製	
162	專論	2015.1.16-17	蔣伯欣	陳澄波與東亞的歷史前衛：兼論臺灣美術史學史的「現代性」研究	波瀾中的典範——陳澄波暨東亞近代美術史國際學術研討會會議手冊			臺北：中央研究院臺灣史研究所印製	

No.	類別	日期	作者	標題	出處	卷期/版次	頁數	出版者	收錄
163	專論	2015.1.16-17	Christina Wei-Szu Burke Mathison（傅瑋思）	An Open Path: Chen Cheng-po at the Crossroads of Taiwan and Europe	波瀾中的典範——陳澄波暨東亞近代美術史國際學術研討會會議手冊			臺北：中央研究院臺灣史研究所印製	
164	專論	2015.1.16-17	丁平	20世紀初期中國臺灣、大陸與日本東京近代美術社會的文化分析——關於陳澄波美術知識及組織活動的學術史考察	波瀾中的典範——陳澄波暨東亞近代美術史國際學術研討會會議手冊			臺北：中央研究院臺灣史研究所印製	
165	專論	2015.1.16-17	李超	陳澄波與中國西洋畫運動——陳澄波上海時期文獻新解	波瀾中的典範——陳澄波暨東亞近代美術史國際學術研討會會議手冊			臺北：中央研究院臺灣史研究所印製	
166	專論	2015.1.16-17	李淑珠	臺灣「新美術」中的「新建築」描寫——以陳澄波為例	波瀾中的典範——陳澄波暨東亞近代美術史國際學術研討會會議手冊			臺北：中央研究院臺灣史研究所印製	
167	專論	2015.1.16-17	林育淳	編織文化記憶：再探陳澄波筆下的風土	波瀾中的典範——陳澄波暨東亞近代美術史國際學術研討會會議手冊			臺北：中央研究院臺灣史研究所印製	
168	專論	2015.1.16-17	邱函妮	後期印象派與近代臺灣「藝術家認同」之形成——以陳澄波與陳植棋為例	波瀾中的典範——陳澄波暨東亞近代美術史國際學術研討會會議手冊			臺北：中央研究院臺灣史研究所印製	
169	專論	2015.1.16-17	白適銘	「地方色彩」問題再議——日治時期臺灣美術文化論述中的東亞視域與主體建構	波瀾中的典範——陳澄波暨東亞近代美術史國際學術研討會會議手冊			臺北：中央研究院臺灣史研究所印製	
170	專論	2015.1.16-17	張元鳳、木島隆康	陳澄波作品保存修復案——修復美學與文化性的探討	波瀾中的典範——陳澄波暨東亞近代美術史國際學術研討會會議手冊			臺北：中央研究院臺灣史研究所印製	
171	專論	2015.1.16-17	吳漢鐘、李益成、陳怡萱	以科學方法檢視不適修復程序對油畫作品的影響	波瀾中的典範——陳澄波暨東亞近代美術史國際學術研討會會議手冊			臺北：中央研究院臺灣史研究所印製	
172	報導	2016.3.31	JAVIER PES, JOSÉ DA SILVA, EMILY SHARPE	Visitor Figures 2015: Jeff Koons is the toast of Paris and Bilbao. But Taipei tops the most visited exhibition list, with a show of works by the 20th-century artist Chen Cheng-po	THE ART NEWSPAPER				
173	專論	2016	吉田千鶴子	概觀東京美術學校臺灣留學生	台灣の近代美術—留学生たちの青春群像（1895-1945）		頁70-72	東京：東京藝術大學、國立臺北教育大學北師美術館	
174	專論	2016	陳翠蓮	大正民主與東京美術學校的臺灣留學生	台灣の近代美術—留学生たちの青春群像（1895-1945）		頁75-77	東京：東京藝術大學、國立臺北教育大學北師美術館	
175	專論	2016	文貞姬	相對於殖民地官方美展之在野美展：陳澄波與白日會朝鮮展舉辦的經緯	台灣の近代美術—留学生たちの青春群像（1895-1945）		頁78-81	東京：東京藝術大學、國立臺北教育大學北師美術館	
176	專論	2016	白適銘	從臺灣、東洋到世界——留日臺灣畫學生的現代文化啟蒙	台灣の近代美術—留学生たちの青春群像（1895-1945）		頁82-85	東京：東京藝術大學、國立臺北教育大學北師美術館	

No.	類別	日期	作者	標題	出處	卷期/版次	頁數	出版者	收錄
177	專論	2016	楊佳玲	東洋與現代：陳澄波的審美理想與三〇年代上海畫壇	台灣の近代美術—留学生たちの青春群像（1895-1945）		頁86-90	東京：東京藝術大學、國立臺北教育大學北師美術館	
178	專論	2016	韓勁松	交錯的風景：王悅之、陳澄波軼事考	台灣の近代美術—留学生たちの青春群像（1895-1945）		頁91-93	東京：東京藝術大學、國立臺北教育大學北師美術館	
179	學位論文	2017	官思妤（Sz-Yu Kuan）	National Museum's Dilemma between National Narrative and National Identities	MA dissertation of School of Museum Studies of University of Leicester				

編後語

　　陳澄波家屬收集了大量陳澄波逝世後相關論評文章，這些文章大多刊在報紙、雜誌、期刊與書籍中，內容多為展覽報導、二二八事件報導、作品拍賣、專論、論文及各項活動報導等。《陳澄波全集》在規劃之初即預定要收錄這些文章於此卷內。

　　由於這些文章並未被有系統的整理過，因此建立目錄為首要之事。編者首先翻閱所有書籍與剪報，找到相關文章後影印，按日期依序整理至資料夾中，同時逐筆建立文章資訊於目錄中，並額外再搜尋、補充一些陳澄波家屬未收集到的文章。大量資料的整理與核對都花費許多時間，目錄建置完成後發現文章竟多達上千筆！而在整理過程中發現不少文章是陳澄波生平敘述，內容重複甚多；同一事件之報導也多有重複；加上作者眾多，文章授權聯繫不易；並在出版時間壓力與篇幅的限制等眾多因素之下，幾經討論後，本卷之內容最終決定以「選錄」方式呈現。將全部文章分成10個年代，每個年代精選5-10篇文章，並於後附上編者整理的文章目錄，讀者若對未收錄之文章有興趣，可按圖索驥。

　　參閱這些論評文章，可發現陳澄波歿後至1979年陳澄波遺作展舉辦前的相關文章僅有10篇左右，這30多年間陳澄波幾乎被人遺忘，實與他於二二八事件受難有關。之後隨著遺作展的舉辦、社會解嚴，陳澄波開始被談論，作品也開始出現在拍賣場上，並隨著1992年《臺灣美術全集1　陳澄波》的出版、1994年百年展的舉辦，學者開始撰寫陳澄波相關研究論文，之後陳澄波作品價格在拍賣場上屢創新高，及近年大型展覽接力舉辦、《陳澄波全集》接續出版等，陳澄波相關報導與論文研究數量逐漸增多，都深化了讀者對陳澄波的認識與理解。陳澄波的作品、史料與事蹟，從被埋沒到重新被發掘與認識，經過了數十載的時間，家屬所收藏的這些論評文章無疑地見證了這段歷史。

　　最後，特別聲明：本卷收錄之部分文章，因報紙停刊而無法取得授權，在此特申歉意，倘若日後作者有相關授權疑義，還請逕洽陳澄波文化基金會。

財團法人陳澄波文化基金會
研究專員　賴鈴如

Editor's Afterword

Chen Cheng-po's immediate family has collected a large number of related commentary articles following his death, most of which were found in newspapers, magazines, journals, and books. These articles are predominantly reports on his exhibitions, the 228 Incident, and the auctioning of his works, but there are also monographs and research papers as well as news on various activities. When *Chen Cheng-po Corpus* was first planned, there was already a decision to include all these articles in the present volume.

Since these articles have never been systematically sorted, a top priority is to set up a catalog. In doing so, all books and newspaper cuttings in the collection have to be gone through first to identify the relevant articles for photocopying. Then these articles have to be arranged in chronological order and filed. Information on each article will also be entered into a catalog. Additional efforts have to be spent on searching for and adding articles missed by Chen Cheng-po's family. The sorting and checking of the huge amount of information have taken up a lot of time and, on completion of the catalog, some one thousand articles have been included. In sorting out these articles, it has been discovered that many are descriptions of Chen Cheng-po's lifetime in which duplication of contents is common. There are also similar reports on the same incidents. Moreover, with the large number of authors involved, it has not been easy to make contact to secure reprint permissions. Under the pressure of multiple factors such as publication deadline and space limitation, it has been decided after some discussions that only a selection of the articles will be included in this volume. The selected articles are then divided into 10 periods, each of which will be represented by 5 to 10 articles. The catalog prepared by the editor will be given in an appendix to enable readers to seek out articles of their interest.

By examining these commentary articles, one can find that there are only 10 or so such articles in the period from Chen Cheng-po's death to the staging of his posthumous exhibition in 1979. The fact that, for more than 30 years, the artist was almost completely forgotten can be tied to his death in the 228 Incident. Later, with the holding of his posthumous exhibition and the lifting of the martial law in Taiwan, people started talking about him while his works began to show up in auctions. Then, after the publication of *Taiwan Fine Arts Series 1: Chen Cheng-po* in 1992 and the running of a centennial memorial exhibition in 1994, scholars started to write research papers on him. Afterwards, with his works fetching ever higher prices in auctions, major exhibitions being held successively, and the continued publication of *Chen Cheng-po Corpus*, the number of news articles and research papers on Chen Cheng-po has increased steadily, contributing to a deepening in readers' knowledge and understanding of him. Without doubt, the commentary articles collected by his family members have witnessed the several decades in which Chen Cheng-po's works, historical data, and life events have gone through the stages of being buried, rediscovered, and recognized again.

Finally, we would like to express our regret that, for some of the articles curated in this volume, we have not been able to obtain reprint permissions because some newspapers have stopped publication. Authors who have queries on reprint permissions are requested to contact Chen Cheng-po Cultural Foundation directly.

Researcher,
Judicial Person Chen Cheng-po Cultural Foundation
Lai Ling-ju

Lai Ling-ju

國家圖書館出版品預行編目資料

陳澄波全集. 第十三卷, 論評(II) = Chen Cheng-Po
corpus.. volume 13, comments.(II)/蕭瓊瑞總主編. -- 初
版. -- 臺北市：藝術家出版；[嘉義市]：財團法人陳澄波文
化基金會；[臺北市]：中央研究院臺灣史所發行, 2021.12
200面；22×28.5公分
ISBN 978-986-282-282-1(精裝)

1.藝術評論

901.2   110017633

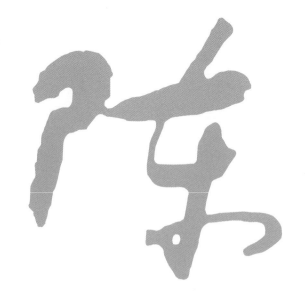

陳澄波全集
CHEN CHENG-PO CORPUS

第十三卷・論評(II)
Volume 13・Comments(II)

發　　行：財團法人陳澄波文化基金會
　　　　　中央研究院臺灣史研究所
出　　版：藝術家出版社
發 行 人：陳重光、翁啟惠、何政廣
策　　劃：財團法人陳澄波文化基金會
總 策 劃：陳立栢
總 主 編：蕭瓊瑞
編輯顧問：王秀雄、吉田千鶴子、李鴻禧、李賢文、林柏亭、林保堯、林釗、張義雄
　　　　　張炎憲、陳重光、黃才郎、黃光男、潘元石、謝里法、謝國興、顏娟英
編輯委員：文貞姬、白適銘、安溪遊地、李益成、林育淳、邱函妮、許雪姬、陳麗涓
　　　　　陳水財、陳柏谷、張元鳳、張炎憲、黃冬富、廖瑾瑗、蔡獻友、蔡耀慶
　　　　　蔣伯欣、黃姍姍、謝慧玲、蕭瓊瑞
執行編輯：賴鈴如、何冠儀
美術編輯：柯美麗
翻　　譯：日文／潘襎（序文）
　　　　　英文／陳彥名（序文）、盧藹芹

出 版 者：藝術家出版社
　　　　　台北市金山南路（藝術家路）二段165號6樓
　　　　　TEL：（02）23886715
　　　　　FAX：（02）23965708
　　　　　郵政劃撥：50035145 藝術家出版社帳戶

總 經 銷：時報文化出版企業股份有限公司
　　　　　桃園市龜山區萬壽路二段351號
　　　　　TEL：（02）2306-6842

製版印刷：卡樂彩色製版印刷有限公司
初　　版：2021年12月
定　　價：新臺幣1000元

ISBN　978-986-282-282-1（軟皮精裝）

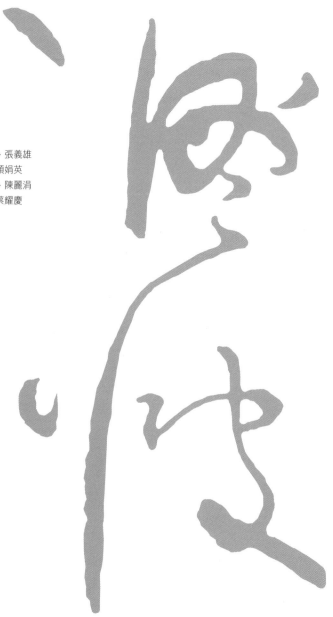